LA

GRAMMAIRE

RAMENÉE

A SES PRINCIPES NATURELS,

OU

TRAITÉ DE GRAMMAIRE GÉNÉRALE

APPLIQUÉE A LA LANGUE FRANÇAISE.

Sera considéré comme contrefait tout exemplaire non revêtu des signatures des auteurs.

LA GRAMMAIRE

RAMENÉE

A SES PRINCIPES NATURELS,

OU

TRAITÉ DE GRAMMAIRE GÉNÉRALE

APPLIQUÉE A LA LANGUE FRANÇAISE.

PAR J. E. SERREAU,

RECEVEUR PRINCIPAL DES CONTRIBUTIONS INDIRECTES,

ET F. N. BOUSSI, AVOCAT.

Prix : 7 fr.

A PARIS,

Chez PÉLICIER, Libraire, Place du Palais-Royal;
Et chez les Principaux Libraires des Departemens.

1824.

C. BALLARD, IMPRIMEUR DU ROI,
Rue J.-J. Rousseau, n°. 8.

PRÉFACE.

Il n'y a pas de science qui ait fait moins de progrès que la grammaire, et sur laquelle les ouvrages se soient succédé avec autant de rapidité. Quand une fois on a pris une fausse direction, il est impossible de ne pas tomber dans des erreurs et des contradictions sans nombre. Vainement alors on veut s'élancer vers la perfection : la première impression subsiste et entretient le vice quelle a fait naître.

De là tant de productions éphémères qui s'entassent sans avantage pour la science, jusqu'à ce qu'enfin un rayon de lumière, dû quelquefois au hasard et recueilli par la méditation, vienne nous éclairer de sa bienfaisante clarté.

La grammaire est fondée sur les rapports qui doivent exister entre nos sensations et nos idées d'une part, et les signes propres à chaque peuple pour les retracer. Tant que ces signes ne seront pas dans un rapport exact avec nos idées, tant qu'ils ne seront pas classés dans un ordre naturel et immuable, nous ne pourrons pas espérer d'avoir un bon traité.

Depuis trente ans que je médite sur cet important objet, que je compare les différentes méthodes en usage dans l'enseignement, avec la marche naturelle de l'esprit humain dans l'analyse de la pensée, le cercle et la nature de nos idées avec le cercle et la nature des signes correspondants établis par les grammairiens, je m'étonne toujours qu'un homme raisonnable ne soit pas révolté d'une doctrine qui ne présente que des idées fausses et incohérentes, des dénominations vicieuses, une classification inexacte, des distinctions puériles. J'ai cru entrevoir la route tracée par la nature elle-même; je me suis livré à ses inspirations et j'ai essayé de poser l'édifice de notre système grammatical sur une base plus solide que celle d'une routine aveugle et capricieuse.

Développer les principes constituants du langage et y conformer toute la doctrine, m'a paru le seul moyen de ramener à des idées plus saines et de fixer toutes les incertitudes. Je suis loin, sans doute, d'avoir atteint le but que je me suis proposé; mais je me trouverai trop heureux si, par les travaux de toute ma vie, j'ai fait un premier pas utile vers une science jusqu'à présent méconnue, et préparé les voies à des recherches plus savantes et plus approfondies.

Si cet ouvrage est accueilli favorablement du public, je le devrai en grande partie aux sages observations de M. Boussi. L'associer à mon travail, m'a paru le seul moyen de reconnaître tout le prix des corrections et des découvertes importantes qu'il m'a indiquées.

SERREAU.

INTRODUCTION

A LA GRAMMAIRE.

DE NOS SENSATIONS.

Nos organes, ou ce qui est la même chose, nos sens extérieurs reçoivent sans cesse les impressions que font sur eux les objets. Il faut entendre par objets non-seulement les êtres ou les individus créés dans les trois règnes, mais encore tout ce qui est le produit de l'industrie et du travail de l'homme, en sorte qu'un arbre et une planche, un mouton et une pièce de drap, un bloc de marbre et une statue, reçoivent indistinctement le nom générique d'*objets*.

L'impression que nous recevons des objets par la voie de nos sens extérieurs est ensuite reportée à l'âme ou au sens intérieur, qui est comme le creuset où s'épurent les jugements que nous devons porter des objets, en raison des sensations qu'ils nous font éprouver.

Les objets ne font impression sur nos organes que par leurs qualités extérieures, que j'appelle *modifications*, c'est-à-dire, manières d'être. Et quoique ces modifications paraissent ne faire qu'un tout avec les objets, nous n'en devons pas moins séparer ces deux choses par la pensée; car les qualités extérieures n'existent souvent que dans notre imagination comme points de comparaison. C'est ainsi que nous disons qu'un arbre est *gros*, *grand*, *petit*, *vert*, etc. En effet, cet objet forme un tout dans la nature, indépendamment des dimensions, des formes ou des couleurs sous lesquelles nous le considérons, en telle sorte qu'un autre objet ne peut lui être comparé, tandis que tout ou partie des modifications que nous remarquons en lui, se retrouvent plus ou moins dans les autres individus. Voilà donc deux choses absolument distinctes pour le sens intérieur : les *objets* et les *modifications physiques* ou *métaphysiques*, par lesquelles ils font impression sur nous.

DES MOYENS D'EXPRIMER NOS SENSATIONS.

Ces impressions que nous recevons simultanément des objets, en raison de leurs modifications, nous avons deux moyens de les communiquer aux autres, l'un naturel, l'autre artificiel. Le premier exprime la sensation avec la même rapidité qu'elle a été reçue : un geste, une attitude, une altération dans le visage, un cri naturel, peuvent peindre simultanément les profondes impressions que l'âme a reçues (1).

(1) « Les gestes, dit Condillac, sont les mouvements de la tête,
» des bras, du corps entier : ils expriment le desir, le refus, le dégoût,
» l'aversion. Les attitudes du corps peignent l'indifférence, l'incerti-

Mais nous sommes forcés de convenir que ce moyen naturel n'est propre qu'à peindre les grands mouvements; qu'il ne se prête pas aux détails; qu'il peut même souvent être équivoque; qu'enfin l'avantage qu'il présente dans l'état de nature serait souvent perdu pour l'homme isolé momentanément de ses semblables, puisque l'empreinte de nos sensations, même les plus violentes, s'affaiblit ou s'efface presqu'aussitôt à l'extérieur, sans que nous puissions la reproduire à volonté.

Le second moyen est plus lent; mais il est plus sûr : le langage des sons articulés a, sur le langage des signes naturels, cet avantage, qu'il embrasse tout ce qui est du ressort de l'imagination, qu'il se prête à toutes sortes de sujets, qu'il développe la pensée dans tous ses détails : riche de couleurs, il exprime jusqu'aux nuances les plus délicates : le souvenir que nous conservons des objets et des impressions que nous en avons reçues, nous suffit pour en retracer l'effet avec toutes les circonstances accessoires; enfin ce langage s'embellit de l'expression et des grâces de l'autre.

» tude, l'irrésolution, l'attention, la crainte et le desir confondus
» ensemble, la confiance, la méfiance, la jouissance tranquille ou in-
» quiète, le plaisir, la douleur, le chagrin, la joie, l'espérance, le
» désespoir, l'amour, la haine, la colère; mais l'elégance de ce lan-
» gage est dans les mouvements du visage, et principalement dans ceux
» des yeux. ces mouvements finissent un tableau que les attitudes
» n'ont fait que dégrossir; et ils expriment les passions avec toutes les
» modifications dont elles sont susceptibles »

Quand je dis que nous avons deux moyens de communiquer avec nos semblables, l'un naturel, l'autre artificiel, c'est que la possibilité de la découverte du langage par l'homme nous est tellement démontrée, que je me croirais permis de fonder sur la seule supposition de cette découverte, le système universel des langues, comme se rapprochant davantage de nos faibles lumières. En effet, cette supposition nous offre un avantage inappréciable, un moyen sûr et facile de nous diriger dans cette étude, et d'y faire des progrès extrêmement rapides; car, pour bien se pénétrer d'une science, il faut se mettre à la place de ceux qui l'ont créée, et supposer qu'ils ont employé pour cela les mêmes moyens que la nature semble nous indiquer.

L'homme doué de tous ses organes est susceptible d'imiter tous les sons : nous répétons dans notre enfance tous ceux qu'on nous apprend à former; nous imitons naturellement le chant du coq, celui du coucou, le coassement de la grenouille, le croassement du corbeau, le bêlement du mouton, l'aboîment du chien, le sifflement des vents, le roulement du tonnerre, etc. Qui aurait donc pu empêcher l'homme vivant en liberté d'imiter cette foule de sons dont la variété nous étonne dans le cri des différentes espèces d'animaux, dans l'explosion des volcans, dans le mugissement des tempêtes, dans l'éclat de la foudre, dans le choc des différents éléments, et enfin dans tous les grands phénomènes de la nature? Lui refuser ce privilège, ne serait-ce pas méconnaître les bienfaits de la Providence, et le mettre au-dessous de quelques espèces d'animaux (les oiseaux par exemple), dont une foule que nous élevons parmi nous imitent le cri des animaux domestiques qui nous entourent, et jusqu'au son de notre voix? Doué d'une intelligence si supérieure, qui l'aurait empêché de combiner ces sons entre eux, et d'en former des signes artificiels auxquels il pût rattacher ses idées, lorsque le langage des signes naturels lui parut insuffisant à mesure qu'il étendait ses connaissances? car l'objection de l'absence de la parole dans les sourds de naissance, en ce sens que pour parler il faut avoir entendu parler, n'est pas par elle-même bien imposante, puisqu'on peut y répondre que pour parler, il ne faut qu'avoir entendu des sons. Nous convenons que l'absence de l'ouie doit nécessairement s'opposer à ce que l'individu qui en est privé cherche à former aucuns sons, s'il n'en a jamais entendu, puisque, n'ayant aucune idée de leur existence, il ne peut soupçonner être en état de faire impression sur un sens qu'il ignore; mais il n'est pas rigoureusement nécessaire, pour parler, d'avoir entendu parler : il ne faut qu'avoir entendu des sons articulés. Imaginons une colonie séparée de tout commerce avec les autres hommes et n'ayant jamais entendu voix humaine, il me paraît démontré jusqu'à l'évidence que ces colons, frappés de pareils sons, chercheraient à imiter ces accents articulés, ces syllabes qui ne sont autre chose que les éléments de la parole, et dont rien ne les empêcherait assurément de former des mots. Il est même très-probable que les différentes hordes de sauvages qui ont peuplé longtemps les parties inconnues du globe, n'avaient qu'une langue extrêmement bornée, et formée par imitation des sons analogues aux climats qu'elles habitaient.

Il est constant que, si nous remontons à l'origine des sociétés humaines, nous devons présumer que les langues furent bien bornées, et dans leur nomenclature, et dans les règles auxquelles elles furent soumises; mais elles durent se perfectionner à mesure que, faisant des progrès dans les sciences, l'homme eut besoin de classer ses idées avec ordre, et surtout lorsque, s'essayant à tracer les signes de ses idées, il parvint à fixer, par des caractères ou lettres, les sons fugitifs de la parole; mais ces moyens, quelque ingénieux qu'ils soient, ne nous permettent pas d'exprimer une sensation ou une idée produite par le souvenir d'une sensation, avec la même rapidité qu'elle a été éprouvée ou conçue; il nous a fallu décomposer la pensée pour parvenir à faire, dans l'ordre successif de nos idées, impression sur les organes de l'ouie par des sons, ou sur ceux de la vue par des caractères ou lettres. Nous nous sommes donc fait une méthode analytique; et cette méthode a dû contribuer elle-même, plus qu'on ne pense, à étendre les progrès des sciences dont elle nous ouvre et nous applanit le chemin.

DU CLASSEMENT DES IDÉES ET DES SIGNES PROPRES A LES RETRACER.

Les objets sensibles, étant évidemment la cause première de toutes nos sensations, ont dû les premiers exercer le génie imitateur de l'homme; et de là, une classe de mots considérés comme le *signe* ou l'*image* des *objets;* car nous n'avons des mots d'espèce différente que parce que nos idées appartiennent à autant de classes différentes. En effet, les *objets* et les *modifications* étant deux choses distinctes, les signes qui furent créés pour exprimer ces modifications ou manières d'être, tant physiques que métaphysiques, durent former une seconde classe de mots; et, parce que l'homme reconnut des différences dans la manière d'être des mêmes objets, nous voyons qu'il divisa cette classe de mots en différentes autres classes, que je forme d'attributs *simples*, d'attributs *actifs* et d'attributs *passifs*, parce qu'en effet il dut remarquer dans les différentes manières d'être des objets, tantôt un caractère propre, un état fixe, naturel et considéré abstraction faite de toute idée d'action : *vent frais*, *rose vermeille;* tantôt une action : *vent agitant;* tantôt un état accidentel, résultant d'une action reçue : *arbres agités*.

Mais la nature ne nous offre pas seulement des *objets* et des *modifications;* les uns et les autres ne peuvent s'isoler; il existe entre eux des *rapports* de convenance, de compatibilité, de cohésion, que nous exprimons soit par le *verbe pur*, soit par des *prépositions*.

Nous exprimons par le *verbe pur* les rapports que les objets ont avec telle ou telle modification: le soleil *est* chaud; l'or *est* pur; la rose *est* vermeille.

Nous employons la préposition *avec*, pour exprimer les rapports qui peuvent exister entre les *modifications* et un *objet physique* : on cause *avec* son ami, on chasse *avec* son chien; ou entre ces mêmes modifications et quelque qualité *considérée par abstraction* : un fleuve coule *avec* rapidité; on danse *avec* grâce ou *avec* légèreté.

Le plus souvent, les prépositions déterminent des rapports de *dépendance*, d'*extraction*, de *tendance*, de *direction*, de *position* : on a une chaîne *de* montre, un morceau *de* pain; le vent tourne *à* l'est; on va *chez* son voisin, on s'avance *vers* son déclin; un ruisseau fuit *à travers* la prairie, *entre* deux collines; on sème des melons *sur* couche; on les met *sous* cloches; on s'appuie *contre* un arbre; on se place *devant* ou *derrière* quelqu'un; on vit *parmi* des sauvages; on chasse *en* plaine ou *dans* les forêts.

Enfin les objets et les modifications ont souvent besoin d'être déterminés sous une infinité de rapports, d'après de simples considérations de notre esprit; et nous employons dans ce cas les prépositions *de* et *à*. le jardin *de* mon père, un loup *à* chaux, un cheval *de* louage; on est avide *de* louanges, enclin *à* la paresse; on manque *d'*argent, *de* goût.

Avec les prépositions *avant*, *après*, on exprime des rapports d'*antériorité* ou de *postériorité;* avec la préposition *par*, la *cause*, le *motif*, le *moyen* d'une action. (Voyez au chapitre des prépositions.)

Enfin, nous avons senti le besoin de *lier* nos idées suivant les *rapports* qu'elles ont entre elles; et nous avons créé d'autres signes qui expriment ces rapports plus ou moins éloignés, et que nous avons appelés *conjonctions*.

L'art de parler ou d'écrire n'est donc que l'art de peindre nos sensations ou nos idées; et, pour les peindre, il ne faut que savoir en faire l'analyse, et employer les signes propres à les retracer.

L'expression d'une sensation forme ce qu'on appelle une proposition. La plus courte proposition se réduit donc principalement à trois mots : *Dieu* EST *bon*, dont deux sont les signes de deux idées qu'on associe, savoir : *Dieu bon*, et le troisième le signe de l'opération de l'esprit qui juge du rapport de convenance de ces deux idées, savoir le mot *est;* car ces deux choses étant liées entre elles par leur nature, nous sommes bien forcés d'exprimer ce rapport de convenance.

Obligé de distinguer les êtres et les objets, ou sous le rapport du sexe, ou sous le rapport de l'unité ou de la pluralité, l'homme sentit le besoin d'énoncer sa pensée avec toutes ces nuances métaphysiques. Nous n'avons pas de signes pour exprimer ces accidents; mais nous avons varié la terminaison des signes en raison de ces idées accessoires : *lion*, *lionne*, *lions*, *lionnes*, *arbre*, *arbres*. Enfin, nous avons pensé que les modifications qui ne sont, en quelque sorte, qu'une partie de la substance, devaient se présenter sous les mêmes rapports; et les attributs reçurent des inflexions propres à exprimer le même genre et le même nombre que le nom : *lionne furieuse*, *arbres verts*. Nous avons été plus loin : le signe qui exprime le rapport de la modification au sujet nous parut devoir indiquer les personnes, les nombres, les temps; et le verbe reçut aussi des inflexions qui exprimèrent ces idées accessoires : *je suis*, *tu es*, *il est*, *nous sommes*, *vous êtes*, *ils sont*; *j'étois*, *je serai*, *tu étais*, *tu seras*, *il était*, *il sera*, etc., etc.

Toutes les langues sont donc fondées sur des rapports établis entre nos sensations ou nos idées et les signes propres à chaque nation pour les retracer. La logique (1) nous découvre ces rapports; la

---

(1) La *logique* est l'art de conduire un raisonnement et d'en tirer des conséquences justes; c'est le flambeau qui nous guide dans la recherche de la vérité : c'est à l'aide de la logique que nous avons analysé nos pensées, que nous divisons en quatre sortes : l'*idée*, le *jugement*, le *raisonnement*, la *méthode*.

L'*idée* est une simple affection de l'âme qui conçoit ou se représente un objet sans en porter aucun jugement.

Le *jugement* est une double opération de l'âme qui suppose l'idée de l'objet et d'une qualité qu'on lui attribue. Il prononce donc l'existence d'un rapport entre un objet et un attribut.

Le *raisonnement* est une opération de l'esprit encore plus compliquée,

grammaire générale les développe, range chacun de ces signes dans une classe analogue à la nature des idées qu'ils représentent, et fonde sur ces rapports les principes généraux communs à toutes les langues.

DÉFINITION DU MOT GRAMMAIRE.

On donne le nom de *grammaire générale* à cette science qui embrasse la connaissance des principes généraux applicables à toutes les langues, ou à l'ouvrage qui traite de cette connaissance; et l'on a désigné les ouvrages qui traitent des règles de chaque langue en particulier, sous le nom propre à chacune de ces langues. C'est ainsi qu'on dit : *grammaire française*, *allemande*, *russe*, *espagnole*, *anglaise*, *italienne*, *arabe*, *turque*, *chinoise*, etc., etc., c'est-à-dire, ouvrage qui traite des principes de grammaire appliqués à telle ou telle langue.

DIVISION DES LANGUES.

On divise les langues en langues *mortes* ou *vivantes*, en langues *mères* ou *dérivées*.

Les langues *mortes* sont celles qu'aucun peuple

---

puisqu'il suppose plusieurs jugements dont on tire des conséquenses. Par exemple : ayant une fois jugé que le feu brûle, et que l'eau éteint le feu, si nous voyons un incendie, nous faisons ce raisonnement, qu'on peut l'éteindre avec l'eau.

Quant à la *méthode*, c'est l'art de disposer ses idées et ses raisonnements dans l'ordre le plus naturel et le plus susceptible de faire impression sur l'esprit des autres, et de les persuader.

ne parle plus, comme l'*hébreu*, le *syriaque*, le *grec* et le *latin*, qui ne se conservent que par les productions des bons auteurs, et qui ne sont cultivées que par un certain nombre de savants.

Les langues *vivantes* sont celles que parlent les différents peuples; et parmi ces langues, on appelle *maternelle* celle du pays où l'on est né.

Les langues *mères* sont celles qui ont donné *naissance* à d'autres langues, qu'on appelle en ce sens *langues dérivées*, comme plusieurs langues orientales à l'égard de l'hébreu et de l'arabe, ou comme l'italien, l'espagnol et le français à l'égard du latin.

Le *dialecte* est un langage qui, étant au fonds le même que la langue générale ou principale d'une nation, admet néanmoins des différences qui sont propres à une partie de cette nation, et qui a ses écrivains, comme le *provençal* à l'égard du *français*.

Le *patois* n'est qu'un langage rustique et grossier, tel que celui des habitants de la campagne dans certaines provinces, comme le *Poitou*, l'*Auvergne*, le *Limousin*, la *Normandie*, la *Bretagne*, la *Gascogne*, la *Picardie*.

Le *jargon* ou *argot* est un langage particulier à une certaine classe de gens, comme les *gueux*, les *bohémiens*, les *coupeurs de bourses*, etc.

OBJET DE LA GRAMMAIRE.

Le discours est l'objet de la grammaire, qui en règle toutes les parties.

Tout discours est un assemblage de propositions qu'on appelle *grammaticales* lorsqu'elles n'énoncent qu'un sens *partiel*, comme, *on dit*, et *logiques*, lorsqu'elles forment un *sens complet*, *on dit que nous aurons la paix*. Si je disais *nous aurons la paix*, ce serait également une proposition *logique*, puisque j'exprimerais un *sens complet*. Chaque proposition *logique* peut donc embrasser une ou plusieurs propositions *grammaticales*. Chaque proposition se compose de mots; car les mots, étant les signes de nos idées, deviennent naturellement la partie constituante ou les éléments du discours.

Les mots sont composés d'une ou de plusieurs syllabes. Les mots d'une seule syllabe sont appelés *monosyllabes*.

Chaque syllabe écrite se compose de partie des caractères ou lettres qui composent l'alphabet de chaque nation.

J'ai dit que nous exprimons nos pensées par des propositions, que ces propositions se composent de mots considérés comme signes de nos idées, que ces mots sont eux-mêmes composés de caractères ou lettres : maintenant je vais déterminer, dans un ordre inverse, la division des parties de la grammaire.

DIVISION DES PARTIES DE LA GRAMMAIRE.

La grammaire se divise en *trois parties*.

La première partie traitera de la connaissance matérielle des mots.

La seconde traitera des mots considérés dans leurs rapports avec les idées qu'ils représentent, et dans leur classification relativement à la nature de nos idées.

La troisième traitera des mots considérés dans leurs rapports entre eux relativement à la proposition, des différentes propositions, de leurs rapports entre elles, de l'analyse et de la ponctuation.

TABLE

PAR ORDRE ALPHABÉTIQUE DES TERMES DE GRAMMAIRE EMPLOYÉS DANS CET OUVRAGE, AVEC LEUR DÉFINITION SOMMAIRE.

Absolu. — J'appelle *absolu*, dans un sens opposé à hypothétique, à indéfini, à dispositif ou à subjonctif, un mode dont toutes les formes expriment directement l'action, et d'une manière indépendante.

Abstrait ou *métaphysique.* — Se dit d'un nom qui exprime une qualité considérée séparément du sujet, et à la manière des individus, comme *bonté*, *ambition.*

Accents.—Signes employés dans l'écriture. Il y a l'*aigu*, le *grave*, le *circonflexe*. Ils servent à noter la prononciation qui est *brève*, *ouverte*, ou *très-longue*, comme dans ces mots : *bonté*, *trève*, *rêve*.

Accessoire. — J'appelle formes *accessoires*, les mots *lisant*, *étudiant*, *croissant*, dans les verbes *lire*, *étudier*, *croître*, etc. *Accessoire* se dit encore d'une proposition qui sert à déterminer, à étendre ou à restreindre le sujet ou l'objet d'une proposition principale.

Accidents. — On appelle *accidents* les variantes qu'on fait subir à un mot pour exprimer des idées accessoires de genre, de nombre, de personnes, de temps.

Actif. — On appelle ainsi l'attribut qui exprime une action, comme *aimer*, *sentir*, *tousser*, *dormir*, *partager*, etc.; ils sont de deux sortes : Voir aux mots *transitif* et *intransitif*.

Adjoint à la proposition ou *Adverbe*. — Se borne à exprimer quelque circonstance de temps, de lieu, d'ordre, de durée, de fréquence relative à l'action, bien différent de l'*attribut d'attribut*, qui ajoute toujours quelque trait caractéristique à l'attribut. Voyez *attribut d'attribut*.

Adversative. — On nomme ainsi la conjonction *mais*, parce qu'elle lie deux idées opposées.

Aigu. — Voyez *accents*.

Alternative. — On nomme ainsi la conjonction *ou*, parce qu'elle exprime l'alternative.

Analogie. — Similitude, conformité de rapports.

Analyse. — L'analyse logique consiste à ramener toutes les parties d'une période ou d'une proposition à cet ordre successif, conforme à la marche de l'esprit humain dans l'énonciation de la pensée. L'analyse grammaticale se borne à classer chaque partie du discours, à ramener les mots composés à leurs éléments, à reconnaître dans les différents accidents les idées accessoires qu'ils font naître.

Anomal. — Se dit d'un verbe qui est irrégulier dans sa conjugaison.

Antécédent. — Se dit du premier des deux termes d'un rapport, par opposition à *conséquent* qui est le second. Ainsi, dans ces mots : *le Roi de France*, *Roi* est l'antécédent, *France* est le conséquent; car la préposition *de* exprime ici un rapport entre *Roi* et *France*. Il en sera de même dans ces propositions : *je manque d'eau*, *vous dépendez de lui*, *disposez de moi*.

Apostrophe. — Figure servant à marquer l'élision ou le retranchement d'une voyelle, comme dans cet exemple : *l'histoire* pour *la histoire*.

L'*apostrophe oratoire* est une figure de rhétorique par laquelle l'orateur suspend un discours pour adresser la parole à quelqu'un ou à des choses qu'il personnifie.

Article. — Est un attribut métaphysique qui fait considérer le nom commun qu'il précède, ou comme un individu métaphysique, *l'homme*, ou comme un individu déterminé dans l'espèce, *cet homme*.

Attribut actif. — Exprime une action, comme *courir*, *chanter*, *combattre*.

Attribut d'attribut. — Est un mot qui modifie les attributs eux-mêmes. Les grammairiens l'ont mal à propos confondu avec l'adverbe : voici la différence que j'établis entre eux : le premier caractérise toujours l'attribut, tandis que l'adverbe ne fait qu'ajouter à l'action quelque circonstance de temps, de lieu, d'ordre, de durée, de fréquence, etc.

Attribut passif. — Exprime un état résultant d'une action reçue : *blessé*, *arrondi*.

Attribut simple. — Exprime un état naturel fixe, comme *doux*, *rond*, *blanc*, etc., ou accidentel et passager, mais considéré abstraction faite de toute idée d'action reçue, comme *ivre*, *plein*, qui diffèrent essentiellement de *enivré*, *empli*, qui présentent l'idée d'un état comme résultant d'une action reçue.

Avenir. — Temps qui n'est pas encore.

Barbarisme. — Faute contre la pureté de la langue par l'emploi de mauvaises expressions.

Cacophonie. — Rencontre de syllabes d'où naît un son désagréable à l'oreille.

Cédille. — Signe qu'on place sous le *c* suivi de l'une des lettres *a*, *o*, *u*, quand il doit avoir le son doux, comme dans *façade*, *déçu*, *reçois*.

Circonflexe. — Voyez *accents*.

Collectif. (*article*) — On appelle ainsi les mots *tous*, *toutes*.

Collectif. (*nom*) — Exprime une collection d'individus considérés comme un tout métaphysique : *flotte*, *meute*, *troupeau*.

Commun. — Voyez *nom*.

Comparatif. — On appelle ainsi tout adverbe qui exprime une comparaison, comme *plus*, *moins*, *aussi*.

Complément ou *Conséquent.* — Se disent du second terme d'un rapport exprimé par une préposition. Voyez *antécédent.*

Complétive. — J'appelle ainsi *la forme abstraite* d'un verbe ajoutée à l'une des formes du verbe *avoir;* ainsi, dans ces propositions : *il a chanté*, *il a dansé*, je dis que *chanté* et *dansé* sont des formes complétives.

Complexe. (*sujet*) — C'est-à-dire *compliqué*, comme dans cette proposition : *le fils de mon frère étudie.*

Conclusive. — On nomme ainsi la conjonction *donc*, parce qu'elle mène à une conclusion.

Concordance. — Arrangement des différents temps et des différents modes des verbes entre eux.

Concret. — Se dit, par opposition à *abstrait*, d'une qualité unie à quelque substance, comme *rond*, *blanc*, qu'on appelle en ce sens, *termes concrets.*

Conjonctifs. — On appelle ainsi les pronoms *qui* et *que*, parce qu'ils lient le sujet d'une proposition principale à une proposition incidente, ou l'*objet* d'une proposition à une autre proposition qui lui sert de développement.

Conjonctions. — Partie du discours servant à lier plusieurs sujets ou plusieurs attributs dans la proposition, ou plusieurs propositions dans la période.

Conjugaison. — Asservissement au même joug de tous les mots exprimant primitivement l'action, et maintenant unis au verbe *être*, pour leur donner une extension de signification embrassant les modes, les temps, les nombres, les personnes grammaticales.

Conséquent ou *Complément.* — Second terme d'un rapport, par opposition à *antécédent*. Voyez ces mots.

Consonnes. — Lettres qui ne forment de son qu'avec le secours des voyelles.

Construction. — Combinaison et arrangement des mots entre eux selon les règles de la syntaxe, sans qu'il en résulte toujours un ordre de succession conforme à la marche de l'esprit humain.

Contresens. — Sens opposé à celui dans lequel on devait écrire ou parler.

Corrélatif. — Se dit d'un adverbe qui a une relation commune et réciproque avec un autre adverbe : *aussitôt que*, ou d'un attribut qui a également une relation avec un autre : *je me montre* TEL QUE *je suis*.

Défectif. — Se dit d'un verbe qui manque de quelque forme.

Démonstratifs. — On appelle ainsi les articles *ce*, *cet*, *cette*, *ces*, parce qu'on ne les emploie qu'en montrant les objets, ou en les rendant présents à la pensée.

Dialecte. — Langage qui, étant au fond le même que la langue générale et principale d'une nation, admet néanmoins des différences.

Didactique. — Qui appartient à la science : *style didactique*, *terme didactique*.

Diphtongue. — Réunion de deux sons qui ne forment qu'une syllabe, et se prononcent d'une seule émission de voix, comme *Dieu*, *ciel*, *fruit*, etc.

Dispositif. — J'appelle ainsi le mode par lequel on dispose quelqu'un à une action : *viens*, *donne*, *lis*, etc.

Dubitative. — On appelle conjonction *dubitative* la conjonction *si*, lorsqu'elle joint deux propositions dont la dernière exprime une chose douteuse : *on ne sait* si *nous aurons la paix*.

Élision. — Réunion de deux sons formés par deux syllabes, dont une finit par un *e* muet, et l'autre commence par une voyelle : le premier *e* ne se prononce point en parlant, et se retranche quelquefois dans l'écriture : *ce qu'on assure encore*, etc.

Ellipse. — Retranchement d'un ou de plusieurs mots.

Elliptique. — Se dit d'une proposition qui laisse quelques mots à suppléer.

Étymologie. — D'un mot. Son origine.

Explicite. — Qui est clairement, formellement énoncé.

Féminin. — Se dit du genre d'un mot qui est classé parmi ceux du même genre.

Forme accessoire. — Voyez *accessoire*.

Idem complétive. — Voyez *complétive*.

Idem primitive. — J'appelle ainsi, dans les verbes, les formes *être*, *aimer*, *agir*, *voir*, *entendre*, etc.

Futur. — C'est un temps des verbes qui exprime l'action comme devant avoir lieu dans un temps qui n'est pas encore : *je serai*, *je partirai*, etc. Voyez *avenir*.

Gallicisme. — Construction irrégulière adoptée par l'usage, et particulière à la langue française.

Genre. — Ce qui distingue les sexes, et par extension, ce qui range un mot dans la classe *masculine* ou *féminine* : *un citron*, *une orange*, *un ange*, etc.

Grammaire. — Voyez *la définition*, pag. xiij.

Grammatical. — Qui appartient à la grammaire, qui est de son ressort. On distingue aussi la proposition *grammaticale* de la proposition *logique* qui renferme toujours un sens fini, tandis que la première peut n'offrir qu'un sens incomplet : *je veux*.

Grave. — Voyez *accents*.

Guillemets. — Signes employés dans l'écriture

pour marquer le commencement, la suite et la fin des paroles qu'on met dans la bouche du sujet dont on parle : c'est ainsi que Théramène dans *Phèdre*, rapporte les paroles d'Hippolyte :

« Le Ciel, dit-il, m'arrache une innocente vie,
» Prends soin, après ma mort, de la triste Aricie. »

Hiatus. — Sorte de bâillement désagréable, occasionné par la rencontre de deux voyelles ou de deux sons semblables : *un roi oisif*, , *une faim importune*.

Hypothèse. — Supposition.

Hypothéthique. — S'applique à la conjonction *si*, quand elle annonce une supposition : *j'irai à la campagne* si *le temps est beau*, ce qui s'éloigne du caractère de cette conjonction lorsqu'elle est *dubitative*. Voyez ce mot. J'appelle aussi *hypothétique* le mode qui exprime l'action hypothétiquement, ou plutôt comme une conséquence de l'hypothèse : *j'irais à Paris* si *mes affaires ne me retenaient ici*.

Identique. — On appelle *identiques* deux termes d'une proposition qui se rattachent au même sujet, par exemple, dans *je suis le roi*, *je* et *le roi* sont identiques.

Identité. — Unité d'existence.

Idiotisme. — Construction vicieuse, mais consacrée par l'usage : *Il y a*, *peu s'en faut*, *n'en pouvoir plus*, etc.

Impersonnel. — Se dit d'un *verbe* qui, ne s'employant pas avec les personnes grammaticales, a pour sujet un nom indéterminé, comme *il faut*, *il importe*, *il résulte*, *il semble*, etc.

Implicite. — Qui n'est pas formellement énoncé, mais qu'on peut suppléer par induction.

Incidente. — Se dit d'une proposition qui sépare *le sujet* d'une proposition principale de *son attribut*. Exemple : *la guerre* (*que vous entreprenez*) *est injuste*.

Indéfini. — J'appelle ainsi le *mode* dont les formes n'ajoutent à l'idée fondamentale du *verbe* aucune idée *accessoire* de ce que nous appelons les temps, les nombres, les personnes grammaticales, comme *lire*, *lisant*, *lu*. On nomme aussi *indéfinis* les articles *un*, *quelque*, *certain*, *maint*, *plusieurs*.

Inhérence. — Union, jonction d'une manière inséparable.

Interjections. — Sont des signes naturels de tous les grands mouvements de l'âme : *ah! oh!*, etc.

Intransitif. — Se dit d'un verbe dont l'action ne passe pas hors du sujet, comme *tomber*, *dormir*.

Langage d'action. — C'est le langage primitif, celui de signes naturels.

Idem des sons articulés. — C'est le langage des signes artificiels, tel qu'il existe aujourd'hui.

Langues. — Voyez l'*Introduction à la Grammaire*, page xiij, pour la définition de *langues vivantes*, *langues mortes*, *langues mères*, *langues dérivées*.

Logique. — Se dit d'une proposition qui renferme un sens fini.

Masculin. — Voyez *genre*.

Métaphore. — Figure par laquelle on transporte un mot du sens propre au sens figuré.

Métaphysique. — Qui n'affecte que le sens intérieur.

Métonymie. — Figure de rhétorique qui nous fait employer l'*effet* pour la *cause*, ou le *conséquent* pour l'*antécédent*.

Mode. — Manière d'envisager l'action qui peut être considérée comme *indéfinie*, *absolue*, *hypothétique*, comme devant résulter de nos desirs, de nos instances, de nos prières, et enfin comme subordonnée.

Monotonie. — Uniformité ennuyeuse de ton.

Mot. — Terme générique, comprenant généralement tous les signes d'objets, de modifications ou de rapports.

Motivale. — On appelle ainsi la conjonction *car*.

Multiple. — On appelle *sujet multiple* celui qui se compose de *plusieurs sujets* ayant une influence commune sur le même attribut : *mon frère et ma sœur étudient.*

Négatif. — On appelle ainsi l'article *nul* et *aucun : nul homme, aucun homme n'est infaillible.*

Nom. — C'est l'image ou le signe *immédiat* des objets.

Idem abstrait. — Exprime une qualité détachée du sujet, et considérée comme individu métaphysique : *vertu.*

Idem collectif. — Est celui qui exprime une *collection* d'individus considérés comme un tout métaphysique : *meute*, *troupeau*, *flotte*, etc.

Idem commun. — Est celui qui convient à tous les individus d'une même espèce, comme *homme*, *ville.*

Idem propre. — Est celui qui ne convient qu'à un individu d'une espèce, comme *Buffon*, *Paris.*

Nombre. — Rapport sous lequel nous considérons les objets relativement à l'*unité* ou à la *pluralité indéfinie.*

Nomenclature. — Collection des mots propres à une langue, à une science.

Numéraux. — On appelle *articles numéraux* ceux qui expriment le nombre : *un*, *deux*, *trois*, etc.

Objets. — Terme générique pour exprimer tout ce qui peut affecter nos sens.

Objet d'action. — C'est l'objet sur lequel se

porte *directement* ou *indirectement* l'action, ce qui fait qu'on le distingue en *direct* et *indirect*. Si je dis : *j'envoie un pâté à ma fille*, *pâté* est l'*objet direct*; *ma fille* est l'*objet indirect*.

Organes ou *Sens extérieurs*. — Sont la vue, l'ouie, l'odorat, le goût et le toucher.

Parenthèse. — On appelle ainsi un double crochet dont on renferme quelques mots qui, coupant un récit, ou le sens d'une phrase, y répandent plus de clarté ou contiennent quelque réflexion ou quelque note relative au sujet qu'on traite, comme dans ces exemples : *une passion funeste* (*je veux dire le jeu*) *domine la plupart des gens oisifs*.

Partitif. — Se dit d'un nom qui n'embrasse que partie d'un sujet ou d'un objet d'action multiples, comme dans cet exemple : *votre mère et votre tante sont venues nous voir à la campagne; car l'une ne peut aller sans l'autre*.

Passé. — C'est tout ce qui est antérieur au moment précis de l'acte de la parole.

Passif. — Voyez *attribut*.

Patois. — Langage rustique des habitants de la campagne et des gens de la classe du peuple dans les villes, en certaines provinces, comme le Poitou, la Gascogne, etc.

Pénultième. — Avant-dernier, avant-dernière.

Période. — Portion de temps. — Assemblage

de plusieurs propositions qui concourent au même sens logique.

Périodique. — Qui revient à une époque fixe.

Personnes. — Les personnes grammaticales sont : *je*, *tu*, *il* ou *elle*, pour le singulier, *nous*, *vous*, *ils* ou *elles*, pour le pluriel.

Physique. — Se dit de tout ce qui peut affecter nos sens extérieurs.

Pléonasme. — Surabondance de mots qui n'ajoutent rien au sens.

Pluriel. (*nombre*) — Exprime la pluralité.

Positif. — Se dit par opposition à *relatif*: ainsi, dans cette phrase : *on voulait que vous vinssiez*, je dis que *vinssiez* est un *passé positif* par rapport à l'époque présente, mais un *futur relatif* par rapport à l'action de *vouloir*.

Possessif. — Se dit des articles *mon*, *ma*, *mes*, *ton*, *ta*, *tes*, *notre*, *votre*, *leur*, *son*, *sa*, *ses*, *nos*, *vos*, *leurs*, etc.

Prépositions. — Signes des rapports, comme *à*, *de*, *sur*, *vers*, *pour*, etc.

Présent. — Temps qui coïncide avec le moment précis de l'acte de la parole.

Primitive. — Voyez *forme*.

Principale. — On appelle ainsi la proposition qui exprime l'*idée principale* dégagée de toute *idée accessoire*.

Pronom. — C'est le signe de rappel d'un nom, comme : *je*, *tu*, *il*, etc.

Proposition. — Elle est l'expression d'un jugement. On distingue la *proposition logique* de la *proposition grammaticale*, et la proposition *principale* de la proposition *incidente*. Voyez aux mots *logique*, *grammaticale*, *principale* et *incidente*.

Propre. — Voyez *nom*.

Rapports de détermination. — Les objets ont entre eux des rapports qui sont relatifs, soit à leur position respective, soit à leur dépendance ; les prépositions expriment ou indiquent ces rapports qu'on a appelés *rapports de détermination*.

Idem d'identité. — Voyez les mots *identité* et *identique*. Le verbe *être* exprime ces rapports d'identité ; exemples : *le soleil est lumineux ; le soleil est un globe de feu*. Il est certain que la lumière est inhérente au soleil, comme il est constant qu'il y a identité entre *soleil* et *globe de feu* ; or, je dis que le verbe pur exprime ces rapports d'*inhérence* ou d'*identité*.

Idem de succession. — Ce sont les rapports qu'ont entre eux les mots dans l'ordre successif de nos idées, indépendamment de celui dans lequel ils sont souvent employés.

Redondance. — Superfluité de paroles.

Relatif. — J'appelle *relatif* tout pronom qui s'applique également aux choses et aux personnes.

Sensation. — Impression que l'âme reçoit des objets par les sens.

Sens extérieurs. — Voyez *organes.*

Sens intérieurs. — L'âme.

Simple. — Voyez *attribut.*

Simultanée. — Se dit d'une action qui a un rapport de coexistence avec une autre action, comme dans cet exemple : *je dormais lorsque vous entriez.*

Singulier. (*nombre*) — Exprime l'unité.

Solécisme. — Faute grossière contre la syntaxe.

Spécifique. — Qui appartient à l'*espèce.* Voyez au mot *nom*, *nom commun.*

Subjonctif. (*mode*) — N'exprime l'action que d'une manière *médiate* et *subordonnée* ou *indirecte*; car l'action exprimée à ce mode est toujours subordonnée à une autre : *on veut que je fasse telle chose.*

Subordonnée. — On appelle ainsi la *seconde proposition* dans l'exemple qui précède.

Sujet. — Se dit de celui ou de celle qui fait l'action : ainsi, *tu* est le sujet de la proposition dans *tu dors.*

Superlatif. — C'est le plus haut degré que puisse atteindre un attribut : *il est très-savant.*

Syllabe. — Partie d'un mot qui se forme d'une ou de plusieurs lettres, et se prononce d'une seule émission de voix.

Syllepse. — Figure par laquelle le discours répond plutôt à la pensée qu'aux règles de la grammaire, comme quand on dit : *la plupart pensent.*

Syncope. — Retranchement d'une ou de plusieurs syllabes.

Syntaxe. — Connaissance de la relation des mots entre eux, qui fait que nous saisissons dans un ordre direct ce qui est souvent construit dans un ordre renversé.

Système. — Assemblage de plusieurs principes dont on tire des conséquences sur lesquelles on établit une opinion, une doctrine.

Temps des verbes. — Etablissent la coïncidence de l'action avec différentes époques.

Traînée de points. — Marque une espèce de réticence.

Trait de séparation. — Annonce une transposition du pronom après l'attribut actif, ou le changement d'interlocuteur dans un dialogue.

Trait d'union. — Réunit deux mots qui n'en forment qu'un, comme *chef-lieu.*

Transitif. — On appelle ainsi tout verbe exprimant une action qui passe de l'agent sur l'objet soumis à l'action, comme dans cet exemple : *le feu rougit le fer.*

Transitive. — Se dit de l'action, exprimée par un verbe transitif. On appelle aussi *transitive* la conjonction *or.*

Tréma. — Signe qui s'emploie avec les voyelles *e*, *i*, *u*, quand, précédées d'une autre voyelle, elles doivent se prononcer séparément, comme dans *héroïque*.

Verbe composé. — On a appelé verbes composés ceux que j'appelle attributs actifs, comme *manger*, *dormir*, parce qu'ils remplacent les formes composées et primitives *être mangeant*, *être dormant*.

Verbe pur. (*être*) — Exprime la perception d'un rapport de convenance entre un objet et une modification : *la terre est ronde*, ou un rapport d'*identité* entre un individu déterminé dans l'espèce, et un individu spécifique : *la terre est un globe;* tous les autres verbes sont mixtes : ce sont des attributs actifs joints au verbe *être*, comme on le verra ci-après.

Voyelles. — Ce sont les lettres *a*, *e*, *i*, *o*, *u*, qui seules peuvent former un son.

GRAMMAIRE.

PREMIÈRE PARTIE.

DE L'ALPHABET.

Chaque langue a son alphabet qui comprend deux sortes de lettres, *voyelles* et *consonnes*. On appelle *voyelles* les lettres *a*, *e*, *i*, *o*, *u*, parce que ces lettres, employées isolément ou combinées entre elles, forment des sons qui peuvent se prolonger sans qu'il s'opère aucun mouvement dans les organes de la parole. On a appelé les autres *consonnes*, des mots latins *sonare cum* (sonner avec), parce qu'en effet elles ne forment de son qu'avec le secours des voyelles.

L'alphabet français se compose de vingt-cinq lettres que la typographie figure par trois espèces de caractères appelés *majuscules*, *romains*, *italiques*.

Majuscules......	A, B, C, D, etc.
Romains.......	a, b, c, d, etc.
Italiques	*a*, *b*, *c*, *d*, etc

ANCIENNE APPELLATION.

be, ce, de, effe, gé, ache, ji, ka, elle, emme, enne, pé, cu, erre, esse, té, vé, ixe, zède.

APPELLATION MODERNE.

be, ce, de, fe, ge, he, je, ke, le, me, ne, pe, ke, re, se, te, ve, xe, ze, en prononçant *e* comme *eu*, *beu*, etc

Il résulte de cette nouvelle appellation qui, dans l'application du principe, a un avantage inappréciable sur l'ancienne, que toutes les lettres de l'alphabet sont maintenant du genre masculin.

DU SON DES LETTRES.

A est le premier son que l'homme fasse entendre : il est si facile, que les muets le produisent; l'*a* joint à l'*i*, produit le son *é*: je fer*ai*. Si ces deux voyelles réunies sont suivies de *s*, prononcez *ès*: je fer*ais*, comme dans procè*s*. L'*a* joint à l'*u*, produit le son *o*: ainsi prononcez *aune*, *faune* comme *zone*. *A* perd le son qui lui est propre suivi de *o* dans les mots *août*, *Saône*, qu'on prononce *oût*, *Sône*.

B a presque le son de *p* dans plusieurs mots, comme : *observer*, *obtenir*, *absoudre*, qu'on prononce comme s'il y avait : *opserver*, *optenir*, *apsoudre*.

C a trois sons : celui de *k* avant *a*, *o* : *cachot*, *colère*; il a le son de *q* (ancienne appellation) dans *curieux*, *décuple*; celui de *s* avant *e*, *i*: *centre*, *citron*. Quelquefois, précédé lui-même d'une voyelle ou d'une consonne, il conserve le son de *s* avant *a*, *o*, *u*, et alors on le marque d'une cédille : *façade*, *français*, *leçon*, *rançon*, *reçu*, *apperçu*. Il a presque le son de *g* dans *secret*, *seconde*, *Claude*.

D a le son de *t* à la fin d'un mot, quand ce mot est suivi d'un autre qui commence par une voyelle ou par un *h* muet. *Grand amiral*, *grand homme*, prononcez : *grant amiral*, *grant homme*.

E n'a qu'un son par lui-même, celui de *eu*. Je dirai bientôt, en traitant des différents signes employés dans l'écriture, comment les divers accents peuvent changer la prononciation de cette voyelle.

F se fait sentir avant les consonnes comme avant les voyelles, dans les mots *soif*, *vif*, *soif ardente*, *soif brûlante*, *vif amour*, *vif repentir*. Il faut pourtant en excepter *clef* qu'on prononce *clé*, et que l'usage autorisera sans contredit à écrire de même. *Neuf*, article numéral, se prononce *neu* avant une consonne : *neu semaines*. Il se prononce *neuv* avant une voyelle ou un *h* muet. *Neuv ans*, *neuv hommes*. Le *f* doit se faire sentir dans *neuf* (nouveau), *œuf*, *bœuf*, *veuf*, *cerf*, *nerf*, soit au singulier, soit au pluriel, lorsque ces mots terminent un sens : un habit *neuf*, un *œuf*, un *bœuf*, un homme *veuf*, un *cerf*, un *nerf*, une douzaine d'*œufs*, une paire de *bœufs*, un troupeau de *cerfs*, une attaque de *nerfs*.

Lorsque ces mots au pluriel ne terminent pas un sens, le *f* ne s'y fait jamais entendre ; mais le *s* final s'y fait ou ne s'y fait pas sentir, selon que le mot qui suit commence par une voyelle ou par une consonne. Des *œus* à la coque, des *bœus* au vert, des *cers* aux abois, des *ners* endurcis ; ou des *œus* durs, des *bœus* gras, des *cers* dix cors, des *ners* sensibles.

L'usage varie aussi sur la prononciation de ces mêmes mots écrits au singulier, lorsqu'ils ne terminent pas un sens, et qu'ils sont suivis d'un mot commençant par une consonne. C'est ainsi qu'on dit : le *bœu* gras et un *bœuf* sauvage ; un *ner* foulé, un *cer* forcé. Mais, suivis d'un mot commençant par une voyelle, ils laissent entendre le son de *f*: *bœuf* en daube, *œuf* à la coque, *cerf* aux abois, *nerf* endurci (1).

G a le son guttural avant *a* et *o*. *Gage*, *goguenard*. Il a le son de *gh* dans *guttural*. Il se prononce comme *j* avant *e*, *i* : *génie*, *girouette*. A la fin de quelques mots, quand il est suivi d'une voyelle, il a le son de *c* : suer *sanc* et *eau*, *lonc* entretien, *ranc* élevé. Suivi de *u*, il se prononce *ghi*, comme dans *anguille*, ou *gui*, comme dans *aiguille*, ce qui ne peut s'apprendre que par l'usage. Précédé d'une voyelle et suivi de *n*, il a le son mouillé : *agneau*, *vigne*, *baignet*, *signe*, etc.

H. On distingue deux sortes de *h*, l'un muet, l'autre aspiré. Le premier ne sert qu'à marquer l'origine du mot, comme dans *homme*, *honneur*, qui viennent du latin *homo*, *honor*, et qu'on prononce *omme*, *onneur*, de même qu'on prononce l'*omme*, l'*onneur*, puisque le *h* n'y a aucun son.

---

(1) Il est très-possible que je me trompe sur l'usage ; c'est à l'Académie qu'il appartient de faire cesser les contradictions sans nombre des écrivains, non seulement sur le son des lettres, mais sur la prononciation de tous les mots de la langue, lorsqu'il peut y avoir du doute ; en cela je crois exprimer le vœu unanime de la nation

Le *h* aspiré est prononcé plus fortement ; il n'a également aucun son ; mais il n'admet, dans le mot qui précède, ni l'élision de la voyelle finale, comme : la *haine*, le *héros*, la *harangue*, le *houx*, la *hutte*, la *hiérarchie*; ni la prononciation de la consonne finale : des *haricots*, un *héron*, un *hibou*, un *houssoir*, un *halbran*, etc.

I n'a qu'un son par lui-même. Précédé de l'*a* ou de l'*e*, et suivi de *m* ou *n*, il a le son *in* : *faim*, *frein*, *sein*.

J a le même son avant les voyelles que *g* avant *e*, *i* : *jardin*, *Jésus*, *jonquille*, *Jourdain*, *jus*. Il ne précède jamais l'*i*.

K n'est employé que dans quelques mots étrangers. Il a le son de *c* dur avant *a*, *o* : *kan*, *koran*. Il a le son de *qu* avant *e* et *i* : *kermès*, *kilogramme*. Il ne précède jamais l'*u*.

L ne se fait point entendre à la fin des mots *outil*, *fusil*, *baril*, *chenil*, *gril*, *fenil*, *sourcil*, *gentil*. Soit qu'il finisse un mot, soit qu'il double au milieu d'un mot, s'il est précédé d'un *i*, il a le son mouillé, comme dans les mots : *péril*, *œil*, *soleil*, *orgueil*, *écueil*, *recueil*, ou dans ceux-ci : *fille*, *famille*, *faucille*, *béquille*, *brillant*, *anguille*, *aiguille*, *étrille*, *pétillant*. Il ne l'a pas dans : *Achille*, *ville*, *pupille*, *imbécille*, *tranquille*, *mille*, *puéril*.

M remplace *n* dans les sons *an*, *en*, *in*, *on*, *un* suivis de *b*, *p*, ou *m* : *ambassade*, *amphibie*, *embûche*, *empire*, *emménager*, *emmaillotter*, *emman-*

cher, *imbécille*, *impossible*, *immangeable*, *immanquable*, *ombre*, *compas*, *humble*, etc.

Il a le son nazal de *n* :

1°. A la fin des mots *nom*, *pronom*, *renom*, *faim*, *parfum* ;

2°. Quand il est au milieu d'un mot avant *b*, *n* ou *p* : *Amboise*, *impatience*, *condamnation*. Il se prononce *me* à la fin des mots, *Amsterdam*, *Stockolm*, *Sélim*, *Jérusalem*, et dans les mots *amnistie*, *Memnon*, *somnifère*, *immoral*, *immédiat*, *commisération*, *immense*, *immobile*.

N a un son ouvert dans *anneau*, *anéantir*, *ennemi*, *initié*, *iniquité* ; il a un son nazal dans *bien*, *lien*, *brun*, *Melun*, *Verdun*, *Toulon*, *ancre*, *encre*, *andouille*, *engagement*. Remarquez qu'on écrit *ennoblir*, *ennuiter*, et qu'on prononce *anoblir*, *anuiter* ; mais on conserve le son nazal dans *ennui*, *ennuyer*.

O perd le son qui lui est propre, joint à l'*e* ou à l'*a*, comme dans *paon*, *Laon*, *faon*, *œuvre*, *œuf*, *bœuf*, qu'on prononce *pan*, *Lan*, *fan*, *euvre*, *euf*, *beuf*.

P ne se prononce pas dans *compte*, *exempt*, *sept*, *loup*, *temps*, *baptême*, *beaucoup*, *trop* ; mais il sonne dans *baptismal*, *exemption*, *septante*, *septuagénaire*. Suivi de *h*, il a le son de *f*, comme dans *philosophe*, *pharmacie*, qu'on prononce *filosofe*, *farmacie*.

Q n'est final que dans *cinq* et *coq*. On doit toujours le faire sentir comme *k* dans ce dernier mot; mais dans *cinq*, il ne se prononce que lorsqu'il est suivi d'une voyelle ou d'un *h* muet, comme dans *cinq* ans, *cinq* hommes, ou qu'il termine une phrase : *combien* avez-vous *d'enfants ? j'en ai cinq*. Il se fait pourtant sentir dans *cinq pour cent* et dans *cinq* considéré comme chiffre : *voilà un cinq bien tourné*. Il se prononce quelquefois comme *k*, dans *quantité*, *qualité*, *quotité*; il se prononce *gh* comme dans *quinte*, *quinquina*, *quidam*, où le son de l'*u* est muet. Souvent joint à l'*u*, il forme avec lui le son *cou*, comme dans *aquatique*, *équateur*, *équation*, *in-quarto*, *quadragénaire*, *quadrupède*, *quadruple*, *quatuor*. Ces deux mêmes lettres réunies se prononcent *cu* dans *équestre*, *liquéfaction*, *quintuple*, *quirinal*, *questeur*.

R est nul dans la finale des formes primitives en *er*, suivi d'une consonne : *parler bas*, *chanter juste*, *frapper fort*. Dans celle des verbes en *ir*, il faut prononcer le *r* suivi d'une consonne comme d'une voyelle.

S conserve le son naturel au commencement d'un mot, quoique suivi d'une voyelle : *savoir*, *sûreté*, *saisissement*; ou précédé d'une consonne : *chanson*, *corsaire*, *rapsodie*, *bienséance*; mais il a le son de *z* entre deux voyelles : *roseau*, *fuseau*, *magasin*, *chaise*, *analyse*, *cerise*, *fraise*, etc., si ce n'est dans les mots composés comme *préséance*, *désuétude*, *vraisemblance*.

T a le son naturel dans *tonnerre*, *tiare*, *tombeau*, *tapis*, *tumulte*, *télégraphe*, *bastion*, *digestion*, *Éphestion*, *mixtion*; mais il se prononce comme *s*,

1°. Dans les attributs en *tial*, *tieux*, *tient*, *tiel*, comme : *martial*, *partiel*, *ambitieux*, *impatient*, *essentiel*;

2°. Dans les noms propres en *tien*, comme : *Le Titien*, *Domitien*, *Dioclétien*;

3°. Dans les noms en *tion*, *tience*, quand il n'est pas précédé de *s* ou de *x* : *désertion*, *ambition*, *éducation*, *portion*, *patience*.

Il ne se prononce jamais dans la conjonction *et* quoique suivi d'un mot commençant par une voyelle : aussi cette conjonction n'est elle admise en poésie que suivie d'une consonne.

U. Cette voyelle, précédée d'une autre voyelle a un son mixte, comme dans *Europe*, *jaloux*, *automate*.

V a toujours le son naturel.

X se décompose de six manières; et c'est par suite de cette décomposition, que l'*e* qui précède ne prend jamais d'accent, puisqu'en effet il ne forme plus à lui seul une syllabe. Il a le son de :

z dans *deuxième*,	prononcez *deuzième*.
gz dans *exil*, *examen*,	id. *eg zil*, *eg zamen*
s dans *ixdale*,	id. *isdale*.
ss dans *soixante*,	id. *soissante*.
k dans *excès*, *exciter*,	id. *ek cès*, *ek citer*.
ks dans *explication*, *axe*, *fluxion*,	id. *ek splication*, *ak se*, *fluk sion*

Y n'est plus admis que dans les noms propres : *Bayard*, *Bayonne*, *Mayence*, et dans quelques autres où il a le son de deux *i*, dont le premier termine une syllabe, et le second en commence une autre, comme *citoyen*, *mitoyen*, *côtoyer*, *royal*, *joyeux*, *soyeux*, *hoyau*; ou a la première et à la deuxième personne du pluriel, temps présent, mode absolu, des verbes en *ayer*, *oyer*, *uyer:* nous envo*yons*, nous essa*yons*, vous ennu*yez*. Je ferai remarquer qu'on l'emploie de même à la première et à la deuxième personne du passé imparfait, mode absolu, et du présent du subjonctif; mais la prononciation m'en paraît si différente, que je propose d'y substituer les deux *i*, comme j'en explique les motifs en terminant mon système des conjugaisons. Il est encore admis dans les mots dérivés : *hymen*, *syllabe*, *style*, *hypocrite*, pour en montrer l'origine seulement; car alors il n'a plus que le son de l'*i* simple.

Z a le son de *s* à la fin du mot *Metz;* il donne à l'*e* la prononciation de l'*e* fermé dans *nez*, *chez*, *assez*, où il ne se prononce pas, à moins qu'il ne soit suivi d'un mot commençant par une voyelle, *nez aquilain*.

Du ch.

Ces deux lettres jointes ensemble, conservent le son naturel dans *charité*, *chèvre*, *chien*, *choix*, *chou*, *chute*, *archevêque*, *archevêché*, *zachée*, *Joachim*, *Ezéchias*, *Ezéchiel*, *chérubin*, *Michel*, *mo-*

narchie, *stomachique*, *archidiacre*, *Achéron*, *archiduc*, *archipel*, *archives*, *architecture*.

Elles prennent le son doux de *k* dans *Achélous*, *archétype* (modèle), *Chersonèse*, *archiépiscopat*, *chélidoine* (plante), *chiliarque* (chef de mille hommes chez les Romains), *Michel-Ange*, *chirographaire*, *chiromancie*, *conchiliologie* (science qui traite des coquillages), *conchites* (coquilles pétrifiées), *orchestre*. Elles en ont le son dur suivies des voyelles, *a*, *o*, comme dans *chaos*, *écho*, et dans les mots tirés de l'hébreu ou du grec : *Achab*, *Chanaan*, *Nabuchodonosor*, *eucharistie*, *archange*, *anachorète*. (Voir pour plus de détail la table alphabétique des mots dont la prononciation n'est pas conforme à l'orthographe, et présente quelques difficultés.)

Le mot *chœur* (d'église) fait exception à la règle.

Le *ch*, suivi de la voyelle *u*, conserve le son doux, comme dans *catéchumène*, *Bacchus*.

De la syllabe.

La syllabe est une réunion de plusieurs lettres susceptibles de former un son. *Ver-tu* est de deux syllabes, *ver-tu-eux* de trois, *vir-tu-o-se* de quatre. Plusieurs voyelles peuvent entrer dans la composition d'une syllabe, pourvu qu'elles n'y fassent entendre qu'un son, comme *air*, *eau*, *feu*, *faim*, *cour*. Nous avons cependant des mots qui se prononcent d'une seule émission de voix, quoique formés de voyelles qui produisent deux sons, comme

Dieu, *ciel*, *nuit*, *miel*, *fruit*; mais alors la syllabe prend le nom de *diphtongue*; car son essence consiste en deux points: 1°. qu'il n'y ait pas, du moins sensiblement, deux mouvements successifs dans les organes de la parole; 2°. que l'oreille sente distinctement les deux voyelles par la même émission de voix, car c'est cette fusion de deux sons en une seule émission de voix qui constitue la diphtongue.

DES SIGNES EMPLOYÉS DANS L'ÉCRITURE.

Des accents.

Les accents se mettent sur une voyelle qui termine une syllabe, pour indiquer que cette voyelle a le son bref, ouvert ou long. Il y en a de trois sortes: l'accent aigu, comme dans *beauté;* grave, comme dans *artère;* circonflexe, comme dans *hêtre*. Par suite de ce principe, on les met aussi sur la voyelle qui forme à elle seule une syllabe: *écu*, *ère*, *âne*.

Les voyelles *a*, *i*, *o*, *u* ne prennent que l'accent circonflexe, comme *âge*, *âtre*, *île*, *gîte*, *chaîne*, *côte*, *dôme*, *apôtre*, *suppôt*, *bûche*, *embûche*, *affût*, *voûte*. Il n'y a d'exceptions que pour *à* préposition et *là* adjoint, qui prennent l'accent grave.

L'*e* est susceptible de recevoir tous les accents. On appelle *e* muet celui qui ne prend point d'accent terminant une syllabe, comme dans *bronze*, *retour*, *Bretagne*; on appelle aussi cet *e* féminin, parce qu'à la fin d'un mot il forme en vers les rimes féminines, comme dans *rivage*, *sonore*, *brûlante*.

L'*e* marqué de l'accent aigu s'appelle *e* fermé. Il termine ordinairement une syllabe et se prononce bref, comme dans *société*, *bonté*, *exilé*. Je dis ordinairement, car il la termine toujours dans le corps d'un mot, mais non pas toujours à la fin, puisque s'il figure à la fin d'un mot au singulier, il doit devenir pénultième de *s* dans ce même mot au pluriel, cette lettre étant caractéristique du pluriel : *sociétés*, *bontés*, *exilés*, sur quoi je prie d'observer, comme je viens de le dire à la lettre *x*, que l'*e* qui précède cette lettre, ne prend jamais d'accent. On appelle encore *e* fermé celui qui précède la consonne finale dans la forme primitive des verbes, et il se prononce comme s'il était marqué de l'accent aigu : *aimer*, *ordonner*, *marcher*.

L'*e* marqué de l'accent grave s'appelle *e* grave et se prononce ouvert : *zèle*, *brèche*. Lorsqu'il est suivi d'une consonne finale, elle ne se prononce qu'autant qu'elle précède un mot commençant par une voyelle : *accès*, *procès*; *accès* effrayant, *procès* important. Nous avons un autre *e* grave qui ne prend aucun accent et qui pourtant se prononce aussi ouvert que le précédent, à la faveur de la consonne qui le suit et qui termine toujours la syllabe, comme dans ces mots : *vertu*, *ferveur*, *sermon*.

L'*e* marqué de l'accent circonflexe se nomme *e* ouvert, et se prononce plus long que le précédent : *emblême*, *pêcheur*, *tempête*, *crête*.

L'accent circonflexe se met 1°. sur la voyelle qui précède la syllabe finale de la première et de la seconde personne du pluriel au passé parfait du mode absolu : nous *fîmes*, vous *fîtes* ; nous *finîmes*, vous *finîtes* ; nous *marchâmes*, vous *marchâtes* ; nous *eûmes*, vous *eûtes* ; nous *fûmes*, vous *fûtes*, nous *tînmes*, vous *tîntes* ; nous *vînmes*, vous *vîntes* ; 2°. sur la voyelle qui précède la consonne ou les consonnes finales du futur du mode subjonctif à la troisième personne du singulier, pour tous les verbes, ce qui seul distingue cette forme de celle du passé parfait dans les verbes en *ir*, *ire*, *oir* et *re*, qu'on écrit sans accent, comme dans ces exemples : il *dit*, il *vint*, il *craignit*, il *reçut* ; au lieu qu'elle se distingue de la même forme dans les verbes en *er*, non seulement par l'accent, mais encore par le *t* final ; car on écrit sans accent et sans *t* la troisième personne du singulier des verbes en *er*, au passé parfait mode absolu : il *passa*, il *parla*, il *aima*, il *triompha*, mais on emploie l'accent avec les formes du mode subjonctif, comme dans les exemples suivants :

Dût tout cet appareil retomber sur ma tête.

ARCAS, dans *Iphigénie*.

Œnone, qui l'*eût* cru ? j'avais une rivale !

PHÈDRE, dans *Phèdre*.

Que vouliez-vous qu'il *fît* contre trois? — Qu'il *mourût!*

Les Horaces

. . . . Qu'il *revînt!* lui! le traître!
Qu'aux yeux de ma maîtresse il *osât* reparaître!

OROSMANE, dans *Zaïre*.

Au lieu qu'on écrit à la troisième personne du passé parfait, mode absolu : il *dut* être bien surpris quand il *eut* des preuves de sa perfidie! que *fit*-il? il *mourut* sans doute? — non, il *revint*, il *osa* reparaître. L'accent circonflexe se met encore sur l'*u* des formes complétives *tû*, *dû*, pour les distinguer du pronom *tu* et de la préposition composée *du*.

De l'apostrophe.

L'apostrophe marque la suppression d'une de ces voyelles *a*, *e*, *i*, à la fin de quelques mots ou plutôt de quelques monosyllabes suivis d'un mot commençant par une voyelle.

E et *a* s'élident dans *le*, *la*, *je*, *me*, *te*, *se*, *de*, *ne*, *que*, *ce*, précédant un mot qui commence par une voyelle : l'*amour*, l'*ivresse*, j'*écris*, *on* m'*estime*, *je* t'*aime*, *il s'honore*, *un jet* d'*eau*, n'*obéissez* qu'*à* moi, c'*est* votre devoir ; *e* s'élide encore dans *quelque*, *lorsque*, *puisque* et *quoique*, lorsque ces mots sont suivis d'une voyelle, et dans *jusque* suivi des mots *à*, *au*, *en*, *ici*.

I s'élide dans *si*, suivi des pronoms *il*, *ils* ; s'*il* dort, s'*ils* dorment.

Les voyelles de *le*, *la*, pronoms relatifs et de *là*

adjoint ne s'élident point, suivies d'une voyelle, quand ces pronoms sont précédés d'un verbe dont ils sont l'objet direct; ainsi il faut dire : *me-nez-le* à Paris, *conduisez-la* à sa pension, *met-tez-le* à côté de moi, *allez là* et revenez de suite.

N'imitons pas La Fontaine qui, dans sa fable du *Pâtre et du Lion*, dit, en parlant de Gabrias, poete grec :

> *Voyons-le avec* Ésope en un sujet semblable.

car il faut lire ainsi :

Voyons l'avec, etc., pour éviter l'hyatus, et ne pas rompre la mesure du vers. La même faute existe dans ce vers de *la Henriade*, chant VIIe. :

> Tout souverain qu'il est, *instruits-le à* se connaître.

et dans celui-ci de *Mahomet* :

> Retournez vers ce peuple, *instruisez-le en* mon nom.

E ne s'élide pas non plus dans *le* avant *oui*; ainsi l'on dira *le oui* et *le non*.

Du trait d'union.

Le trait d'union joint deux mots qui sont censés n'en plus former qu'un, ou qui ont une étroite liaison pour le sens, comme *chef-lieu*, *passe-ruban*, *très-haut*, *très-puissant*, *tout-puissant*, *ci-joint*, *ci-dessus*, *ci-dessous*, *ci-devant*. On l'emploie encore pour marquer la transposition du pronom après le verbe, comme cela a lieu dans l'interrogation : *irai-je? viendrez-vous? part-il?* enfin il lie les formes du mode dispositif et les pronoms personnels qui en sont l'objet direct : *excusez-le* ; ou indirect : *pardonnez-lui*.

Du tréma.

Le tréma se met sur les voyelles *e*, *i*, *u*, quand, précédées d'une autre voyelle, elles doivent se prononcer séparément, comme dans :
Poëte, *naïf*, *haïr*, *Saül*, *coïncidence*, *prosaïque*,
et non comme dans
Fœtus, *naissance*, *haire*, *saule*, *coin*, *rosaire* ;
il se met aussi sur l'*e* final de
ciguë, *ambiguë*, *contiguë*,
pour empêcher qu'on ne prononce comme
figue, *ligue*, *fatigue*.

De la cédille.

La cédille se place sous le *c* suivi de l'une de ces trois voyelles *a*, *o*, *u*, quand il ne doit avoir que le son de *ss* ou simplement de *s*, comme dans
façade, *leçon*, *déçu*, *apperçu*, *conçu*, *français*,
pour empêcher qu'on ne prononce comme
décade, *flacon*, *décuple*, *repercuté*, *concubine*, *laquais*.

Des lettres majeures.

La poésie exige une lettre capitale au commencement de chaque vers ; la prose, au commencement de chaque proposition logique.

Dans l'une comme dans l'autre, les noms propres, tels que ceux des individus, des quatre parties du monde, des différents états, des différents peuples, des mers, des fleuves, lacs et rivières, des provinces, des départements, des montagnes, des volcans, des villes, bourgs, villages et hameaux, des principaux édifices publics, exigent des lettres capitales; ainsi vous écrirez : l'*Europe*, l'*Asie*, l'*Afrique*, l'*Amérique*, la *France*, l'*Allemagne*, la *Russie*, la *Pologne*, l'*Angleterre*, l'*Italie*, et de même les *Français*, les *Allemands*, les *Russes*, les *Polonais*, les *Anglais*, les *Italiens*, les *Turcs*, les *Chinois;* l'*Océan*, la *Méditerranée*, le *Nil*, le *Rhin*, la *Seine*, la *Marne*, la *Drave*, la *Loire;* la *Bourgogne*, l'*Auvergne*, l'*Orléanais*, l'*Etna*, le *Vésuve; Paris*, *Lyon*, *Bordeaux*, *Marseille*, *Londres*, *Vienne;* le *Louvre*, le *Luxembourg; Louis*, *Alexandre*, *Buffon*, *Homère*, *Virgile*, *Rubens*, *Raphaël*, *Mansard*, *Lully*.

On doit écrire également par une lettre capitale : *Sire*, *Prince*, *Duc*, *Pair*, *Marquis*, *Comte*, *Baron*, *Connétable*, *Chancelier*, *Trésorier*, *Maréchal*, *Ministre*, *Sénateur*, *Tribun*, *Gouverneur*, *Général*, *Amiral*, *Intendant*, *Préfet*, *Maire*, *Évêque*, *Archevêque*, *Monseigneur*, *Monsieur*, mais seulement quand on en fait une application directe et personnelle. En un mot, tout nom propre ou pris dans l'acception d'un nom propre, doit recevoir la lettre majuscule, mais il ne faut pas la multiplier sans nécessité : je suis loin d'approuver qu'on écrive *général* par un *g* capital dans *Secrétaire général*, *État général :* il n'est pas plus raisonnable, dans ce cas, d'écrire *général* par un grand *g*, qu'il ne le serait d'écrire *particulier* par un grand *p*. Il semble qu'on croie désigner par l'étendue de la lettre, l'étendue des attributions de la place ou des objets qu'embrasse le travail. Je pense que tous les gens sensés s'empresseront de réformer ces abus : il faut faire un emploi raisonné des lettres capitales, et ne pas imiter les faiseurs d'enseignes, qui en mettent partout comme ornement.

Ici se termine ce que j'ai à dire des signes employés dans l'écriture, parce que je ne traite en ce moment que de ceux qui concernent le matériel des mots. Je parlerai, en traitant des signes de ponctuation, du *trait de séparation*, de la *parenthèse* et des *guillemets*, parce que ces signes se rattachent à l'anatomie du discours.

DE L'ASPIRATION.

Il faut remarquer que les mots commençant par *h*, qui nous viennent du latin, se prononcent généralement sans aspiration, et que cette initiale n'est aspirée que dans ceux qui nous viennent des langues septentrionales.

L'effet de l'aspiration est de faire prononcer fortement le *h* et de le détacher de la voyelle finale du mot qui précède, en sorte qu'on dit le *hibou*, le *héron* et non pas l'*hibou*, l'*héron*.

Le héron au long bec emmanché d'un long cou,
Un jour sur ses longs pieds allait je ne sais où.

La Fontaine.

Voici la nomenclature des mots de la langue qui commencent par un *h* aspiré.

TABLE DES MOTS OU *h* S'ASPIRE.

Ha!
Habler.
Hablerie
Hableur.
Hache.
Hacher.
Hachereau
Hachette.
Hachis.
Hachoir.
Hachure.
Hagard.
Ha ha!
Ha hé!
Haie.
Haie!
Haillon.
Hainault. (le)
Haine.
Haineux.
Hait.
Haire.
Haissable.
Hâlage.
Halbran.
Hâle
Haler (un bateau.)

Hâler.
Haletant.
Haleter.
Hallage.
Hallali
Halle.
Hallebarde.
Hallier
Haloir (où sèche le chanvre.)
Halot (terrier de lapin.)
Halte.
Hamac.
Hameau
Hampe (de pinceau.)
Hanche.
Hangar.
Hanneton
Hanscrit (langue de l'Inde.)
Hanse teutonique.
Hansiere (cordage)
Hanter.
Happe.
Happe lourde (pierre fausse.)
Happer.
Haquenée.
Haquet
Harangue.

Haranguer.
Harangueur.
Haras
Harasser.
Harceler.
Hard (t. de ganterie.)
Harde (troupe d'animaux.)
Hardes
Harder (attacher des chiens.)
Hardi.
Hardiesse.
Hardiment
Hareng.
Harengaison
Harengère
Hargneux.
Haricot
Haridelle.
Harnacher (et ses composés.)
Harnois.
Haro.
Harpe.
Harpé (se dit d'un levrier.)
Harpeau (grapin.)
Harper (serrer fortement.)
Harpie (oiseau fabuleux.)
Harpin (croc.)

Harpon (dard.)
Harponer.
Harponeur.
Hart (lien d'osier)
Hasard.
Hasarder.
Hasardeusement.
Hasardeux.
Hàse.
Hâte.
Hâter.
Hâtier
Hâtif.
Hâtiveau.
Hâtivement.
Haubaner (t. de marine.)
Haubans.
Haubergeon (dim. de haubert)
Haubert (cuirasse ancienne.)
Hausse.
Hausse-col.
Haussement.
Hausser.
Haut.
Hautain.
Hautainement.
Haut-bois.

Suite de la Table des Mots où h s'aspire.

Haut-bord.
Haut-côte.
Haut-de-chausse.
Haute-contre.
Haute-cour.
Haute-futaie.
Haute-justice.
Haute-lice.
Haute-lutte.
Haute-marée.
Hautement.
Hautesse.
Haute-taille.
Hauteur.
Haut-fond.
Haut-justicier.
Haut-le-corps.
Haut-le-pied.
Haut-mal.
Hauturier (t de marine.)
Haveneau (petit filet.)
Haveron (avoine sauvage.)
Havet (t de métallurgie.)
Havi.
Havir.
Havre.
Havre-sac.
He.
Heaume (casque.)
Heler (appeler un navire.)
Hem.
Hennir.
Hennissement.
Heraut (d'armes.)
Here.
Herisse.
Herisser.
Herisson.
Hernie.
Heron.
Heronneau.
Heronniere.
Heros
Herpes.
Herse.
Herseau.
Herse.
Herser.
Hêtre.
Heurt.
Heurté.
Heurter.
Hibou.
Hic (*le hic* en style fam)
Hideusement.
Hideux.
Hie (t. de paveur.)
Hiérarchie.
Hiérarchique.
Hiérarchiquement.
Hisser.
Ho!
Hobereau (pet. oiseau de proie.)
Hocher.
Hochet
Hollande.
Homard
Hongre.
Honnir.
Honte
Hoquet
Hoqueton.
Horde.
Horion
Hors-d'œuvre.
Hotte et ses dérivés.)
Houblon *id.*
Houe *id*
Houille *id.*
Houlette.
Houle (t de marine) *id.*
Houppe *id.*
Houppelande
Houret (petit chien de chasse.)
Houris
Hourvari (t. de chasse.)
Houseaux (guêtres.)
Houspiller.
Houssage
Houssaie.
Housse (et ses dérives)
Houssine.
Houx.
Hoyau (sorte de houe.)
Huard (oiseau.)
Huche (et ses dérivés)
Huée *id.*
Huit *id.*
Humer.
Hune (t. de marine) *id.*
Huppe *id.*
Hure.
Hurlement.
Hurler.
Hurleur.
Hutte.
Hutté.
Hutter.

DU SON *an* EMPRUNTANT *a* OU *e*, *m* OU *n*.

Le son *an* ou *en*, formant la syllabe initiale d'un mot, change toujours *n* en *m* avant *b*, *m*, *p*, semblable en cela aux sons *in*, *on*, *un*, comme dans *impossible*, *imbécille*, *ombre*, *compas*, *humble*, etc. Le mot composé *bonbon* est seul excepté.

Suivi de *b*	il s'écrit *em*,	excepté dans les mots :	ambassade, ambigu, ambitieux, amble, ambre, ambroisie, ambulance.
id. de *m*	*em*,	sans exception.	
id. de *p*	*em*,	excepté	amphibie, amphibologie, amphisciens, amphithéâtre, ample, ampoule, amputation.
id. de *c*	*en*,	*id*	ancêtres, anche (d'instrument) anchois, ancien, ancre de vaisseau.
id. de *d*	*en*,	*id.*	andante, andouille.
id. de *f*	*en*,	*id.*	anfractueux, anfractuosité.
id. de *g*	*en*,	*id.*	angle, ange, Angleterre, angleux, angoisse, anguille.
id. de *h*	*en*,	sans exception.	
id. de *k*	*en*,	excepté	ankilose.
id. de *l*	*en*,	sans exception.	
id. de *s*	*en*,	excepté	anse, anséatique.
id. de *t*	*en*,	*id*	antarctique, antagoniste, antécédent, antépenultième, antérieur, antesciens, anthère, antre, antropophage, antichambre, anticiper, antidater, antidote, antienne, antimoine, antipathie, antipode, antiquaille, antithèse, anti-constitutionnel.
id. de *x*	*en*,	*id.*	anxiété.

Le son *an* terminant la syllabe initiale d'un mot

précédé de *c*	s'écrit *en*,	excepté	cancer, cancre.
id. de *g*	*en*,	*id.*	Gange, gangrenne.
id. de *d*	*en*,	*id.*	danger, danse.
id. de *f*	*an*,	*id.*	fendant, fendette, fendeur, fendre, fente

Précédé de *l*,	s'écrit	*an*,	excepté	lente, lenteur, lent, lentement, lentille, lendemain.
id	de *m*	*an*,	*id.*	mendiant, mense, mensonge, menstrues, mental, menthe, mention.
id.	de *n*	*an*,	*id.*	nenni.
id.	de *p*	*en*,	*id*	panse, pantelant, pantenne, Panthéon, panthère, pantière, pansement, pantomime, pantoufle.
id.	de *r*	*en*,	*id.*	rance, rançon, rancune, rang.
id.	de *s*	*en*,	*id.*	sancir, sanctification, sanctuaire, sandale, sandaraque, sang, sangle, sanglier, sanglot, sangsue, sanguin.
id.	de *t*	*en*,	*id.*	tan, tancer, tanche, tandis que, tangente, tant, tante (*sœur de père ou de mère*) *tantôt*.
id.	de *v*	*en*,	*id*	van, vanter, vantail, vantard.

Le son *an* terminant absolument un mot, sans être suivi d'aucune autre consonne, s'écrit toujours *an*, comme *forban*, *turban*, etc.

Le son *an* précédant la dernière syllabe ou seulement la dernière lettre d'un mot, s'écrit *en*, précédé de

c,	excepté	Vacant, vacance.
d,	excepté	Dépendance, indépendant, indépendance, concordance, intendant, intendance, surintendance, condescendance, abondance, discordant, discordance, correspondant, correspondance, excédant, pédant, ascendant, transcendant, tendant, pendant, cependant, mordant, prétendant, répondant.
f,	excepté	Enfance, enfant, infant.
g,	excepté	Extravagance-*ant*, élégance-*ant*, arrogance-*ant*, suffragant.
h,	excepté	Chance, chant, éléphant, penchant, couchant, méchant, touchant.
l,	excepté	Balance, nonchalance-*ant*, vaillance-*ant*, ressemblance-*ant*, malveillance-*ant*, bienveillance-*ant*, vigilance-*ant*, pétulance-*ant*, défaillance-*ant*, ambulance-*ant*, postulant, galant, chancelant, étincelant, appelant, sanglant, vacillant, sémillant, brillant, pétillant, frétillant, coulant.
m,	excepté	Romance, accoutumance.

Le son *an* précédant la dernière syllabe ou seulement la dernière lettre d'un nom, s'écrit *en*, précédé de

n, excepté Contenance, appartenance, lieutenance-*ant*, souvenance, convenance, disconvenance, répugnance, consonnance, dissonnance, dissonnant, ordonnance, finance, entreprenant, surprenant.

p, excepté Panse, rampant.

r, excepté Espérance, persévérance, ignorance-*ant*, assurance, souffrance, remontrance, délivrance, outrance, France, garant, célébrant, errant, odoriférant, tempérant, conquérant, pénétrant, tirant (de souliers), ignorant.

s, excepté Usance, aisance, plaisance-*ant*, complaisance-*ant*, médisance-*ant*, suffisance-*ant*, insuffisance-*ant*.

ss, excepté Florissant, appétissant, croissance-*ant*, excroissance, obéissance-*ant*, désobéissance-*ant*, puissance-*ant*, impuissance-*ant*, jouissance, réjouissance, connaissance-*ant*, reconnaissance-*ant*

t, excepté Concomitance, quittance, laitance, pitance, stance, substance, prestance, instance, circonstance, repentance-*ant*, importance-*ant*, assistance-*ant*, résistance, distance-*ant*, constance-*ant*, balant, traitant, habitant, exhorbitant, partant, pourtant, nonobstant, instant, autant.

v, excepté Avance, redevance, survivance-*ant*, avant, savant, dorenavant, devant, auparavant, levant, observance, mouvance, chevance.

Le son *an* s'écrit toujours ainsi précédé d'une voyelle, excepté dans les mots *orient*, *client*, *expédient*, *émollient*, *inconvénient*, *récipient*, *patient*

J'ai indiqué les changements qu'éprouve le son *an*, suivi de *b*, *m* ou *p*, ceux qu'il éprouve dans les syllabes initiales, finales ou pénultièmes d'un mot, suivant que ce même son est suivi ou précédé de telle ou telle lettre : je n'ai pu suivre plus loin ses métamorphoses. Je dois avertir que je me suis dispensé d'indiquer les formes accessoires des verbes, puisqu'on sait qu'elles se terminent toutes en *ant*, et que, quand j'ai trouvé que le son *an* s'appliquait à un nom et à un attribut formés l'un de l'autre, comme complaisance, complaisant, je me suis contenté d'écrire complaisance-*ant*, pour ne pas répéter ces deux mots, etc. Au reste, ces tables m'ont coûté beaucoup de soins; je crois qu'elles sont exactes et qu'elles pourront être consultées avec avantage.

SECONDE PARTIE.

DES ÉLÉMENTS DU DISCOURS.

Il n'est rien dans la nature qui ne fasse impression sur l'homme doué de tous ses organes ; mais c'eût été peu pour lui d'ouvrir son âme à toutes les impressions que font sur elle les objets, par le secours de ces mêmes organes, s'il n'eût été doué de la faculté de réfléchir sur ses sensations, et de les exprimer par le moyen de la parole. Pour y parvenir, il ne fallait qu'en faire l'analyse : or il découvrit que ces sensations lui venaient toutes, non seulement des objets, mais de leurs modifications ou manières d'être, et ensuite des différents rapports qui existent, soit entre plusieurs objets, soit entre les objets et leurs modifications.

Objets, *modifications*, *rapports*, voilà donc les trois sources uniques de nos sensations, d'où nous avons dû tirer les signes propres à les retracer, c'est-à-dire les mots, qui sont les éléments du discours.

Si tous les objets qui peuvent affecter nos sens étaient susceptibles d'être apperçus individuellement, et que nous eussions besoin de les distinguer par un nom particulier, comme

Paris, *Louvre*, *Rhône*, *Etna*, *Vénus*, *Virgile* ;

par rapport à l'espèce :

ville, *palais*, *fleuve*, *mont*, *planète*, *homme*,

sans doute il nous suffirait d'avoir des signes individuels ou noms propres; mais dans l'impossibilité où nous nous trouvons de nommer chacun des individus qui peuplent la terre, l'air et les eaux, ou qui sont le domaine de l'industrie, comme *maison*, *pont*, *citadelle*, *casque*, *lance*, *bouclier*, etc., nous avons été forcés de créer des signes spécifiques, c'est-à-dire des noms d'espèce ou noms communs. Ainsi nous avons donné des noms propres aux individus qu'il était possible de déterminer dans les différentes espèces, lorsque cela pouvait avoir quelque intérêt pour nous, comme *Buffon*, *Danube*, *Rome*, *Loire*, *Vésuve*, au lieu que nous employons les noms communs ou spécifiques, *homme*, *fleuve*, *ville*, *rivière*, *mont*, pour désigner vaguement un individu de ces espèces, de la même manière que nous sommes restreints à dire *ours*, *éléphant*, *oranger*, *fraisier*, *diamant*, etc.

Voilà donc déjà un signe des objets (*le nom*) qui se divise en *propre* et en *commun*. Ensuite, lorsque nous avons eu besoin d'exprimer une collection d'individus, nous avons encore créé une autre espèce de nom commun que nous appelons *collectif*, comme *peuple*, *armée*, *bande*, *troupe*, *grouppe*, *flotte*, *meute*, etc. Enfin, l'homme, qui tend toujours à la perfection, a pensé que pour éviter la répétition trop fréquente du même nom, il pourrait se servir d'un signe secondaire, d'un signe abbréviateur du nom; et il a créé le *pronom*.

c'est-à-dire un mot qui pût s'employer *pro nomine* (pour le nom).

Les OBJETS ont donc pour signes	*immédiat* le *nom* qui se divise en		*propre.*
			commun.
			collectif.
	médiat le *pronom.*		

Mais nous ne considérons souvent les objets que relativement à leurs modifications ou qualités extérieures. Or, ces modifications ou manières d'être, il s'agissait d'en découvrir les différentes sortes, afin de leur donner des signes analogues. On conviendra sans doute que les modifications, dans les objets, ne peuvent être rapportées qu'à une situation *active* ou *passive*, ou à un état indépendant de ces deux situations, c'est-à-dire à un caractère propre, à une conformation naturelle, comme *grand*, *petit*, *doux*, *cruel*, *blanc*, *rouge*, *rond*, *long*, etc.

Je suppose un animal quelconque, un serin, par exemple : je puis le considérer relativement à sa conformation naturelle, indépendamment des manières d'être qui peuvent résulter de la faculté qu'il a reçue d'agir ou d'être atteint par un corps en action ; et je dis : *serin jaune.* Si je le considère par rapport à une action faite par lui, je dirai : *serin volant.* Mais si un enfant lui tend un piège et le prend, je dirai : *serin pris*, parce qu'ici je le considère relativement à un état résultant d'une action reçue par lui. *Jaune*, *volant*, *pris*, voilà donc trois signes bien différents, puisqu'ils retracent des manières d'être d'une nature tout-à-fait différente. Ainsi nous sommes forcés de reconnaître des qualités *simples* ou naturelles, des qualités *actives* et des qualités *passives*, que j'appellerai : *attributs simples*, *attributs actifs*, *attributs passifs*.

Là semblerait devoir se borner la division du signe des modifications; mais parce que nous n'avons point de nom applicable à chaque individu de l'espèce des animaux, des végétaux, des minéraux, ou à chaque objet individuel compris dans une classe générale, comme *maison*, *toile*, *voile*, *lance*, etc., il s'ensuit que, quand nous voulons faire une application particulière de quelqu'un de ces individus, nous sommes obligés d'avoir recours à des signes métaphysiques qui expriment le point de vue sous lequel notre esprit les envisage, afin de les faire considérer comme individus déterminés dans l'espèce : car nous n'exprimerions pas toute notre pensée en disant, par exemple : *arbres* sont taillés, *ouvrage* est bien écrit, j'ai acheté *chevaux* à la foire; mais si je dis : MES *arbres* sont taillés, CET *ouvrage* est bien écrit; j'ai acheté DEUX *chevaux* à la foire, les individus seront déterminés dans l'espèce; savoir : *arbres*, sous le rapport de ma propriété, *ouvrage*, sous le rapport de démonstration ou de relation à ce qui aura précédé, et *chevaux*, sous le rapport du nombre. Nous avons donc été forcés de créer d'autres signes métaphysiques que j'appelle *attributs spécifiques* ou *articles*.

Enfin les modifications nous ont paru elles-mêmes susceptibles d'être modifiées. C'est ainsi que comparant une même qualité simple, active ou passive dans plusieurs individus, si cette qualité nous paraît ne pas exister en eux à un même degré, nous dirons : *Cet arbre est vigoureux*, *celui-ci est* très-*vigoureux*, *celui-là est* trop *vigoureux*. Si nous voyons danser plusieurs personnes, nous dirons : *Celle-ci danse* avec légèreté, *celle-là* avec gravité, *la danse de cette femme est ridicule* à l'excès; ou *celle-ci danse* légèrement, *celle-là danse* gravement, *la danse de cette femme est* excessivement *ridicule*, car dans le principe on n'a exprimé les modifications de l'attribut qu'avec le secours de la préposition et d'un nom métaphysique; mais ensuite on a créé des mots composés, au moyen desquels on pût varier le discours et éviter la répétition trop fréquente de la préposition et du nom. Voilà donc une autre espèce de mots que j'appelle *attributs de l'attribut*.

Les modifications ont donc pour signes l'ATTRIBUT.	simple.		
	actif.......	transitif.... / intransitif..	ou verbe composé.
	passif.		
	spécifique.		ou l'article.
	de l'attribut.		

On doit remarquer que je subdivise ici l'attribut actif en *transitif* et *intransitif*, parce que la vertu active n'a pas le même caractère dans tous les verbes. J'appelle donc *actif transitif* celui dont l'action passe (*transit*) sur un objet étranger au moteur de l'action, comme *battre*, *lire étudier*, *envoyer*, car on *bat*, on *lit*, on *étudie*, on *envoie* quelqu'un ou quelque chose, et ce quelqu'un ou quelque chose est *battu*, *lu*, *étudié*, *envoyé*. Mais quand je dis : *Je marche*, *j'éternue*, *je bâille*, *je tombe*, *il dort*, rien n'est *marché*, *éternué*, *bâillé*, *tombé* par moi, *dormi* par lui ; c'est une action qui reste concentrée dans le sujet qui la produit, et qui ne passe pas hors de lui.

Nous pouvons considérer les objets relativement aux rapports qu'ils conservent entre eux, ou relativement aux rapports qui les indentifient avec leurs modifications. Quand nous voulons, par exemple, exprimer le rapport d'identité qui existe entre le soleil et ses propriétés, nous disons : *Le soleil* EST *chaud*, *il* EST *fécondant*. Si nous suivons un ruisseau qui soit borné de côté et d'autre par des rochers, nous exprimons un rapport de *détermination* en disant : *Ce ruisseau coule* ENTRE *deux rochers*. Si enfin un même attribut nous paraît convenir à plusieurs objets, ou si plusieurs objets nous paraissent convenir à un même attribut, nous exprimons un rapport d'*union*, en disant : *J'explique Horace* ET *Virgile* ; *le ciel est calme* ET *serein*. Ainsi nous distinguons :

RAPPORTS	de *convenance* ou d'*identité*	qui ont pour signe	*le verbe pur*.
	de *détermination*	*idem*	*les prépositions*
	d'*union*	*idem*	*les conjonctions*

Nous avons encore besoin d'exprimer quelque

circonstance accessoire de *lieu*, de *temps*, d'*ordre*, de *durée;* et nous avons recours à un mot *composé* que j'appelle *adjoint à la proposition;* c'est ainsi que nous disons : *Mon fils viendra* BIENTÔT ICI, *nous en jouirons* LONGTEMPS, etc.

Mais nous avons été plus loin; et comme nous cherchons par tous les moyens possibles à abréger le discours, nous nous sommes créé des mots qui expriment une proposition entière lorsqu'il ne s'agit que de prononcer un *jugement confirmatif* sur telle ou telle action. C'est ainsi que nous disons : *Cette pièce réussira* INCONTESTABLEMENT; *mon frère viendra* ASSURÉMENT *nous voir aux vacances prochaines;* car c'est comme si nous disions : *Cela est incontestable; c'est une chose assurée.* En effet, ces mots INCONTESTABLEMENT et ASSURÉMENT ne sont point une modification de l'action ni une *idée accessoire* qui se rattache à l'action de *réussir* ou de *venir*, mais bien l'expression de notre propre sentiment, d'un jugement *confirmatif* que nous portons sur la réussite d'une pièce, ou sur l'action de venir d'un frère. J'ai donc cru devoir ranger ces mots sous la dénomination de *fragments de proposition.*

Enfin nous employons des mots simples ou composés, tels que les interjections, qui ne sont autre chose que des propositions elliptiques.

Je crois cette division des signes si naturelle, je la crois tellement appropriée à nos facultés, que je ne balance pas à placer ici un tableau général analytique retraçant la correspondance de ces signes avec les idées générales auxquelles ils se lient. Il aura du moins l'avantage de présenter, dans un très-petit cadre, le fondement du système grammatical, et une définition exacte et précise de chacun des éléments du discours.

J'invite beaucoup les étudiants à bien se pénétrer de l'ensemble de ce tableau, qui ne peut que les aider infiniment dans l'analyse de nos sensations.

Éléments du Discours, considérés comme signes de nos idées, leur classification et leur définition, tableau raisonné, formant la base du système grammatical.

La nature est pour nous une source inépuisable de sensations et d'idées. Ces sensations sont causées par l'impression que font sur nos organes les merveilles qui nous environnent, et que je rapporte uniquement à ces trois grandes divisions : *Objets, Modifications, Rapports.*

OBJETS. ayant pour signes…
- immédiat. **LE NOM**
  - PROPRE. — Il ne convient qu'à un individu de chaque espèce, comme *Buffon, Paris, Rhône, Vesuve, Louvre.*
  - COMMUN. — Il convient à tous les individus d'une même espèce, comme *homme, ville, fleuve, mont, palais.*
  - COLLECTIF. — Il désigne une collection d'individus [illegible] qu'un tout : *troupeau, meute, bande, bord, flotte,* [illegible]
- médiat. **LE PRONOM.** — On l'emploie comme un signe [illegible] du nom, [illegible] des objets, qu'il rattache à différents attributs.

MODIFICATIONS. *idem.*
- **L'ATTRIBUT SIMPLE.** — Il exprime [illegible], comme *grand, petit, bas, méchant, fort, faible, vieux, vert,* [illegible] *humide, riche, frais, noir, triste, rond,* [illegible] *humecté, saisi, rafraîchi,* [illegible] *arrondi.*
- **L'ATTRIBUT ACTIF.**
  - TRANSITIF. — [illegible]
  - INTRANSITIF. — [illegible]
- **L'ATTRIBUT PASSIF.** — [illegible]
- **L'ATTRIBUT SPÉCIFIQUE OU ARTICLE.** — [illegible]
- **L'ATTRIBUT D'ATTRIBUT.** — [illegible]

RAPPORTS.
- de convenance ou d'identité. *idem.* **LE VERBE PUR.** — [illegible]
- de détermination. *idem.* **LES PRÉPOSITIONS.** — [illegible]
- d'union. *idem.* **LES CONJONCTIONS.** — [illegible]

On sent parfaitement que ces trois espèces de mots doivent sortir du cadre ci-dessus, puisque, n'étant les signes ni d'objets, ni de modifications, ni de rapports, et se composant de ces signes primitifs, ils n'expriment que des idées accessoires, ou toutes ces propositions entières d'une manière elliptique.
- **L'ADJOINT À LA PROPOSITION.** — [illegible]
- **LES INTERJECTIONS.** — [illegible]
- **FRAGMENTS DE PROPOSITIONS.** — [illegible]

page [illegible]

'er, etc.

ns composées de la ss et tous les dic-
ux mots dans la claspositions formen t
nt une etrange doctut de proposition
, foi VOIS mot LA,

iyet a L'*erreur*, L'

naunte, *un* et *une*.

tes, *son*, *sa*, *ses*,

e., *dix*, *vingt*, *co*

comme dans ces exe

ce sens TOUT *hom*

e NUL *être*, AUC

le, *sur*, *sous*, *darmi*, *entre*, *vis-à-*
apres, *pendant*, *c*

or, *donc*, *que* I

h, *helas* ! etc

ige 32. 2

Développement du tableau précédent.

SUBDIVISION DES PARTIES DU DISCOURS.				MOTS APPLICABLES A CHAQUE SUBDIVISION, AVEC DES EXEMPLES A L'APPUI.
NOM.	COMMUN.	défini		[illegible], comme [illegible], [illegible] une espèce, comme *homme*, [illegible], et [illegible] une classe [illegible], comme *berger*, *marbre*, [illegible], etc.
		indéfini		*Que*, [illegible], *personne*, *autrui*, *quelqu'un*, [illegible] (dans [illegible]) et *quand* (dans [illegible] QUAND.)
		démonstratif		*Ceci*, *cela*, [illegible], *celles*, [illegible], et leur pluriel.
		partitif		[illegible], *l'un*, *l'autre*, et leur pluriel.
		possessif		*Le mien*, *le tien*, [illegible], *le nôtre*, *le vôtre*, [illegible], *le leur*, et leur pluriel.
		de nombre ordinal		*Le premier*, *le second*, [illegible], leur féminin et leur pluriel.
		de nombre cardinal		*Une douzaine*, *une vingtaine*, [illegible], *un millier*, etc.
	COLLECTIF.	partitif		*La plupart*,
		distributif		*Chacun*, *chacune*.
PRONOMS.		directs	simples	*Je*, *me*, *moi*, *tu*, *te*, [illegible], *il*, *le*, *elle*, [illegible], *nous*, *vous*, *ils*, [illegible], *les*.
			simples composés	*Qui*, *que*, *lequel*, [illegible] et leur pluriel.
		indirects	composés	[illegible], *lui*, [illegible], *leur*, [illegible], *en*, *y*, [illegible], *à eux*, *à elles*.
			composés conjonctifs	[illegible] QUI [illegible], etc.
			composés complétifs	[illegible]
ATTRIBUT SIMPLE.		défini		*Grand*, *petit*, [illegible], *doux*, [illegible], etc.
		indéfini		*Quel*, *quelle*, et leur pluriel, [illegible] QUEL homme [illegible] QUEL [illegible] QUELLE [illegible] QUELS [illegible]?
		corrélatif		*Que*, [illegible] QUE [illegible]
ATTRIBUT ACTIF TRANSITIF.		pur		*Lire*, [illegible], *boire*, *chanter*, etc.
		mixte.		[illegible] On sait que toutes les grammaires et tous les dictionnaires [illegible], et toutes ces propositions [illegible]
ATTRIBUT SPÉCIFIQUE OU ARTICLE.		défini		[illegible] les hommes [illegible]
		indéfini		*Certain*, *certaine*, [illegible], *quelque*, *quelques*, [illegible] QUELQUE [illegible], PLUSIEURS, etc.
		possessif		*Mon*, *ma*, *mes*, *ton*, [illegible], *notre*, *votre*, [illegible], et leur pluriel.
		démonstratif		*Ce*, *cet*, *cette*, *ces*.
		numéral		*Un*, *deux*, *trois*, *quatre*, [illegible], *vingt*, *cent*, *mille*, etc.
		collectif		*Tout*, *toute*, [illegible], comme dans ces exemples [illegible], TOUS les peuples, TOUTES les nations, etc.
		collectif distributif		*Chaque*, [illegible] TOUT homme [illegible], etc.
		négatif		*Nul*, *nulle*, [illegible], AUCUN [illegible]
PRÉPOSITIONS.		simples		[illegible], *dans*, [illegible], *par-devant*, *par-derrière*, *par-dessous*, *par-dessus*, [illegible], *chez*, *contre*, *parmi*, *entre*, [illegible], *par*, [illegible], *malgré*, *nonobstant*.
		composées		[illegible]
CONJONCTIONS.				[illegible], *donc*, *que*. [illegible] propositions.
INTERJECTIONS.				[illegible], etc.

Je vais maintenant examiner dans quel ordre je dois traiter des parties du discours. Presque tous les auteurs ont suivi une marche différente, pour ne s'être pas bien rendu compte de la gradation qui a dû avoir lieu dans le développement de nos idées, et de l'ordre qu'on a dû suivre dans la formation des éléments du langage. Je pense que cette recherche ne peut que servir à l'intelligence du système grammatical.

Les grammairiens ont beaucoup varié sur le nombre et la classification des signes : il en est qui ne regardent point l'article comme partie du discours. Les uns considèrent ce qu'ils *appellent participes*, soit actifs, soit passifs, comme partie *indépendante* du verbe ; les autres comme partie *dépendante* ; enfin tous confondent, sous la dénomination commune de *verbe*, le *verbe pur*, qui n'exprime qu'un *rapport* de convenance ou d'identité, et l'*attribut actif* ou verbe *composé*, qui renferme *le verbe être* et une *qualité active*. Il en résulte que les uns n'ont que *neuf* parties du discours, tandis que d'autres en ont *dix*. Pour moi, je ne puis m'empêcher d'en reconnaître *treize*, parce que, d'une part, je trouve qu'il est indispensable de comprendre sous deux dénominations ce qu'ils comprennent sous la dénomination commune de *verbe* ; que, de l'autre, je distingue parmi les mots que les grammairiens ont compris dans une même classe *(celle de l'adverbe)*, ceux qui caractérisent l'attribut, de ceux qui ne font qu'exprimer quelque circonstance accessoire de *temps*, de *lieu*, d'*ordre*, de *durée*, etc., ou de ceux qui expriment *une proposition entière*; car il me semble qu'il importe beaucoup de créer des signes analogues à nos différentes sensations, et de les présenter dans l'ordre le plus clair, et sous les dénominations les plus propres à les caractériser. *Quant aux participes*, cette prétendue espèce de mots rentre, d'après mon plan, dans la classe des *attributs actifs* et *passifs*.

Mais il s'agit de découvrir dans quel ordre ces mots furent créés; car la formation des langues a dû commencer avec l'établissement des sociétés, et le besoin des mots n'a dû se faire sentir que progressivement et en raison du développement des idées : or, il est naturel de penser que l'homme, frappé d'abord par la présence des objets, aura appliqué sa théorie des sons à la désignation de ces mêmes objets, et qu'ensuite, après s'être rendu compte de leur *nature*, de leur *action* constante les uns sur les autres, et des vicissitudes opérées *dans les uns* par l'action des autres, il aura cherché également à peindre ces *différentes manières d'être*, ce qui dut donner lieu à différentes espèces de mots que j'appelle le *nom*, l'*attribut simple*, l'*attribut actif* et l'*attribut passif*. Il est bien probable qu'il s'arrêta après cette première découverte, et que, s'il s'apperçut qu'il avait besoin de nouveaux signes pour exprimer le *nombre* et le *sexe* des individus, ce ne fut qu'après bien des recherches et du travail qu'il parvint à exprimer dans les individus l'unité ou la pluralité, et surtout la pluralité *définie*, comme aussi à désigner, par la terminaison des signes, leur *genre*, qui ne dut s'appliquer primitivement qu'à la différence des sexes. Enfin ce ne fut sans doute qu'à une époque bien éloignée de là, qu'il établit des lois d'accord en *genre* et en *nombre* entre les signes des objets et ceux des modifications.

En effet, supposant déjà la connaissance du *nom*, du signe des modifications simples, comme *bon*, *méchant*, *froid*, *chaud*, *dur*, *pesant*; du signe primitif des modifications *actives*, comme *renversant*, *détruisant*, *buvant*, *instruisant*; de celui des modifications *passives*, comme *renversé*, *détruit*, *bu*, *instruit*, et des règles sur l'accord des noms en *genre* et en *nombre* avec les attributs, voyons si l'on pouvait en former des propositions régulières.

Il est certain que l'on pouvait dire : *Dieu bon*, *lion généreux*, *Adolphe jouant*, *lettre écrite*, *arbres renversés*.

Mais ici nous avons à remarquer deux choses : premièrement que les noms communs *lion*, *lettre*, *arbres*, dont chacun est ici le sujet d'une proposition, ont besoin d'être désignés, ou comme *individus spécifiques métaphysiques*, ou comme *individus physiquement déterminés* dans l'espèce, ce qui ne peut se faire sans le secours des *articles*, à l'aide desquels nous pourrons dire : *le lion*, *ma lettre*, *ces arbres*; secondement que nous n'exprimons point cette opération de l'esprit qui juge du rapport de deux idées qu'il associe, comme *Dieu* et *bon*, *lion* et *généreux*, etc.; car ces deux choses, étant liées dans la nature, le deviennent dans notre esprit; et ce n'est qu'à l'aide du *verbe pur* que nous pouvons former de ces idées partielles des propositions *exactes*, en disant : *Dieu* EST *bon*, *le lion* EST *généreux*, *Adolphe* EST *jouant*, *ma lettre* EST *écrite*, *ces arbres* SONT *renversés*.

Or, puisque nous ne pouvons former les plus simples propositions sans le secours de l'*article* et du *verbe pur*, il me semble naturel de penser qu'ils furent créés les premiers à la suite, et qu'ils doivent être traités dans le même ordre. Mais à cet attribut primitivement *actif*, comme *mangeant*, et au verbe *pur*, qu'on a sans doute pendant longtemps employé à cette seule forme *(être)*, en sorte qu'on n'avait que cette manière de s'exprimer : *Paul être mangeant*, *le vent être soufflant*, etc., a dû succéder le verbe *composé* avec les variantes propres à exprimer toutes les idées accessoires de *modes*, de *temps* et de *personnes*; et ce fut sans doute un effort prodigieux de l'esprit humain.

Maintenant, connaissant *six éléments* du discours, qui sont le *nom*, l'*attribut simple*, l'*attribut actif composé*, l'*attribut passif*, l'*article* et le *verbe pur*, nous pouvons former beaucoup de propositions telles que celles-ci :

L'étude est nécessaire; le temps fuit; nos momens sont comptés; la raison nous dit : fuis l'oisiveté.

Je suis bien tenté de croire que nous ne devons le pronom qu'à un luxe qui n'a pu s'introduire dès la naissance des langues ; mais comme il ne nous serait guère possible de séparer ces idées, nous supposerons que cela s'est fait à peu près dans le même temps ; et nous nous arrêterons à ce premier période de la science pour en examiner les résultats.

Actuellement, si nous voulons déterminer *le genre d'étude* et la classe d'individus à qui cette étude convient, on voit qu'il nous manque un mot pour exprimer le rapport de *détermination*, savoir, la *préposition*. Avec ce huitième élément du discours nous pourrons dire :

L'étude DE *l'histoire* EST *nécessaire* A *l'homme qui veut voyager*. Mais si plusieurs genres d'étude lui sont nécessaires, il nous manquera un autre mot pour exprimer ce rapport d'union ; et il nous faudra employer un neuvième mot (*la conjonction*). Alors nous dirons :

Je crois QUE *l'étude de l'histoire* ET *de la géographie est nécessaire*, *etc*.

On sent donc que l'homme avait besoin de ces nouveaux éléments pour exprimer toute sa pensée ; et nous en traiterons, dans le même ordre, à la suite de ceux que nous avons déjà reconnus. Sans doute ces signes, au nombre de neuf, pouvaient suffire à l'homme pour former les propositions les plus compliquées ; car supposons qu'il voulût exprimer à quel point est nécessaire cette étude de l'histoire et de la géographie, il pouvait le faire en se servant de la préposition et d'un nom modifié ou non modifié, de cette manière : L'ÉTUDE *de* L'HISTOIRE *et de la* GÉOGRAPHIE *est* NÉCESSAIRE *à l'infini*, *à le plus haut degré*, *à l'homme*, etc.; de même qu'il pouvait dire : *le tigre attaque* AVEC IMPÉTUOSITÉ, *déchire sa proie* AVEC CRUAUTÉ, OU D'UNE MANIÈRE CRUELLE ; mais par un rafinement de luxe, il voulut varier le discours et éviter la répétition, devenue trop fréquente, de la préposition jointe à un nom modifié ou non modifié; et il créa, pour remplacer ces éléments, le mot composé que nous appelons *attribut de l'attribut*. Enfin il crut devoir exprimer en un seul mot des idées accessoires de *temps*, de *lieu*, d'*ordre*, de *durée;* et il créa un mot que j'appelle *adjoint à la proposition :* il put donc dès-lors s'exprimer ainsi : *l'étude de l'histoire et de la géographie est* INFINIMENT, ABSOLUMENT, INDISPENSABLEMENT *nécessaire*, etc., et de même : *le tigre attaque* IMPÉTUEUSEMENT, *déchire* CRUELLEMENT *sa proie*. *Il est arrivé* ICI HIER, *il partira* BIENTÔT *pour Paris*, ENSUITE *pour Lyon*. Ce qui nous donnera *onze* parties du discours, parce que je ne parle pas ici des interjections ni des fragments de proposition.

DU NOM.

Pour exprimer les *objets* de nos idées, nous avons donné des noms à tous les êtres sortis de la main du Créateur, et à tous les objets qui sont le produit de l'industrie et du travail de l'homme.

Le *nom* est donc le mot qui nomme les objets dont il est l'image ou le signe *immédiat*; car l'assemblage des lettres dans le mot *rose*, par exemple, ou les sons produits par ce même mot, font sur l'organe de la vue ou de l'ouïe le même effet que le tableau le plus fidèle, puisqu'ils réveillent en nous des idées de forme, de couleur, de fraîcheur, de parfum, etc.

Je dis que le nom est le signe *immédiat* des objets, dans ce sens, que les objets, une fois déterminés par l'idée de leur nature, ne sont souvent reproduits que par un signe abréviateur, un signe secondaire, conséquemment un signe *médiat* des objets (*le pronom*).

L'homme, ne pouvant embrasser toutes les productions de la nature que par l'esprit d'analyse, il est probable qu'il établit d'abord trois règnes : celui des *animaux*, celui des *végétaux*, celui des *minéraux*. Ces trois noms furent donc créés comme embrassant indistinctement les genres et les espèces, c'est ainsi qu'il distingua :

DANS LE RÈGNE ANIMAL,		DANS LE REGNE VÉGÉTAL,		DANS LE RÈGNE MINÉRAL,	
DES NOMS		DES NOMS		DES NOMS	
de genre.	d'espèce.	de genre.	d'espèce.	de genre.	d'espèce
QUADRUPÈDES..	Cheval.	ARBRES......	Figuier	MÉTAUX.....	Or.
	Cerf		Pommier		Argent.
	Lion.		Amandier.		Cuivre.
OISEAUX ...	Aigle		Prunier.		Fer.
	Vautour.		Cerisier		Plomb.
	Pigeon	ARBRISSEAUX..	Sureau.	BITUMES.....	Charbon de terre.
REPTILES	Ver.		Chévre-feuille.		Souffre.
	Serpent.		Lilas.		Poix minérale
	Lezard.	ARBUSTES....	Genet.		Ambre.
INSECTES......	Moucheron.		Jasmin.	SELS.........	Nitre.
	Papillon.		Seringa.		Vitriol
	Fourmi.	PLANTES.....	Safran.		Alun.
POISSONS......	Brochet.		Oseille.	PIERRES......	Porphire.
	Truite.		Fraisier.		Marbre.
	Sardine		Laitue.		Granit.
			Persil.		Jaspe.
					Caillou

Mais parce que l'homme donna des noms à chaque individu de son espèce, et qu'au contraire il ne distingua le plus souvent les individus des autres espèces que par leurs noms spécifiques, on a appelé les premiers *noms propres*, et les seconds *noms spécifiques* ou *communs*, parce qu'en effet le mot *pommier* par exemple est un nom qui convient à tous les individus de son espèce, comme le mot *homme* à tous les individus de l'espèce humaine, ou comme le mot *ville* à tout ce que nous comprenons sous cette dénomination générique, tandis que *Voltaire*, *Paris*, *Seine*, ne sont propres chacun qu'à un individu déterminé dans l'espèce.

Le besoin d'analyser toujours fit subdiviser même l'espèce humaine; et l'on créa d'autres noms, que j'appellerai aussi noms communs, parce qu'ils appartiennent également aux individus compris dans chacune des classes qu'on peut former, soit en raison de la profession, comme *historien*, *poëte*, *guerrier*, *magistrat*, *artiste*, *laboureur*, *marchand.*

Soit en raison de l'inclination ou de l'habitude, comme *joueur*, *menteur*, *voleur*, *filou*, *avare*, *ivrogne.*

Soit en raison du degré d'affinité, comme *ayeul*, *père*, *fils*, *frère*, *oncle*, *neveu*, *cousin*, *gendre*, *beau-père*, *ayeule*, *mère*, *fille*, *sœur*, *tante*, *nièce*, *cousine*, *bru*, *belle-mère*; car tous ces mots deviennent des noms, employés elliptiquement, puisqu'au lieu de dire : *un individu* HOMME, *un in-*

dividu JOUEUR, *un individu* PÈRE, on dit *un homme*, *un joueur*, *un père*.

> Le fils, *courtisan* lâche et *guerrier* téméraire,
> Baisa longtemps la main qui fit périr son père.
>
> VOLTAIRE, poeme de *la Henriade*

Il y a encore parmi les noms communs des noms qu'on appelle *collectifs*, parce qu'ils présentent à l'idée, quoiqu'au singulier, une collection ou réunion d'individus, comme *troupe*, *troupeau*, *bande*, *flotte*, *escadre*, *meute*, *peuple*, etc.

Enfin nous n'avons pas seulement donné des noms aux objets physiques ; car toutes les fois que nous considérons par abstraction quelques-unes de leurs modifications, nous individualisons ces qualités abstraites ; et si nous disons : *tel prince est* AMBITIEUX, *tel homme est* AVARE, *ce discours est* SUBLIME, il nous arrive souvent aussi de considérer ces modifications à la manière des individus, c'est-à-dire d'en faire des noms communs auxquels nous joignons des attributs. L'AMBITION *de ce prince a été* FUNESTE *à ses sujets*. L'AVARICE PERDIT *Rome*. *Le* SUBLIME *de Corneille entraîne les suffrages*. On voit que le nom commun appartient à l'ordre métaphysique comme à l'ordre physique.

Parmi les noms communs, les uns sont donc individuels : *un vaisseau*, *un chien* ; les autres collectifs : *une flotte*, *une meute*. Les uns sont pris dans un sens physique : *l'or*, *l'argent* ; les autres dans un sens métaphysique : l'*envie*, l'*honneur*, l'*ambition*.

Comme il n'est pas toujours très-facile, surtout pour les commençants, de reconnaître à quelle classe appartiennent certains mots employés d'une manière particulière, je me suis étudié à rassembler dans un seul cadre les mots qui peuvent être employés comme noms dans tous les cas qui peuvent offrir quelques difficultés, quelque incertitude. On pourra donc considérer comme noms tous les mots suivans, dans le sens où ils seront successivement employés ci-après :

PERSONNE :

(Dans le sens de *aucun individu*) *personne* n'est venu.

(Dans un sens individuel) je connais la *personne* qui est venue.

AUTRUI :

Ne s'emploie que dans un sens abstrait et comme complément d'une préposition.

« Il faut respecter le bien d'*autrui*, et ne pas faire à *autrui*, etc. »

QUAND :

Employé comme complément d'une préposition et signifiant *quel temps*.

Et depuis *quand*, seigneur, craignez-vous la présence
De ces paisibles lieux si chers à votre enfance.

RACINE

Jusqu'à *quand* vos fureurs doivent-elles durer?

BOILEAU, *Satire IX.*

LE :

Tient lieu d'une proposition entière et est considéré comme nom dans ces exemples :

Si Rome a souvent même estimé mes exploits,
C'est à vous, ombre illustre, à vous que je *le* dois!

VOLTAIRE.

Notre ennemi c'est notre maître,
Je vous *le* dis en bon français.

LA FONTAINE.

car c'est comme s'il y avait : C'est à vous que je dois *cela* : Rome ait estimé, etc. Je vous dis en bon français *le* ou *cette chose* : Notre ennemi c'est notre maître.

. . . Qui vous *l'*a dit, seigneur, qu'il me méprise?

Qui *l'*eût cru, que Pyrrhus ne fût pas infidèle?

Quand je *l'*aurais voulu, fallait-il y souscrire?

HERMIONE, dans *Andromaque*

On emploie encore *le* comme nom, lorsqu'il a une relation à un attribut simple ou passif considéré par abstraction. *Êtes-vous mariée? Je* LE *suis*, c'est-à-dire *je suis* CELA, *je suis ce* QUE *vous dites*. *Sont-ils* CHEFS *de la conspiration? Ils* LE *sont*, c'est-à-dire *ils sont* CELA.

Zaïre, pressée par *Lusignan* de rester fidèle à la religion de ses pères et de prononcer ces mots *Je suis chrétienne*, répond : *Oui, seigneur, je* LE *suis*. C'est donc contre les principes que Racine.

dans sa comédie *des Plaideurs*, fait dire par la comtesse : *Je ne veux point être liée; je ne* LA *serai point*. Peut-être est-ce un ridicule qu'il a voulu lui donner ; mais il ne doit pas être permis de reproduire les fautes de style ou de langage des personnages qu'on introduit sur la scène, puisque c'est au contraire au théâtre qu'on doit puiser comme à la source du bon goût.

Remarquez bien qu'ici ces mots *mariée*, *chefs*, *chrétienne*, n'étant point précédés de l'article, il est évident qu'ils ne font office que d'attributs, qu'ils ne peuvent être considérés comme noms personnifiés, et que dans les propositions *je* LE *suis*, *ils* LE *sont*, *le* fait naître uniquement l'idée abstraite d'une modification. Car *le* ne devient pronom que lorsqu'il rappelle un nom.

Quelquefois le mot IL n'est employé que par redondance : *Qu'en résulte-t-il?*

Fort souvent ce n'est qu'un nom abstrait ; c'est le signe indicateur d'une proposition subséquente, considérée comme le *sujet* dont on affirme telle ou telle chose. Exemples :

IL *nous semble que le soleil tourne autour de la terre; cependant* IL *résulte des observations astronomiques*, IL *paraît constant*, IL *est reconnu que c'est la terre qui tourne autour du soleil*. Car c'est comme si l'on disait : UN FAIT (c'est la terre qui tourne autour du soleil) *est résultant des observations astronomiques*, *paraît constant*, *est reconnu*. Il en est de même quand nous disons : IL *faut*, IL *importe de li-*

vrer la bataille; et l'analyse est : l'ACTION *de livrer la bataille est nécessaire*, *indispensable*, *importante*.

CE :

Indique une chose d'une manière vague et indéterminée :

> Et qui sait *ce* qu'aux Grecs frustrés de leur victime
> Peut permettre un courroux qu'ils croiront légitime?
>
> RACINE.

Le mot CE peut devenir un nom déterminé par un mot ou par une phrase qui suit ou qui précède. C'EST *un trésor qu'un ami. On veut me marier*; CE *n'est pas mon goût.*

CECI, CELA :

Ces noms ne sont autre chose que le mot *ce* augmenté des adjoints *ci* et *là*. Ces mots désignent une chose qu'on montre du doigt. *Ci* désigne l'objet le plus près.

ON :

Vient du latin *homo* qui signifie *homme*. Nous disons *on* ou *l'on* comme on dit *homme* ou l'*homme*. C'est un nom employé d'une manière vague et indéterminée.

> *On* dit qu'un prompt départ vous éloigne de nous?
>
> RACINE

Ce mot est presque toujours censé du genre masculin. Il est cependant des cas où l'on fait connaître si clairement que c'est d'une femme qu'on veut parler, qu'alors l'attribut qui suit se met au féminin. *Qu'*ON *est* HEUREUSE *d'être mère!*

On doit mettre l'article *le* avant *on* 1°. quand ce mot est précédé du conjonctif *que* et suivi d'une syllabe qui répéterait le même son; ainsi évitons de dire : *les choses* QU'ON CONÇ*oit*, QU'ON CON*prend*, *il faut* QU'ON CON*vienne de ses faits;* il faut dire : *que l'on conçoit*, *que l'on comprend*, *que l'on convienne*.

2°. Quand le mot *on* est précédé d'une voyelle, pour éviter l'hyatus. Ainsi vous ne direz pas : *si* ON *danse où* ON *joue*, *mais si l'*ON *danse où l'*ON *joue*. En vous conformant à cette règle, évitez cependant la cacophonie que produiraient certaines phrases telles que celles-ci : *si l'on l'en lavait*, *si l'on l'enluminait*, *si l'on la lisait.* Il faut de deux mots éviter le pire. On dira donc : *si on l'en lavait*, *si on l'enluminait*, *si on la lisait.* On est souvent dans le cas de remarquer de ces négligences de style dans *La Fontaine*.

Un loup disait que *l'on l'a*vait volé.

Ce que je vous dis *là l'on le* dit à bien d'autres.

QUELQU'UN :

Chaque rat rentre dans son trou,
Et si *quelqu'un* en sort, gare encor le matou.

LA FONTAINE.

TEL :

Et puis nous y pouvons apprendre
Que *tel* est pris qui croyait prendre.

LA FONTAINE.

NUL :

De *nul* d'eux n'est souvent la province conquise.

LA FONTAINE

AUCUN :

Aucun ne leur ouvrit sa bourse.

LA FONTAINE.

MOINS :

Le *moins* de gens qu'on peut à l'entour du gâteau,
C'est le droit du jeu, c'est l'affaire.

LA FONTAINE.

ASSEZ :

Assez d'autres viendront, à mes ordres soumis.

RACINE

TROP :

Deux sûretés valent mieux qu'une.
Et le *trop* en cela ne fut jamais perdu.

LA FONTAINE

RIEN :

Rien n'est si dangereux qu'un ignorant ami,
Mieux vaudrait un sage ennemi.

LA FONTAINE

Un songe, un *rien*, tout lui fait peur
Quand il s'agit de ce qu'il aime.

LA FONTAINE

COMBIEN :

De *combien* de plaisirs ils payèrent leurs peines.

LA FONTAINE

QUICONQUE :

Quiconque ne voit guère
N'a guère à dire aussi.

LA FONTAINE.

CELUI :

Celui qui met un frein à la fureur des flots
Sait aussi des méchans arrêter les complots.

RACINE.

QUI (dans le sens de *celui* ou *celle qui*)

Et la fuite est permise à *qui* fuit ses tyrans

RACINE

Qui va parler à Dieu, parle aux hommes sans peur.

VOLTAIRE.

Si l'on doit le nom d'homme à *qui* n'a rien d'humain,
A ce tigre altéré de tout le sang romain.

CORNEILLE.

QUI (dans le sens de *quelque personne* ou *quelle personne*).

Toi, que cherchent mes yeux, qui des yeux me poursuis,
Enfin, *qui* que tu sois, apprends-moi *qui* je suis.

COLARDEAU.

QUE (dans le sens de *quelle chose*):

Phèdre!.... *que* lui dirai-je? et *que* peut-elle attendre?

Que faisiez-vous alors? pourquoi sans Hippolyte
Des héros de la Grèce assembla-t-il l'élite?

RACINE.

QUE (dans le sens de *quelle foule*).

Que de grands noms éteints! *que* d'illustres proscrits!

DELILLE.

QUOI (dans le sens de *quelle chose*):

De grâce, à *quoi* bon tout ceci?

LA FONTAINE.

QUOI (dans le sens de *quelque chose*):

C'est à Troie, et j'y cours; et, *quoi* qu'on en prédise,
Je ne demande aux dieux qu'un vent qui m'y conduise.

Quoi que son insolence ait osé publier,
Le ciel même a pris soin de me justifier.

RACINE.

QUELQUE CHOSE :

Ce mot, considéré comme *nom composé*, s'emploie toujours au masculin, et n'est jamais suivi *immédiatement* d'un attribut, mais bien d'un pronom conjonctif, ou d'une préposition dont l'attribut devient le conséquent, comme dans ces exemples : Donnez-nous *quelque chose* qui soit *meilleur*, *quelque chose* de *chaud*, de *restaurant*, etc.

Voyez-vous sous le ciel *quelque chose* de *permanent* ou qui soit *permanent?*

Noms démonstratifs.

CELUI-CI, CELUI-LA :

Celui-ci se croyait l'hyperbole permise,

CEUX-CI, CEUX-LA.

Ceux-ci sont courtisants, *ceux-la* sont magistrats.

LA FONTAINE.

Noms partitifs.

L'UN :

L'un n'avait en l'esprit nulle délicatesse,

L'AUTRE :

L'autre avait le nez fait de cette façon là,
C'était ceci, c'était cela,

LA FONTAINE.

Il faut dire : *l'un et l'autre sont bons.*

Ni l'un ni l'autre ne me CONVIENT. *Ils ne me* CONVIENNENT, *ni l'un ni l'autre.*

Ces deux femmes se trompent L'UNE L'AUTRE, pour dire qu'elles se trompent mutuellement.

Ces deux femmes se trompent L'UNE *et* L'AUTRE *sur tel fait.* C'est-à-dire qu'elles font toutes les deux une erreur, une méprise : car ici se *tromper* change d'acception.

Noms collectifs.

TOUT :

Tout fuit, et sans s'armer d'un courage inutile,

RACINE.

Noms collectifs distributifs.

CHACUN :

Chacun se dit ami, mais fou qui s'y repose.

LA FONTAINE.

Noms collectifs partitifs.

Lorsque ces noms sont employés d'une manière absolue, ils commandent au verbe qui les suit la forme du pluriel.

LA PLUPART :

La plupart, emportés d'une fougue insensée,
Toujours loin du droit sens *vont* chercher la pensée

BOILEAU.

BEAUCOUP :

Beaucoup mangent pour VIVRE,

PEU :

Mais *peu se sont souillés* de ces excès honteux.

DELILLE

TANT :

Il en est *tant* qui *vivent* aux dépens d'autrui !

PLUS :

Plus de vingt ans se *sont écoulés* depuis que, etc.

Lorsque ces mêmes mots sont déterminés par un nom commun de l'ordre physique ou métaphysique, alors ils suivent le nombre du nom déterminant; ainsi il faut dire :

La plupart du monde PRÉTEND.

Beaucoup de fortune ne nous REND *pas toujours heureux.*

BIEN *du monde* PÉRIT *à cette affaire.*

PEU *de monde en* REVINT.

TANT *de monde y* ACCOURUT, *que le désordre s'en mêla.*

Plus d'un guéret *s'engraissa*
Du sang de *plus* d'une bande.

LA FONTAINE

Noms possessifs.

LE MIEN, LES MIENS :

Mais j'ai *les miens*, la cour, le peuple à contenter

LA FONTAINE.

Noms de nombre ordinal.

LE 1er., LE 2me., LE 3me., ETC.

Le *premier* qui les vit, de rire s'éclata.

LA FONTAINE

Mainte roue y tient lieu de tout l'esprit du monde :
La *première* y meut la *seconde*,
Une *troisième* suit, elle sonne à la fin.

LA FONTAINE.

Noms de nombre cardinal.

Ces sortes de noms *collectifs* sont bornés à un petit nombre. On dit une *huitaine*, une *quinzaine* de jours, à la *huitaine*, dans la *huitaine*, à la *quinzaine*, dans la *quinzaine*, une *neuvaine* (acte de dévotion) ; ces trois mots ne s'emploient pas dans un autre sens. Mais on dit de beaucoup de choses indistinctement, une *dixaine*, une *douzaine*, une *vingtaine*, une *trentaine*, une *quarantaine*, une *cinquantaine*, une *soixantaine*, une *centaine*; mais on ne dit pas une *soixante-dixaine*, une *quatre-vingtaine*, une *quatre-vingt-dixaine*.

Des noms composés.

Un nom peut être composé 1°. de deux noms, comme *chef-lieu*; 2°. d'un attribut simple et d'un nom, comme *grand-père*; 3°. de deux noms unis par une préposition, comme *chef-d'œuvre*, *arc-en-ciel*, *eau-de-vie*, *tête-à-tête*; 4°. d'une préposition et d'un nom, comme *avant-pêche*, *entre-acte*, *entre-sol*; 5°. d'un attribut composé et d'un nom, comme *garde-fou*, *passe-port;* 6°. d'un attribut composé et d'un adjoint, comme *passe-partout;* 7°. enfin, d'un attribut composé et d'un nom modifié, *va-nus-pieds*.

Plusieurs grammairiens désapprouvent les littérateurs qui ont écrit des *arc-en-ciels*, des *chef-d'œuvres;* mais ils ne sont point choqués de voir écrire des *entre-sols*, des *parasols*, des *parapluies*. Il me semble pourtant qu'il y a bien de l'analogie entre ces mots; car de même qu'il n'y a qu'un *ciel*, il n'y a qu'un *sol* (superficie d'un terrain), qu'un *soleil* (en latin *sol*), qu'une *pluie;* or on appelle *entre-sol* un étage entre le sol ou rez-de-chaussée et le premier étage; un *parasol* est un meuble qui nous *pare* (*à sole*) du soleil. Il en est de même de *parapluie*, de *paravent*, de *paratonnerre :* cependant on écrit des *parasols*, des *parapluies*, des *paravents*, des *paratonnerres*. Si l'on m'objecte que presque tous ces mots s'écrivent sans trait d'union, et qu'on est censé avoir oublié leur origine, je repondrai que nous devrions, par analogie, écrire de même les autres mots sans trait d'union, et comme si nous avions oublié leur origine; car on ne prononce pas : *arcs-en-ciel*, mais *arcenciels;* on ne dit pas : des *chefs-d'œuvre*, mais des *chéd'œuvres;* et ces mots sont censés n'en faire plus qu'un. Qu'on ne le supprime pas dans *grands-pères*, *petits-fils*, rien de mieux, parce qu'il est dans ces mots le signe d'une idée qui sera toujours composée.

Je suis d'avis qu'on écrive également au pluriel,

avec l'apostrophe ou le trait d'union, des *avant-pêches*, des *entr'actes*, des *passe-droits*, des *passe-ports*, des *garde-fous*, parce que je crois qu'il est indifférent de dire qu'un fruit vient avant la *pêche* ou avant les *pêches*, que l'orchestre joue dans *l'intervalle d'un acte* à l'autre, ou *entre deux actes*.

Enfin, je puis avoir un *droit* ou des *droits* à une chose ; je puis franchir chaque *port* ou tous les *ports* qui se trouvent sur ma route, comme aussi une *barrière* préserve tout homme *fou* ou tous les hommes *fous* : d'ailleurs c'est qu'ici le signe caractéristique du pluriel ne peut porter que sur le dernier mot, à moins qu'on ne veuille nous faire écrire des *gardent-fous*, des *passent-partout*, car l'analyse serait bien : *une clé qui* PASSE, *des clés qui* PASSENT *partout*, *une barrière qui* GARDE, *des barrières qui* GARDENT *d'accident des hommes fous*, *imprudents*, etc., ce qui prouve qu'il ne faut plus guère tenir à la première origine. J'écrirai donc avec le trait d'union des *passe-partout*, des *va-nus-pieds* ; mais je crois que nous devons écrire sans trait d'union, *lettres de change*, *valets de chambre*, *pots à beurre*, parce que nous avons *lettres de grâce*, de *marque* ; *valets de pied*, d'*écurie* ; *pots à eau*, *à confitures*, etc., et que tout nous porte à considérer divisément un nom commun qui peut être déterminé de tant de manières

Du mot CE.

L'emploi du mot CE, joint immédiatement au

verbe ÊTRE, nous fournit un tour d'expression qui tient quelquefois du gallicisme, mais qui, ayant pour objet de porter plus spécialement l'attention sur telle partie d'une proposition, lui donne un caractère si différent, que, sans ce tour heureux, nous ne rendrions plus aussi fidèlement notre pensée, ni avec autant de précision. Que je dise, par exemple : *les Phéniciens inventèrent l'art d'écrire*, je ne fais que narrer tout simplement sans paraître m'occuper plus particulièrement des Phéniciens que de leur découverte; mais si je dis : CE FURENT *les Phéniciens qui*, etc., la phrase prend une autre expression : ces mots CE FURENT reportent toute l'attention sur le peuple à qui nous devons une si précieuse découverte, et annoncent que je ne m'occupe de l'invention que pour en faire remarquer les auteurs.

Phèdre, pressée par Œnone de lui confier le sujet de ses douleurs, après lui avoir avoué qu'elle aime, tremble cependant de nommer l'objet de son criminel amour :

. . . . Tu connais (lui dit-elle) le fils de l'amazone,
Ce prince si longtemps par moi-même opprimé. . . .

et à l'instant où Œnone prononce le nom d'Hippolyte, elle lui répond.

. . . . *C'est toi* qui *l'as* nommé.

Qu'on substitue TU L'AS NOMMÉ à cette expression C'EST TOI QUI L'AS NOMMÉ, et l'on sentira combien ces deux tournures de phrases sont différentes

Mais il s'agit d'applanir les difficultés qui se rencontrent dans l'emploi du verbe au *singulier* ou au *pluriel*, soit par l'effet de la syllepse, soit par la bizarrerie de l'usage.

Le verbe ÊTRE, précédé *immédiatement* du mot CE, qui n'est qu'un *nom abstrait*, devrait toujours, sans l'effet de la syllepse, s'employer à la troisième personne du singulier; mais à la faveur de cette figure, qui nous autorise à construire les mots suivant le sens et la pensée, il prend la forme que lui impose le *nom* ou le *pronom* qui vient après lui, et dont le mot CE n'est que l'*indicateur;* or cela arrive dans plusieurs cas différents que je vais exposer.

PREMIÈRE RÈGLE.

Le verbe *être*, précédé du mot CE et suivi d'un *nom*, prend toujours la forme que lui impose ce *nom*, soit que le *pronom conjonctif* qui lui succède immédiatement devienne le *sujet* de la proposition suivante, soit qu'il en devienne l'*objet direct*: ainsi nous dirons également :

Ce furent les Phéniciens *qui* inventèrent l'art d'écrire.
Ce sont les vices *que* vous devez fuir.

ANALYSE:

Les peuples ou *ceux* qui inventèrent l'art d'écrire furent les Phéniciens.

Les *ennemis* (vous devez fuir *lesquels*) sont les vices.

On voit par cette analyse que je substitue au mot CE, qui est indéterminé et qui d'ailleurs est d'un autre nombre que le *nom* dont il n'est que l'*indicateur*, un nom commun qui, *étant du même nombre* que celui qui le suit, puisse former avec lui une proposition identique.

Le verbe *être* prend également la forme que lui imposent les *pronoms simples de la troisième personne*, mais seulement lorsque ces pronoms, reproduits par des *pronoms conjonctifs*, deviennent *sujets* de la proposition subséquente, comme dans ces exemples :

> *Ce* sont *eux* *qui* ont défendu nos droits.
> *Ce* sont *elles* *qui* ont réuni les suffrages.

Car si ces pronoms conjonctifs étaient l'*objet direct* de la proposition subséquente, il faudrait dire :

> *C'est eux* que l'on craint.
> *C'est elles* qu'on admire.
> *Ce fut eux* que le sort désigna.

Tel est du moins l'usage constant : s'il n'est pas facile d'en rendre compte, on peut cependant appercevoir une nuance assez marquée ; c'est que le mot CE, dans ces derniers exemples, n'est plus déterminé d'une manière aussi puissante que dans les premiers, où le pronom est le sujet pluriel de la proposition subséquente ; car on serait choqué de cette construction : CE QUI ONT *défendu nos droits* SONT EUX ; et on ne le sera pas autant de celle-ci : CE QU'ON *craint* EST *eux* ; CE QU'ON *admire* EST *elles*, quoiqu'on pût fort bien analyser ainsi : CEUX *qu'on craint* SONT *eux*, CELLES *qu'on admire* SONT *elles*.

IIme. RÈGLE.

Le verbe ÊTRE, précédé ou suivi *immédiatement* du mot CE et d'un pronom de la *première* ou de la *seconde* personne, tant du *singulier* que du *pluriel*, se met toujours au *singulier*, dans une proposition, soit *affirmative*, soit *interrogative*, quand bien même ce pronom deviendrait *sujet* ou *objet direct* de la proposition qui suivrait ; mais, par l'effet de la syllepse, le verbe qui vient après le pronom en suit exactement les rapports en nombre et en personnes.

Exemples :

C'est MOI *qui* AI, *c'est* TOI *qui* AS, *c'est* NOUS *qui* AVONS, *c'est* VOUS *qui* AVEZ, *donné ce conseil.*

EST-*ce* MOI *qui* AI, EST-*ce* TOI *qui* AS, etc., etc. ?

On dira également *c'était* VOTRE FRÈRE *et* VOUS *qui* AVIEZ *donné conseil*, parce qu'ici le sujet partiel VOTRE FRÈRE, *qui est de la troisième personne*, étant réuni à VOUS, qui est de la *seconde*, devient un *sujet composé* de la *seconde personne.*

IIIme. RÈGLE.

Le verbe ÊTRE, précédé du mot CE et suivi d'une *préposition* et d'un *nom*, devenant le *complément* d'une proposition subséquente, s'emploie toujours au singulier, comme dans les deux exemples suivants, qui sont de vrais gallicismes :

C'est des contraires *que* résulte l'harmonie du monde.
C'est à ces dieux *que* vous sacrifiez.

IVme RÈGLE

Le verbe ÊTRE, séparé du mot CE par le *pronom composé* EN, se met toujours au singulier, comme dans ces exemples

> *Sont-ce* des hommes que je vois?
> *C'en est* (sous-entendez un nombre.)
>
> *Étaient-ce* des soldats?
> *C'en était* (sous-entendez une troupe.)

On ne pourrait pas dire : *c'en sont*, *c'en étaient*, parce que le pronom composé *en* ne tient ici la place que d'une préposition et son complément, et que l'antécédent de cette *préposition* étant ellipsé, le verbe ÊTRE ne peut recevoir d'influence que du mot CE qui est *identique* avec le mot ellipsé toujours censé du nombre singulier; c'est donc comme s'il y avait : C'EST *un certain nombre d'hommes*, C'ÉTAIT *une troupe de soldats*.

EXCEPTIONS A LA PREMIÈRE RÈGLE.

Le verbe ÊTRE ne reçoit *jamais* la forme du *pluriel* au futur, soit du mode *absolu*, soit du mode *subjonctif*; ainsi vous direz :

Ce sera nos descendants qui nous jugeront; *sera-ce* nos descendants qui, etc.?

Je suppose que *ce fût* mes propres fils qui, etc.; *fût-ce* mes propres fils.

Dans l'interrogation, on ne peut employer la troisième personne du pluriel des formes du pré sent avec un *pronom*, ni du *passé défini* avec un *nom* ou un *pronom*. Ainsi nous ne pouvons pas dire : SONT-CE *eux*, quoique nous disions bien : CE SONT *eux*, CE SONT *nos amis*; et nous ne pouvons dire ni FURENT-CE *eux*, ni FURENT-CE *nos amis*. Il faudra dire : EST-CE *que* CE FURENT *eux qui*, etc., *est-ce que* CE FUT *eux que*, etc., *est-ce que* CE FURENT *nos amis qui nous délivrèrent*?

DE QUELQUES NOMS

SUR L'ACCEPTION DESQUELS ON POURRAIT SE MÉPRENDRE.

ARÉOMÈTRE.	AÉROMÈTRE.
Pèse-liqueur par lequel on connaît la pesanteur des fluides.	Instrument qui sert à mesurer la condensation ou la raréfaction de l'air
MANOEUVRIER.	**MANOUVRIER.**
Qui entend bien la manœuvre d'un vaisseau.	Qui travaille de ses mains à la journée.
ENVERGURE.	**ENVERJURE**
Arrangement des voiles avec les vergues (T. de marine.)	Terme de papeterie. — Dimension des ailes d'un oiseau dans leur plus grande étendue.
LECTEUR.	**LISEUR**
Celui qui lit	Qui lit beaucoup, habituellement
OISELEUR	**OISELIER**
Qui prend les oiseaux	Qui élève les oiseaux pour les vendre

TABLE ALPHABÉTIQUE DES NOMS

	MASCULINS dans une acception.	FÉMININS dans une autre.
Ange.	Esprit céleste.	Poisson de mer. — Petit moucheron qui naît du vin et du vinaigre
Aide.	De camp, de cuisine, des cérémonies.	Secours, assistance.
Aigle.	Oiseau de Jupiter	Enseigne des légions — Terme de blason.
Amours (1).	Dans un sens personnifié.	Intrigues amoureuses.

(1) Ce mot, au singulier, me paraît devoir être régulièrement du genre masculin, soit qu'il désigne le dieu qui vivifie la nature, soit qu'il peigne les feux dont il brûle nos âmes, soit enfin qu'il exprime le sentiment d'aimer dans le sens de tendresse paternelle ou maternelle. Cependant, dans ce dernier sens, nos meilleurs auteurs l'ont indifféremment employé au masculin et au féminin.

Mon amour n'avait pas attendu vos prières,
Je ne vous dirai point combien j'ai résisté :
Croyez en *cet* amour par vous-même *atteste*

AGAMEMNON dans *Iphigénie*, acte IV, scène IV.

Je crus les dieux, seigneur, et saintement cruelle,
J'étouffai pour mon fils mon amour *maternelle*.

JOCASTE dans *Œdipe*

. . . . Que *cette* amour m'est *chère!*

IPHIGÉNIE *à* AGAMEMNON

Je plains mille vertus, *une* amour *mutuelle*.

AGAMEMNON

Racine l'a même employé au féminin dans le sens de passion amoureuse, sans y être forcé.

Dans la nuit du tombeau j'enfermerai ma honte
Sans chercher des parens si long-tems ignorés,
Et que *ma folle* amour a trop déshonorés

ÉRIPHILE, dans *Iphigénie*, acte II, scène Ire

TABLE ALPHABÉTIQUE DES NOMS

	MASCULINS dans une acception.	FÉMININS dans une autre.
Aune	Arbre.	Ancienne mesure de France.
Barbe.	Cheval de Barbarie.	Poil du menton. — Fanons de la baleine. — Petits filets qui sortent de l'épi dans les graminées.
Bourgogne.	(Vin de)	Province de France.
Carpe.	Terme d'anatomie.	Poisson de rivière.
Cartouche.	Ornement de peinture, sculpture et gravure.	Charge pour l'arme à feu.
Coche.	Voiture de terre et d'eau.	Truie.—Bois entaillé.—Entaille faite sur du bois.
Cravate.	Cheval de Croatie.	Ornement du cou.
Crêpe	Gase	Pâtisserie.
Couple.	Marquant l'union conjugale	Paire.
Écho.	Lieu d'où le son est répercuté	Nymphe, divinité fabuleuse.
Enseigne.	Officier qui porte le drapeau.	Drapeau -Indice.-Écriteau.
Délice.	Au singulier.	Au pluriel.
Forêt	Outil en forme de vis pour percer	Grande étendue de bois.
Foudre.	De guerre.—Mesure de capacité en Allemagne.	Du ciel
Givre.	Gelée blanche qui s'attache aux arbres.	Serpent, en t. d'armoiries.
Greffe.	Terme de palais.	Terme de jardinage.
Garde.	Homme qui garde.	Femme qui garde.-Escorte militaire.
Guide.	Conducteur.	Longe de cuir qui s'attache au mords du cheval.
Hymne.	D'église	Poésie en l'honneur des dieux, des héros.
Lis.	Fleur.	Rivière des Pays-Bas (Lys).
Loutre.	Chapeau du poil de cet animal.	Animal amphybie.
Manche.	Poignée d'un instrument.	D'un habit. — Bras de mer entre la France et l'Angleterre.

TABLE ALPHABÉTIQUE DES NOMS

	MASCULINS dans une acception	FÉMININS dans une autre
Manœuvre	Aide-maçon	Mouvement combiné de troupes. — Exercice de matelots
Mémoire.	Précis d'une affaire — État de ce qui est dû.	Faculté de se souvenir
Mode	Terme de grammaire et de musique.	Usage passager
Moule	Modèle. — Matière creusée pour donner la forme	Coquillage
Mousse	Matelot	Herbe — Écume
Œuvre	T. de chymie.—Recueil de musique, d'estampes	Action —Banc des marguilliers. — *Au pluriel*, production de l'esprit.
Page.	Jeune gentilhomme au service d'un prince	Côté d'un feuillet.
Palme	Mesure d'Italie	Branche de palmier.—Symbole de victoire
Pendule	Poids ou balancier d'une horloge.	Petite horloge servant à décorer une cheminée
Perche	Province de France	Poisson — Bâton long — Mesure
Période	Le plus haut point où l'on puisse parvenir	Portion de tems — Époque d'où l'on part pour compter les années — Assemblage de propositions logiques —Cercle que décrit un astre pour revenir au point d'où il était parti
Personne	Dans le sens de AUCUN INDIVIDU	Dans le sens individuel *une personne sensée*
Plane	Arbre	Outil de tonnelier
Poste	Emploi — Lieu désigné à des soldats — Corps de soldats	Balle de plomb —Dépôt de lettres, de chevaux de voyage
Poêle	Sorte de fourneau	Ustensile de cuisine

TABLE ALPHABÉTIQUE DES NOMS

	MASCULINS dans une acception.	FÉMININS dans une autre.
Pourpre.	Maladie — Couleur rouge foncé.	Des rois. — Étoffe teinte de cette couleur.
Remise.	Carosse de louage.	Délai.—Lieu où l'on met les voitures —Taillis servant de retraite au gibier
Satyre.	Demi-dieu du paganisme.	Poeme mordant.
Solde.	Reliquat de compte.	Paye des troupes, des ouvriers.
Somme.	Sommeil.	D'argent.
Souris	Action de sourire.	Animal.
Tour.	Circuit.—Trait d'adresse—Instrument de tourneur.	Bâtiment elevé, rond ou à pans.
Triomphe.	Cerémonie pompeuse. — Victoire.	Jeu de cartes.
Trompette.	Cavalier qui sonne de cet instrument.	Instrument à vent.
Vague.	Milieu de l'air.	Flot, lame d'eau
Vase.	Vaisseau propre à contenir des liquides.	Limon
Voile.	Ornement de femme.	D'un vaisseau, d'un bateau

DU GENRE DANS LES NOMS.

La distinction des sexes dans les individus a d'abord déterminé les différentes terminaisons des signes; mais on ne s'en est pas tenu là : on a étendu cette variété à tous les mots qui portaient le même caractère, celui du nom. Ainsi des signes d'objets inanimés ou même d'idées abstraites, ont reçu, par analogie, une terminaison masculine ou féminine, au gré du caprice qui les divisa en deux genres, le *masculin* et le *féminin*.

Quoiqu'on n'ait pas toujours rangé dans la class des noms *masculins* ou *féminins* ceux qui porte une terminaison *masculine* ou *féminine*, c'est-à-dir qui se terminent par une syllabe *sonore* ou par un syllabe *muette*, je démontrerai bientôt qu'il y peu d'exceptions.

Quant aux individus d'une même espèce che lesquels on reconnaît un sexe, cette différenc dans les noms du *mâle* et de la *femelle* consist quelquefois simplement dans leur terminaison comme *lion*, *lionne*; *ours*, *ourse*; *tigre*, *tigresse* *chat*, *chatte*; *chien*, *chienne*; *loup*, *louve*; *âne* *ânesse*. Souvent il n'y a aucune analogie entre eux comme *cerf*, *biche*; *taureau*, *vache*; *bélier*, *brebis* *sanglier*, *laie*. Souvent enfin nous n'avons qu'u mot d'un seul genre pour désigner des individu d'une même espèce tant *mâles* que *femelles*, comm *chameau*, *éléphant*, *brochet*, *rossignol*, *perroquet* qui sont du *genre masculin*, et *perdrix*, *carpe*, *aloze*, *anguille*, *fauvette*, *écrevisse*, qui sont d *genre féminin*.

Il faut donc entendre par *genre* cette démarcation qu'on a observée parmi les noms en les rangeant par analogie dans la classe des mâles ou des femelles; ainsi il faut reconnaître deux genres le *masculin* et le *féminin* : le *masculin*, qui convient aux noms qu'on a mis dans la classe des mâles, comme *chien*, *chat*, *loup*, *lion*, *raisin*, *abricot*; le *féminin*, qui convient à ceux qu'on a rangés dans la classe des femelles, comme *chienne*, *chatte*, *louve*, *lionne*, *groseille*, *prune*, *pêche*, etc.

ESSAI SUR LA MANIÈRE DE CONNAÎTRE LE GENRE DES NOMS.

Le genre des noms dans notre langue présente des difficultés si grandes pour les étrangers, que je me croirai trop heureux de pouvoir les applanir, en indiquant un caractère général auquel on puisse les reconnaître ; et il me semble qu'en retranchant de la nomenclature cette foule de mots qui, n'étant que des noms d'*espèce*, de *classe* ou de *sorte*, supposent et modifient des *individus* d'un genre, d'une espèce ou d'une classe, auxquels ils sont subordonnés, il ne sera pas difficile de fixer le genre des véritables *noms* qui ne peuvent désigner que des *qualités abstraites*, comme *honneur*, *ambition*, *jalousie*, ou des productions de la nature et de l'art : *orange*, *citron*, *tableau*, *colonne*, etc.

Si donc je puis, après avoir élagué tous les mots qui ne désignent point individuellement des êtres physiques ou des qualités abstraites, considérées comme des individus métaphysiques, réduire les exceptions à un si petit nombre que la mémoire puisse aisément les classer, et qu'enfin elles occupent tout au plus quatre pages de ma grammaire, je croirai avoir établi une règle générale et invariable, je croirai avoir fait une découverte utile pour les étrangers, en ce qu'elle leur facilitera l'étude de notre langue.

J'établis en principe général que le genre des noms se connaît par le *son final*, qui est *masculin* ou *féminin*, c'est-à-dire qui est formé par une syllabe *sonore*, comme *amour*, ou par une syllabe *muette*, comme *haine*. Or, j'espère démontrer que les noms du genre masculin ont la dernière syllabe *sonore*, et ceux du genre féminin, la dernière syllabe *muette*, à quelques exceptions près.

J'ai dit qu'il faut d'abord élaguer tous les noms communs, c'est-à-dire tous ces qualificatifs d'espèce, de classe, de sorte, tels que *homme*, *soldat*, *sauvage*, *savant*, *poëte*, *auteur*, *guerrier*, *peintre*, *joueur*, *ivrogne*, qui désignent un *individu* avec sa qualité, sa profession, sa dignité, sa vocation, ou quelque penchant habituel, de même que les noms composés qui ne font qu'indiquer et modifier une sorte d'individus déterminés dans l'esprit, par le nom de l'espèce ou de la classe à laquelle ils appartiennent. Ainsi, par exemple, je dirai que les mots *poëte*, *savant* ne sont considérés comme noms qu'autant qu'ils supposent et modifient un individu de l'espèce humaine de la classe des poëtes ou des savants. Ce ne sont donc, à proprement parler, que des attributs d'espèce ou de classe; et il faut retrancher cette foule d'attributs, puisqu'ils n'ont par eux-mêmes aucun genre, et qu'ils ne font qu'emprunter celui du nom ellipsé qu'ils modifient. Et lorsque, par suite de ce principe, j'établis que les mots en *eur* rentrent dans la classe des exceptions, en ce qu'ils sont presque tous du genre féminin, c'est que j'ai mis de côté tous ces faux noms, tous ces attributs en *eur*, qui sont au nombre d'environ neuf cents, et qui ne sont du genre masculin que parce qu'ils modifient le mot ellipsé *individu* qui est du genre masculin. Il en est de même de ces noms composés : *garde-côte*, *bec-figue*, *emporte-pièce*, *tire-moëlle*, *entre-côtes*, *cure-oreille*, *cure-dent*, *tourne-vis*. C'est un *individu* gardant les côtes, un *morceau* situé entre les côtes, un *instrument* qui cure les dents ou les oreilles, qui emporte pièce, qui tire la moëlle, qui tourne des vis; enfin, c'est un *oiseau* qui becquète les figues. On ne peut raisonnablement regarder comme nom principal que les mots ellipsés *individu*, *morceau*, *instrument*, *oiseau*, et non les mots qui expriment leurs modifications actives avec le complément de ces qualités actives, ou simplement leurs rapports avec d'autres objets : *situé entre les côtes* (morceau). Tous ces différents noms qui paraîtraient la plupart, par leur terminaison, devoir être du genre féminin, n'ont donc pas dû être rangés au nombre de ceux dont l'exception peut quelquefois être embarrassante. Suit le tableau alphabétique.

Les noms terminés par une syllabe *muette* sont *féminins*, excepté en

abe,	Crabe, monosyllabe, astrolabe.
able.	Cable, diable, érable, jable, rable, connétable, sable.
abre.	Candelabre, cinnabre, sabre
ache,	Panache.
âche,	Relâche.
ade,	Grade, alcade, stade
adre,	Cadre
afe,	Parafe
agme,	Diaphragme.
aigle,	Aigle (oiseau)
eigle,	Seigle.
aine.	Domaine
aîne,	Faîne
aire . . .	Bréviaire, Calvaire, dictionnaire, douaire, dromadaire, électuaire, exemplaire, rosaire, formulaire, inventaire, itinéraire, luminaire, repaire, sagittaire, salaire, sanctuaire, vestiaire, sommaire, vocabulaire, capillaire, commentaire, anniversaire, suaire
aîte,	Faîte (sommet)
ale, alle,	Bubale, dédale, ovale, scandale, intervalle
âle,	Hâle, râle
ambe,	Ambe.
ambre,	Ambre
embre,	Gingembre, membre

ame,	Amalgame, gramme, programme.
aphe,	Paragraphe, télegraphe, pantographe.
ancre,	Ancre (de navire), chancre
ande,	Multiplicande.
ende,	Dividende.
ane,	Ane, platane.
ange,	Ange, change, Gange, lange, lozange
arme,	Carme, charme, vacarme.
artre,	Tartre.
asque,	Masque.
aste,	Contraste, faste.
astre,	Astre, cadastre, pilastre.
ate,	Aromate, automate.
âtre,	Atre, theâtre, amphitheâtre.
axe,	Axe.
ecte,	Dialecte, insecte.
ède,	Intermède, remède.
ée,	Prytannée, pygmée, apogee, perigée, lycée, musée, Protée.
ègne,	Règne.
eigne,	Peigne
elle, èle,	Libelle, parallèle, modèle, zèle

ème,	Baptême, diadème, emblème, problème, stratagème, poème, dilemme, système, thème, théorème.
ence,	Silence
ene,	Ébène, chêne, frêne, troëne, phénomène.
erbe,	Proverbe.
ercle,	Cercle, couvercle.
ere	. . . . Artère, caractère, cratère, cautère, monastère, [illegible], ulcère, clystère, viscère, cimetière, [illegible], hémisphère, [illegible], ministère, presbytère, parterre, tonnerre, verre
erge,	Cierge.
erme	Germe, terme
erne,	Averne, terne
èse.	Diocèse, dièse
este,	Geste, inceste, manifeste, reste, zeste, ceste
estre	Orchestre, semestre, trimestre
eurre,	Beurre, leurre.
evre,	Lièvre, genièvre
euvre,	Œuvre (d'un musicien, d'un graveur)
ie,	Incendie.
iche,	Fiche.
ice	. . . . Artifice, armistice, auspice, hospice, bénéfice, calice, délice, édifice, orifice, [illegible], vice, supplice, [illegible], indice, exercice, frontispice, office, précipice, service, préjudice, sacrifice
icle.	Article
idre.	Cidre, hydre.
ifre	Litre, chiffre
ige	Prestige, prodige, liège, vestige, vertige

igne,	Cygne, signe
igre,	Tigre.
ile,	Asyle, concile, chyle, codicille, crocodile, dactyle, domicile, Édile, péristyle, style
ime,	Crime, grime, abyme, centime, décime.
ipe,	Polype, type, principe.
ique,	Cantique, topique, émétique, distique, panégyrique, tropique, portique.
ire,	Collyre, délire, martyre, rire, satyre, sourire, navire.
irse,	Thyrse
isque.	Obélisque, risque.
istre,	Registre, sistre.
ite.	Site, mérite, gîte, Cocyte
itre,	Litre, mitre, titre, pupitre, chapitre.
obe,	Globe
oble,	Vignoble
oce,	Négoce, sacerdoce
oche,	Coche (voiture).
ocle,	Socle.
ode,	Code, épisode, synode, mode (manière).
offre,	Coffre.
oge,	Éloge
oie,	Foie

oile, Voile (parure), poile (pour echauffer un appartement).

oire, Ciboire, laboratoire, observatoire, oratoire, prétoire, réfectoire, répertoire, territoire, purgatoire.

ole, Capitole, Pactole, pôle, protocole, contrôle, rôle, saule.

ombre, Nombre, concombre.

omphe, Triomphe (victoire).

once, Nonce.

ône, Cône, aune (arbre), faune, prône, trône.

onge, Songe, mensonge.

onze, Bonze, bronze.

ope, Horoscope, microscope, telescope.

oque, Phoque.

orde, Exorde.

ore, Bosphore, meteore, phosphore, pylore, sycomore.

oste, Poste (position).

oude, Coude.

oudre, Foudre (vaisseau)

oufle, Souffle.

ousse, Mousse (terme de marine).

ube, Cube, jujube, tube.

ucre, Lucre, sucre.

ulte, Culte, tumulte

uffle, Buffle, mufle.

uge, Déluge, grabuge, refuge

ule, Vehicule, scrupule.

ume, Rhume, volume, légume

urne, Cothurne.

uste, Buste.

ustre, Lustre.

ouffre, Gouffre, souffre.

Les noms terminés par une syllabe *sonore* sont *masculins*, excepté en

ain,	Faim, main.	*oi*,	Foi, loi, paroi.
aix,	Paix	*oif*,	Soif
ent,	Dent, jument.	*ois*,	Fois.
eau,	Eau, peau.	*oix*,	Croix, noix, poix, voix.
er,	Cuiller, mer.	*on*,	Façon, contrefaçon, boisson, moisson, mousson, chanson, cuisson, leçon, rançon.
êt,	Forêt.	*ot*,	Dot.
ef,	Nef.	*our*,	Cour, tour.
i,	Merci, fourmi.	*oux*,	Toux.
in,	Catin.	*u*,	Vertu, tribu, bru, glu.
is, *ix*,	Souris, vis, perdrix.	*uit*,	Nuit.
é,	Cle.		

Cependant un petit nombre de finales présentent des exceptions dans un ordre inverse : par exemple, toutes celles suivantes, quoique terminées par une syllabe muette, appartiennent *au genre masculin*, comme *ampre*, *autre*, *arbre*, *avre*, *egme*, *eptre*, *euble*, *euple*, *imbre*, *inge*, *ouble*. D'autres finales muettes appartiennent au même genre, mais souffrent des exceptions.

EXCEPTIONS EN

acle,	Debacle.	*efle*,	Nèfle	*iste*,	Liste, piste
acre,	Nacre.	*ege*,	Norwège	*ogue*,	Dogue, églogue, synagogue, vogue
acte,	Cataracte, épacte.	*eige*,	Neige.		
age,	Cage, page, plage, rage, image.	*être*,	Fenêtre, guêtre.	*omme*,	Gomme, pomme, somme (d'argent.)
alme,	Palme	*inte*.	Pinte, feinte, plainte, contrainte, crainte.	*ulte*,	Insulte

De même que les finales *eur*, *son*, *té*, *ion*, quoique sonores, appartiennent au genre *féminin*, excepté :

En *eur*, Bonheur, cœur, chœur, malheur, honneur, déshonneur.

En *té*, Comité, comté, côté, été, thé, Léthé, pâté.

En *ion*, Camion, champion, crayon, curion, décurion, croupion, espion, pion, gabion, galion, histrion, lampion, lion, morion, rayon, scion, taillon, taudion, horion, bastion.

En *son*, Blason, contre-poison, diapazon, gazon, horison, oison, poison, tison.

DES NOMBRES.

On entend par nombre la perception des objets sous le rapport de l'*unité* ou de la *pluralité*. Tous les noms reçurent d'abord une terminaison analogue à cette vue de l'esprit qui se porte sur l'unité ou la pluralité indéfinie. Nous distinguons deux nombres : le *singulier*, qui exprime l'*unité*; le *pluriel*, qui exprime la *pluralité*. Un *citron*, une *orange*; des *citrons*, des *oranges*.

DE LA FORMATION DU PLURIEL DANS LES NOMS

	au singulier.		*au pluriel.*	*exceptions.*
Les mots terminés en	*al*,	font	*aux*,	bals, régals, carnavals
Ceux en	*au*, *eau*, *eu*,	ajoutent	*x*,	
Ceux en.	*ou*,	font	*oux*,	cous, licous, trous, matous, joujous, écrous, hibous, filous, clous
Ceux en. . .	*ail*,	ajoutent	*s*,	baux, travaux, coraux, émaux, soupiraux

Dans tous les autres noms, le *pluriel* se forme du *singulier* plus *s*, excepté dans les noms terminés au singulier par *s*, *x*, *z*, comme *souris*, *perdrix*, *nez*, etc., qui ne changent point au pluriel.

Nous avons des noms *irréguliers*, comme *bétail*, *bestiaux*; *œil*, *yeux*; *ail*, *aulx*; *aïeul*, *aïeux*; *ciel*, *cieux*, et *ciels* (de lit).

Et des noms *sans pluriel*, comme *absynthe*, *estime*, *faim*, *soif*, *sommeil*, *encens*, et les noms existant sous la forme primitive des verbes, *le boire*, *le manger*, *le dormir*, et les noms des métaux *or*, *argent*, *cuivre*, *airain*.

DU PRONOM.

Nous avons souvent besoin de faire envisage les objets ou les individus sous plusieurs aspects c'est-à-dire sous différentes modifications; e comme nous sommes forcés de placer chaque at tribut à côté du sujet ou de l'objet d'action dan chaque proposition, et qu'il serait extrêmemen désagréable d'y voir reproduire sans cesse le mêm nom, nous avons imaginé, pour soutenir l'atten tion de ceux qui lisent ou qui écoutent, et néan moins pour abréger le discours et éviter des ré pétitions choquantes, de reproduire le signe im médiat de ces mêmes objets ou de ces même individus, par un signe de rappel (*le pronom*) auquel nous rapportons, comme à un rayon d cette image première des objets ou des individus les différentes modifications sous lesquelles nou voulons les faire considérer.

Non seulement nous employons ces signes d rappel pour les noms de la *troisième personne* mais le poëte qui célèbre les faits de quelque hé ros, les différents personnages qu'on fait parler dans un ouvrage de théâtre, ceux qui écriven l'histoire de leurs voyages, ceux enfin dont or publie les lettres, tous expriment leur relatior immédiate à l'attribut par les pronoms *je*, *me*, *moi*, *nous*, *tu*, *te*, *toi*, *vous*. Je sais que quelque écrivains prétendent que ces mots ne sont point des pronoms, mais bien de vrais noms; je croi qu'une observation bien simple pourra ramener à une autre opinion.

Je suppose que je lise isolément quelques vers d'une pièce de théâtre sans savoir dans la bouche de qui ils sont mis, ou que j'ouvre un poeme ou une histoire dont le titre sera effacé ou lacéré, et que j'ignore le nom du poete, ou de l'historien, ou du personnage qui y figure, ces mots *je*, *me*, *moi*, *nous*, *tu*, *te*, *toi*, *vous*, ne peindront rien à mon esprit; ils seront pour moi des signes muets, parce que je ne connaîtrai point les noms des individus auxquels ils se rattachent : ces mots ne peuvent donc être que des *pronoms*, puisqu'ils ne me donnent point une idée *déterminée* des individus. Je crois que ce raisonnement éprouvera peu de contradictions.

Si Bauzée a cru pouvoir regarder ces mots comme de véritables noms, c'est, comme il le dit lui-même, parce qu'ils expriment dans celui qui parle ou à qui l'on parle, sa relation immédiate à l'attribut, et que l'auteur a été frappé de l'idée de deux individus qui, conversant ensemble sans se connaître, emploient ces mots sans qu'ils paraissent se rattacher à un antécédent exprimé. Il n'a pas fait attention que, dans ce cas même, ces mots ne font que remplacer le nom commun qui est déterminé dans l'esprit de chacun d'eux; car au moment où ils se parlent, ils sont censés se connaître au moins par le nom spécifique qui leur est commun, celui d'individu homme.

Il est même des cas où le signe primitif n'est énoncé qu'après le signe secondaire, ce qui prouve encore incontestablement qu'on ne peut regarder ces signes secondaires comme signes immédiats des objets ou des individus; car si je reçois une lettre dont les caractères me soient inconnus, je me reporte avidement à la signature, afin de savoir à quel individu je dois rapporter ce JE, qui frappe d'abord ma vue et occupe ma pensée. Enfin il est certaines tournures de phrases qui admettent le signe de rappel avant le signe immédiat :

« *Ils* sont partis ce matin, ce tendre *père* et cette tendre » *mère* incomparables. »

Lettre XXXVII de Julie. *Nouvelle Héloïse.*

Ainsi je considère le pronom comme le *signe abréviateur* d'un nom exprimé *avant* ou *après*, ou *censé* déterminé dans la personne qui parle ou à qui l'on parle.

Sans le secours du *pronom* et des *articles possessifs*, il eût régné dans le discours une confusion insupportable. Je dis et *des articles possessifs*, car en décomposant ces adjectifs métaphysiques, je vois que MON, dans ces mots MON *domaine*, équivaut à LE *domaine* MIEN ou LE *domaine* APPARTENANT A MOI. Je dis *appartenant* ou tout autre *attribut* convenable; car je traduirai bien MON *livre* par · *le livre* APPARTENANT A MOI ; mais si je dis, *je prévois* MON *sort*, il faudra bien analyser ainsi. *le sort* RÉSERVÉ A MOI. De même que *je marcherai sur* vos *traces* s'analysera ainsi : LES TRACES MARQUÉES PAR VOUS.

On voit par ces divers exemples que c'est toujours une *préposition* qui a pour antécédent un *attribut* et pour conséquent un *pronom*, c'est-à-dire le signe de rappel d'un nom. Quand bien même on ne voudrait voir dans l'*article possessif* qu'un rapport de détermination, cela ne détruirait point ce que j'ai dit en parlant de ces articles, que *ce ne sont point des pronoms;* car je suppose qu'on ne veuille voir dans : *son frère* que *le* frère *de lui*, il n'y aura de pronom que le mot *lui;* et les mots *le*, *de*, *lui*, expriment en même temps un rapport d'*individualité* et le terme de ce rapport; or ces mots *le*, *de*, *lui*, ne peuvent jamais être considérés comme un *pronom*.

Je le répète, sans le secours des *articles possessifs* et des *pronoms purs* ou combinés avec la *préposition*, comme *se* pour *à soi* ou *à lui*, *me* pour *à moi*, etc., le discours serait un véritable chaos. Mettons-en un exemple sous les yeux.

Phèdre dit à Œnone, en parlant d'Aricie et d'Hippolyte :

> *Les* a-t-on vus souvent *se* parler, *se* chercher ?
> Dans le fond des forêts allaient-*ils se* cacher ?
> Hélas! *ils se* voyaient avec pleine licence!
> Le Ciel de *leurs* soupirs approuvait l'innocence;
> *Ils* suivaient sans remords *leur* penchant amoureux.

Substituons à la fois aux pronoms qui se montrent purs, et à ceux qui, combinés soit avec la

préposition, soit avec *l'article*, la *préposition* et *u*
attribut quelconque, n'en existent pas moins réel
lement, et se découvrent par l'analyse, puisqu'il
sont le terme d'un rapport exprimé par une pré
position; substituons-leur, dis-je, les noms de
êtres ou des objets dont ils ne sont que les signe
de rappel, il faudra dire :

A-t-on vu souvent HIPPOLYTE *et* ARICIE, *parle*
à HIPPOLYTE *et à* ARICIE, *chercher* HIPPOLYTE *e*
ARICIE? *Dis à Phèdre si* HIPPOLYTE *et* ARICIE *allaien*
cacher HIPPOLYTE *et* ARICIE *dans le fond des forêts*
Hélas! HIPPOLYTE *et* ARICIE *voyaient* HIPPOLYT
et ARICIE *avec pleine licence. Le Ciel approuvai*
l'innocence des soupirs ÉCHAPPÉS *à* HIPPOLYTE *et*
ARICIE; HIPPOLYTE *et* ARICIE *suivaient sans remord*
le penchant amoureux INSPIRÉ *à* HIPPOLYTE *et*
ARICIE.

Le pronom diffère donc du nom en ce qu'il n'est
qu'un signe secondaire, destiné à nous rappeler
le signe primitif et immédiat, qui seul détermine
les êtres ou les objets *par l'idée de leur nature.*

Un pronom doit toujours énoncer les mêmes
rapports que son antécédent, c'est-à-dire qu'il ne
peut être d'un genre ou d'un nombre différent, et
qu'il ne doit pas rappeler dans un sens *affirmatif*
et *individuel* un mot qui a d'abord été pris dans un
sens *négatif universel*, ou dans un sens *limité* un
mot qui a d'abord été pris dans un sens *illimité*,
et *vice versâ.*

Dolivet, dans ses remarques sur Racine, nous

montre la violation de ces principes dans ces deux vers :

> *L'offre* de mon hymen l'eût-*il* tant effrayé ?
> *Nulle paix* pour l'impie : il *la* cherche, *elle* fuit.

En effet, dans le premier vers, le pronom *il* n'est pas du même genre que *offre*, qui est son antécédent. Dans le second, on emploie les pronoms *la* et *elle*, qui se bornent à rappeler des noms pris dans un sens *affirmatif individuel*, et qui par cette raison ne pouvaient rappeler *nulle paix*, mots employés dans un sens *négatif universel*.

Une femme condamnée à périr dira bien : NUL CHEVALIER *ne se présente ; je mourrai sans qu'*AUCUN *m'ait daigné secourir ;* et tout le monde sent qu'on ne pourrait pas dire : *sans qu'*IL *m'ait daigné secourir*.

Je *divise* les pronoms en *cinq classes :* la première se compose des pronoms *simples* ou *directs*, je veux dire qui sont ou *sujets* ou *objets directs* d'action, tels que *je*, *me*, *moi*, *tu*, *te*, *toi*, *il*, *lui*, *elle*, *se*, *soi*, *nous*, *vous*, *ils*, *eux*, *elles*, *le*, *la*, *les*, comme dans les exemples qui suivent :

PREMIÈRE CLASSE.

SUJETS D'ACTION. — Je *chante*. MOI, je *fuirais l'honneur*, etc. ! *Tu dors ;* TOI, *l'épouse d'un Dieu*, TU *brûles pour un homme !* IL ou ELLE *étudie ;* NOUS *partons ;* VOUS *restez ;* ILS ou ELLES *arrivent*.

OBJETS DIRECTS D'ACTION. — *Dieu* ME *voit et* M'*en-*

tend. MOI, *vous* ME *soupçonnez de cette perfidie! il* T'*aime, il n'aime que* TOI; *je ne consulte que* LUI, *qu'*ELLE, *qu'*EUX, *qu'*ELLES; *en n'aimant que* SOI, *on ne* SE *fait pas aimer; le ciel* SE *colore à l'occident; on* NOUS *observe, on* VOUS *abuse; si je* LA *haïssais, je ne* LA *fuirais pas; elle voit Hippolyte et* LE *demande encore; à travers les rochers la peur* LES *précipite.*

On voit que les pronoms *moi* et *toi* se joignent ici par redondance aux pronoms *je* et *tu*, comme pour faire remarquer le *sujet* ou l'*objet* d'une action qui paraît étonnante relativement à celui ou à celle qui en est le *sujet* ou l'*objet*. Il en est de même des pronoms *lui*, *elle*, *nous*, *vous*, comme quand nous disons : LUI! *vous le croyez coupable!* ELLE! *je la reverrais!* NOUS! *on nous traite de conspirateurs!* VOUS! *on vous aurait trahis!* ELLES! *on les soupçonnerait!*

J'ai établi en principe, en traitant du NOM, pages 44 et 45, que LE s'emploie d'une manière invariable et comme nom, toutes les fois qu'il rappelle un attribut simple ou passif, ou enfin un nom spécifique qui n'est point individualisé par l'article; qu'en conséquence on doit répondre à ces questions : *Êtes-vous mère? êtes-vous mariée? êtes-vous princesse*, etc.? *Je* LE *suis*. Mais lorsque l'article, précédant ces attributs, les personnifie et les fait considérer comme *individus*, il est tout naturel que ces *noms personnifiés* soient reproduits par des *pronoms*. En conséquence, à ces questions : *Êtes-vous* LE *roi?* on répondra : *Je* LE *suis*, de même qu'à cette question : *Êtes-vous* LA *maîtresse du logis?* on répondra : *Je* LA *suis*; car ici, *le* et *la* sont des pronoms puisqu'ils rappellent des noms. *Êtes-vous* LA *mère de cet enfant? Je* LA *suis* ou *je suis* ELLE-*même*. *Sont-ce* LES *grenadiers du roi? Ce* LES *sont ou ce sont* EUX. Toutes les fois donc que l'un des articles *le*, *la*, *les*, est compris dans la question, comme quand nous disons : *Êtes-vous* LA *reine*, *êtes-vous* LA *mariée?* la réponse doit comprendre le même mot comme *pronom* : *je* LA *suis*, c'est-à-dire JE SUIS ELLE; au lieu que si l'on demande sans l'article : *Êtes-vous reine*, *êtes-vous mariée?* on ne peut pas répondre : *je suis* ELLE; mais *je* LE *suis*, c'est-à-dire : *je suis* CELA; *je suis ce que vous pensez*.

Il est cependant des cas où l'*article composé* n'exprime point l'indétermination relativement à la personne à qui l'on parle; car si je dis à une femme de ma connaissance : *Je crois que vous allez bientôt devenir* MA *parente; serez-vous toujours* MON *amie?* elle ne peut pas répondre : *Je* LA *deviendrai*, *je* LA *serai toujours;* mais *je* LE *deviendrai*, *je* LE *serai toujours;* car ici le doute ne porte que sur la qualité *abstraite*, parente et amie. Si une femme vous disait : *Je ne suis plus votre égale*, vous ne lui répondriez pas : *Je veux que tu* LA *sois*, mais *je veux que tu* LE *sois*. Ces différences ne peuvent être bien senties que par un esprit très-exercé à analyser ses pensées.

Les pronoms *lui*, *elle*, *eux*, *elles*, rappelant des *personnes* ou des *choses personnifiées*, sont quelquefois employés comme compléments d'une préposition.

*La fortune se joue des humains; leurs biens et leurs maux dépendent d'*ELLE.

Quoique l'Amour ne soit qu'un enfant, il est quelquefois dangereux de jouer avec LUI.

Mais vous n'emploierez de pronoms simples comme *compléments d'une préposition*, avec des *choses non personnifiées*, qu'autant que vous ne pourrez remplacer la préposition et son complément par l'un des pronoms *complétifs en* et *y*, ou par un des adjoints *dessus*, *dessous*, *dedans*, *auprès*; ainsi vous direz :

Ce cheval est bon,	*j'en* suis content.
Voilà un mauvais pont, je ne	*m'y* fie pas.
Voici une belle table, mais rien	*dessus*.
Voilà une belle bourse, mais rien	*dedans*.
Quel bel arbre! mettons-nous	*dessous*.
Dès qu'on voit le feu, on se met	*auprès*.

Et non :

Je suis content	*de lui*.
Je ne me fie pas	*à lui*.
Mais rien	*sur elle*.
Mais rien	*dans elle*.
Mettons-nous	*sous lui*.
On se met	*près de lui*.

Cependant, vous pourrez dire : *Depuis que ma fille a une poupée, je ne la vois pas un instant* SANS ELLE; *ce torrent entraîne* AVEC LUI *tout ce qu'il ren-*

contre, les plaisirs laissent souvent après EUX *des regrets;* parce que, dans tous ces exemples, vous ne pourriez remplacer la préposition et son complément par un adjoint. On lit dans *Nanine*, comédie de Voltaire :

> Les diamants sont beaux, très-bien choisis,
> Et vous verrez des étoffes nouvelles
> D'un goût charmant... Oh! rien n'approche d'*elles*.

C'est sans doute une faute très-grave, qui blessera toute oreille délicate. Il semble personnifier les étoffes en disant : *Rien n'approche d'*ELLES; mais le besoin de la rime n'autorise point des expressions aussi contraires au génie de la langue; il fallait dire : *Rien n'*EN *approche*.

Quoique les pronoms *je*, *tu*, *nous*, *vous*, *il*, *elle* et leur pluriel n'indiquent par eux-mêmes aucun genre, l'*attribut* qui s'y rapporte se met au *masculin* ou au *féminin*, suivant que c'est un homme ou une femme, plusieurs hommes ou plusieurs femmes qui parlent ou à qui l'on parle; et si ces pronoms ne varient pas pour le *genre*, comme ceux de la troisième personne, c'est que deux individus causant ensemble sont censés se voir, et n'ont pas besoin d'une forme particulière qui désigne leur sexe, au lieu que la troisième personne étant le plus souvent *absente*, on ne peut trop la faire connaître à ceux devant qui l'on en parle. Il faut aussi remarquer que *vous*, quoique pluriel, ne s'adresse le plus souvent qu'à une seule personne, et n'a que la valeur d'un singulier; cependant il commande la forme du verbe au *pluriel* : *Zaïre*, *vous* PLEUREZ! mais l'attribut qui suit le verbe pur se met au *singulier* : *Vous n'*ÊTES *point chrétienne*. De même, un homme revêtu de pouvoirs, un auteur, dira : *Nous sommes étonnés*.

Dans l'interrogation, les pronoms *je*, *tu*, *il*, *nous*, *vous*, *ils*, *elle ou elles* se mettent après le verbe, trait d'union entre deux : *irai-je? Dors-tu? vient-il? sort-elle? restons-nous? partez-vous? où sont-ils? arrivent-elles?* La même chose a lieu avec les formes du mode dispositif : *suivons-le*, *donnez-lui*, etc.

Lorsque la troisième personne d'un verbe au *singulier* finit par un *e* muet, dans l'interrogation, ce verbe et le pronom qui vient après sont séparés par un *t* entre deux traits d'union. Ce *t* n'est absolument là que pour la prononciation, c'est-à-dire pour empêcher l'hyatus. *Mange-t-il?* qu'on prononce *mange til*.

Notre langue n'admettant point deux *syllabes muettes* finales à la suite l'une de l'autre, toutes les fois que la dernière syllabe du verbe qui précède le pronom *je* est muette, l'*e* qui termine cette première personne du verbe prend l'accent *aigu*, et cependant a presque le son de l'*è* ouvert. *Qui désigné-je à votre avis?*

Je crois pouvoir établir en principe que, dans tous les verbes en *ir* et en *re* qui se terminent par *plus d'une consonne*, à la première personne du singulier, *présent indéfini*, *mode absolu*, il faut, lorsqu'il y a interrogation, substituer à cette forme du présent absolu *celle du présent du subjonctif.*

En effet, on sent qu'il serait ridicule de dire : *Pars-je? perds-je? sers-je? prends-je? répands-je? réponds-je? défends-je? rends-je? vends-je? sens-je? tonds-je? romps-je? dors-je? mords-je? tords-je? sors-je? feins-je? crains-je? plains-je? cours-je? meurs-je?*

Je sais que l'usage autorise quelques exceptions, particulièrement pour les verbes en *ir*, quand cette finale est précédée de *n*, puisqu'on dit : *Qu'entends-je? d'où viens-je? que tiens-je?* C'est ainsi que Molière fait dire à Sosie : *Ne* TIENS-JE *pas une lanterne en main?*

Mais dans le vers qui précède : NE SENS-JE *pas bien que je veille?* je crois que cette expression *ne sens-je* ne serait plus admise aujourd'hui, et qu'il faut dire : *Ne senté-je pas*. Ceux qui savent combien est fréquent l'usage de l'ellipse dans notre langue, ne seront point étonnés qu'on ait recours à cette figure pour éviter des expressions aussi rudes, aussi barbares que celles-ci : *Sers-je? rends-je? vends-je? dors-je? cours-je?* Car il est tout naturel, dès qu'on voit employée la forme du mode subjonctif, qui ne peut exprimer qu'une idée *subordonnée*, de supposer l'ellipse d'une proposition dont elle puisse dépendre. D'ailleurs il est constant qu'on dit interrogativement : *Où* COURÉ-JE? *que* PERDÉ-JE *à cela?* Or, si ces expressions sont usitées, je soutiens qu'elles n'ont pu être introduites qu'à la faveur de l'ellipse, comme quand nous disons *dussé-je*, pour *je suppose que* JE DUSSE, *puissé-je*, pour *il est à souhaiter que* JE PUISSE; *fasse le ciel*, pour *souhaitons que le ciel* FASSE, etc.

> *Dussé-je* après dix ans voir mon palais en cendre.
>
> RACINE.

> *Puissé-je* chez les morts avoir, pour mes péchés,
> Deux femmes comme vous sans cesse à mes côtés.
>
> LA FONTAINE

Or, je demanderai pourquoi les autres verbes ne seraient pas ramenés aux mêmes lois et pourquoi nous serions obligés de dire : EST-CE *que je dors?* EST-CE *que je ne rends pas justice?* EST-CE *que je romps mes traités?* EST-CE *que je vends à fausse mesure?* au lieu de dire : DORMÉ-JE? NE RENDÉ-JE *pas justice?* ROMPÉ-JE *mes traités?* VENDÉ-JE *à fausse mesure?* car c'est comme si je disais :

Est-il présumable, croit-on, est-il vraisemblable, est-il possible, y a-t-il apparence, est-il supposable, peut-on dire que JE DORME, *que* JE NE RENDE PAS *justice, que* JE ROMPE *mes traités, que* JE VENDE *à fausse mesure?* etc.

Les pronoms *se*, *soi*, s'emploient également pour les deux genres. *Se* précède *toujours le verbe*, il se dit des personnes et des choses : *Chacun* SE *croit sage. Cette pièce* SE *soutient. Soi* se met toujours après le verbe; il ne s'emploie guère que précédé d'une préposition, si ce n'est quand il renforce le pronom *se* déjà employé avant le verbe, comme dans cet exemple : *Il faut savoir* SE *respecter* SOI - *même*. Il se dit au singulier des choses *abstraites : La vertu porte avec* SOI *sa récompense ;* mais je dis : *La betterave porte son sucre* AVEC ELLE ; *ce torrent entraîne* AVEC LUI *tout ce qu'il rencontre*.

Vous emploierez encore le pronom *soi* au *singulier*, même en parlant de personnes, pourvu que ce soit *dans un sens vague* et *indéterminé* : *Chacun pour* SOI ; *on ne peut se fier qu'*A SOI ; *quiconque n'aime que* SOI *ne doit pas avoir beaucoup de rivaux*. Mais toutes les fois qu'on parle d'un individu *déterminé*, je crois qu'il faut dire *lui* ou *elle*. Ainsi, par exemple, je ne me laisse point entraîner par ce beau vers de Racine, où Phèdre dit à Hippolyte en parlant de Thésée, mais tout occupée de l'image d'Hippolyte :

Charmant, jeune, traînant tous les cœurs après *soi*.

Au reste, il paraît que les écrivains du siècle de Louis XIV n'étaient pas encore fixés sur l'emploi de ces pronoms. Le même auteur fait dire à Oreste, en parlant d'Hermione :

Quels démons! quels serpents traîne-t-elle après *soi!*

Enfin Voltaire fait dire à Zaïre :

Ou mon amour me trompe, ou Zaïre aujourd'hui,
Pour l'élever à *soi* descendrait jusqu'à lui.

et La Fontaine, en parlant de Pyrame, dans *les Filles de Minée* :

Vous-même peignez-vous cet amant hors de *soi.*

IIme. CLASSE.

Pronoms simples conjonctifs.

J'appelle pronoms *simples conjonctifs* les mots *qui*, *que*, *lequel*, *laquelle* et leur pluriel, qui, liant ensemble deux propositions, ou le sujet d'une proposition principale à une proposition incidente, s'emploient ou comme *sujets*, ou comme *objets directs* dans une proposition, ou comme *compléments* d'une *préposition*.

Je vois les personnes QUI *m'aiment*, QUE *j'estime. Celui* QUI *vit ignoré est heureux. Les plaisirs* QU'*on goûte loin du monde sont les plus purs. J'ai connu une sœur de votre père*, LAQUELLE *a divorcé. Voilà un chien de ma chienne*, LEQUEL *n'a que deux ans. L'homme à* QUI *ou* AUQUEL *je me fie. Le terrain sur* LEQUEL *je veux bâtir. Les épreuves aux*QUELLES *on nous soumet.*

On voit que les pronoms conjonctifs *lequel*, *laquelle* et leur pluriel, s'emploient pour empêcher l'équivoque qui pourrait résulter de l'emploi du pronom *qui* après un mot qui n'est que le *déterminant* de celui auquel se rapporte le pronom, ou pour rappeler des objets non personnifiés et considérés comme termes d'un rapport.

Le mot *qui* ne se dit, quand il est précédé

d'une préposition, que des *personnes* ou des *choses personnifiées*. *L'homme sur* QUI *je me repose; la mort* A QUI *tout cède; la fortune* A QUI *je sacrifie.* Mais on ne dirait pas : *C'est une mort sur* QUI *je ne comptais guère; la fortune* A QUI *il a droit de prétendre; la plante* A QUI *je crois le plus de vertu; l'emplacement sur* QUI *je veux bâtir.* Il faut dire : *C'est une mort* SUR LAQUELLE, *la fortune* A LAQUELLE, *la plante* A LAQUELLE, *l'emplacement* SUR LEQUEL, parce qu'ici les mots *mort*, *fortune*, ne sont point personnifiés, et sont pris dans un sens restreint, et qu'enfin nous ne pouvons pas considérer *plante* et *emplacement* comme des choses personnifiées. La Fontaine n'est donc pas correct quand il dit :

> Quel que soit le plaisir que cause la vengeance,
> C'est l'acheter trop cher que l'acheter d'un bien
> Sans *qui* les autres ne sont rien.

et dans un autre endroit :

> Des peines près de *qui* le plaisir des monarques
> Est ennuyeux et fade : on s'oublie, on se plaît
> Toute seule en une forêt.

Delille a fait la même faute dans son poëme de *la Pitié*, où il dit :

> Leurs superbes sommets, ébranlés par le fer,
> Tombent, et de leurs troncs jonchent au loin les routes
> Sur *qui* leurs bras pompeux s'arrondissaient en voûtes.

et dans son poëme *des Trois Règnes* :

> Au-dessus des bassins sur *qui* l'onde bouillonne.

IIIme. CLASSE.

Pronoms composés ou indirects.

Je range dans cette classe les pronoms *me*, *te*, *se*, *lui*, *nous*, *vous*, *leur*, dans le sens de *à moi*, *à toi*, *à soi*, *à lui* ou *à elle*, *à nous*, *à vous*, *à eux* ou *à elles*, puisque ces mots ne remplacent un pronom que comme complément d'une préposition, comme dans ces exemples : *cela* ME *plaît*, *nous* T*e souhaitons bon voyage ; il* SE *prépare* ou *ils* SE *préparent bien des peines ; je* LUI *confie tous mes secrets ; on* NOUS *adresse des vœux ; cela* VOUS *donne de l'inquiétude ; je* LEUR *conseille de transiger.*

Il y a cette différence entre *leur* et *vous*, que le pronom *le*, objet direct, se met avant *leur : je* LE LEUR *ai rendu*, et qu'il se met après *vous : je* VOUS L'*ai dit.*

IVme. CLASSE.

Pronoms composés conjonctifs.

J'appelle *pronoms composés conjonctifs*, des pronoms qui ne rappellent un nom que comme *complément d'une préposition*, et qui, par conséquent sont susceptibles de *décomposition*, comme les mots *dont*, *où* et *que*, employés dans le sens des exemples qui suivent :

Va chercher des amis *dont* l'estime funeste
Honore l'adultère, applaudisse à l'inceste.

THÉSÉE, dans *Phèdre*

Solitaire vallon, *où*, parmi les roseaux,
L'Essone lentement laisse couler ses eaux.

COLARDEAU.

Puis-je embrasser l'erreur *où* ce discours me plonge?

LA FONTAINE.

Elle porta chez lui ses pénates un jour
Qu'il était allé faire à l'Aurore sa cour
Parmi le thym et la rosée.

LA FONTAINE.

C'est-à-dire environ le tems
Que tout aime et *que* tout pullule dans le monde.

LA FONTAINE.

Je ferai remarquer en passant que le pronom composé conjonctif *où* ne peut jamais rappeler un nom de personne ou un pronom qui le rappelle, ni même un nom commun comme complément de la préposition *à*; ainsi, Racine ne pouvait pas dire :

. . . . Il ne reste que moi
Ou l'on découvre encor les vestiges d'un roi.

ALEXANDRE.

. . . . Je vais vous annoncer
Peut être des malheurs *où* vous n'osez penser.

BÉRÉNICE.

Vme. CLASSE.

Pronoms composés complétifs.

Je range dans cette classe les mots *en* et *y* toutes les fois qu'ils rappellent un *nom déjà exprimé*, comme complément d'une préposition, ainsi qu'on peut le voir dans ces exemples :

Quand on a des richesses, on devrait EN *faire un bon usage; découpez cette perdrix et servez* EN, *vous connaissez ma campagne, il faut* Y *venir; je vous prête mon cheval, mais ne vous* Y *fiez pas.*

Je range ces mêmes mots dans la classe de l'adjoint, toutes les fois qu'ils sont le signe d'une idée composée.

DES ATTRIBUTS.

Si nous avons bien observé la génération des idées, il nous paraîtra évident que les objets et les *accidents*, sous lesquels ils se présentent, ont dû faire naître chez tous les peuples les premiers mots de la langue qu'ils se sont créée, c'est-à-dire :

Le nom,	*l'attribut simple,*	*l'attribut actif,*	*l'attribut passif.*
Agneau,	timide,	bêlant,	égorgé.

Nous venons de traiter du signe des *objets;* nous allons actuellement examiner de combien de manière ils peuvent faire impression sur nos sens. Les objets n'affectent nos sens que par leurs *modifications*, qui sont *simples*, *actives* ou *passives*.

J'appelle *modifications simples* celles qui tiennent à un caractère propre, à une conformation naturelle, qui font par conséquent naître une idée de *forme*, de *volume*, d'*étendue*, de *capacité*, de *couleur*, d'*odeur*, de *tendance* à une action, etc.; ces manières d'être peuvent être *permanentes*, comme *grand*, *petit*, *rond*, *long*, *rouge*, *vert*, *bleu*, *suave*, *bon*, *méchant*, *obligeant*, *insinuant*, etc.;

elles peuvent être *momentanées*, comme *malade*, *ivre*, *plein*, *vide*, *heureux*, etc.; il suffit qu'elles peignent un état qui soit considéré *abstraction faite de toute idée de cause productrice*. Je range les signes de ces qualités sous la classe des *attributs simples*.

Si nous voulons exprimer dans les objets leurs manières d'être considérées *activement*, nous dirons, par exemple, *un cheval* MANGEANT, BUVANT, HENNISSANT, CARACOLANT, GALOPANT, NAGEANT, FRÉMISSANT, DORMANT, SOUFFRANT, etc.; tous ces mots forment une seconde classe sous le nom d'*attributs actifs*.

Si nous considérons ce même cheval dans un état qui ne lui soit pas naturel, mais qui au contraire soit le résultat d'une force étrangère qui a agi sur lui, nous dirons : *voilà un cheval* DRESSÉ, DOMPTÉ, SELLÉ, BRIDÉ, CAPARAÇONNÉ, ÉTRILLÉ, PANSÉ, BLESSÉ, SAIGNÉ, etc. Si nous le considérons dans un état résultant de sa propre impulsion, nous dirons : *ce cheval est* COUCHÉ, LEVÉ, etc. Ces mots forment une troisième classe sous le nom d'*attributs passifs*.

J'ai donc adopté cette division de modifications *simples*, *actives*, *passives*, auxquelles j'ai donné pour signes correspondants l'*attribut simple*, *actif*, *passif*, que j'ai cru devoir substituer aux dénominations d'*adjectif*, *verbe actif*, *participe*.

Ces trois signes, je le répète, peignent les divers états sous lesquels seuls les objets puissent faire impression sur nos sens, et l'homme, entouré des merveilles de la nature, dut éprouver le besoin de créer ces premiers éléments pour exprimer ses premières sensations. En effet, ne découvrait-il pas à chaque pas de nouveaux objets et des qualités d'une nature différente ?

Ici, un ruisseau FRAIS, LIMPIDE, TRANSPARENT, TRANQUILLE; *là, un fleuve* RAPIDE, *des rochers* MENAÇANTS, *des gouffres* PROFONDS, *un* VASTE *océan*.

Ici les vents AGITANT *les flots*, COURBANT, BRISANT, DÉRACINANT *les arbres; des volcans* VOMISSANT *des flammes, le feu du ciel* EMBRASANT *des forêts*.

Enfin, *une mer* AGITÉE, *des arbres* COURBÉS, BRISÉS, DÉRACINÉS *par les vents; des forêts* EMBRASÉES, etc.

Mais il nous importe surtout de prouver que les *attributs passifs* nous restent dans toute leur intégrité, comme *éléments purs* et *primitifs*.

Non seulement ces attributs *actifs* et *passifs* ont dû précéder ce que les grammairiens appellent *verbes composés* ou *verbes adjectifs* ou *verbes actifs*, parce qu'en effet ces derniers se composent de ces mots *primitifs* en *ant* et du verbe *être*, considéré comme *lien d'attribut au sujet;* mais ils ont dû même *précéder* le verbe *être*, car il était naturel de peindre les *objets* et leurs *modifications* avant de songer à exprimer les rapports qui les unissent les uns aux autres; ainsi donc les formes composées des verbes, telles que *aimé*, *étudié*, dans *j'*AI AIMÉ, *j'*AI ÉTUDIÉ, ayant remplacé le *signe primi-*

tif des qualités *actives*, et le signe des rapports existant entre les objets et leurs modifications, puisqu'on a fait de *été aimant*, *aimant été*, et enfin *aim..é*, ce qui n'est contesté par personne; il s'ensuit que ces nouvelles formes composées ne doivent exprimer *que l'action* et le rapport de l'action au sujet qui agit, comme toutes les formes des autres modes, et que les *attributs passifs* restent ce qu'ils ont été dès l'origine du langage.

Si donc ces mots *aimé*, *étudié*, *fini*, *chanté*, *lu*, *offert*, *permis*, *craint*, *reçu*, *prescrit*, etc., qui figurent parmi les verbes composés, sont formés de ces mots *primitifs* en *ant*, qui exprimaient essentiellement et uniquement l'*action*, et de ce verbe *être*, comme lien d'attribut au sujet; s'ils sont partie dépendante du verbe, si enfin les *attributs passifs*, comme on ne peut en douter, ont précédé *la combinaison de ces verbes composés*, pourquoi tous nos dictionnaires, sans en excepter celui de l'Académie, ne séparent-ils pas des éléments d'une nature si différente, ou plutôt pourquoi les confondent-ils sous le nom de *participes* dans la conjugaison des verbes (1)? Pourquoi toutes nos

(1) Qu'on ouvre le Dictionnaire de l'Académie, au mot METTRE, on trouvera à la suite immédiate les mots MIS, MISE, désignés comme *participes*, et ensuite le mot MEUBLE, ce qui prouve assez qu'on n'a traité de ces attributs que comme faisant partie *du verbe*, puisqu'ils ne se trouvent point à leur ordre alphabétique. Il en est de même pour tous les attributs passifs.

Par suite de ce principe, l'Académie désigne comme *adjectifs* les mots INCONNU, INDOMPTÉ, INDÉFINI, INDÉTERMINÉ, INSOUMIS, INDIS-

grammaires placent-elles ces mots sous la même dénomination, aux tableaux des conjugaisons, en les présentant sous les deux formes, *active* et *passive*, lorsqu'ils ne doivent figurer que comme *mots composés* d'une forme *primitivement active* en *ant* et du verbe *être*, puisqu'enfin le *verbe composé* ne doit, par son essence, avoir que des formes *actives*? Quelle inconséquence! quelle confusion!

Je dis donc que nous employons les éléments *simples* et *primitifs*, tels que *agité*, *taillé*, *couvert*, *promis*, *dû*, lorsque nous voulons exprimer un *état*, comme dans ces exemples : *la mer est* AGITÉE; *nos arbres sont* TAILLÉS; *le temps est* COUVERT; *chose* PROMISE, *chose* DUE; et que nous employons les mots *composés* pour exprimer une *action*: *on a* AGITÉ, c'est-à-dire ÉTÉ AGITANT *cette question*; *le jardinier a* TAILLÉ, c'est-à-dire ÉTÉ TAILLANT *nos arbres*; *il a* COUVERT, c'est-à-dire ÉTÉ COUVRANT, etc.; car de ce qu'on a donné à ces mots composés la

---

CIPLINÉ, IMPRÉVU, IMPUNI, INCRÉÉ, INESPÉRÉ, INHABITÉ, INVAINCU, INATTENDU, INOUI, etc., parce qu'il n'y a point de verbe *inconnaître*, *indompter*, *indéfinir*, *indiscipliner*, etc. Cependant je me permettrai de condamner cette classification, dont le vice devient, au surplus, favorable à mes principes; car, pour n'avoir pas voulu reconnaître des éléments *purs* et *primitifs*, on se trouve obligé de classer parmi les adjectifs que j'appelle *attributs simples*, des *attributs* qui n'en ont aucunement le caractere (voyez le tableau de classification et de définition des éléments du discours), puisqu'ils n'expriment aucunes qualités inhérentes aux objets, mais qu'ils indiquent seulement un *état négatif* relativement à telle ou telle *action reçue*; car *impuni* ne signifie pas autre chose que *non puni*, et je dis que *puni* et *impuni* expriment un état résultant d'une action *reçue* ou *non reçue*.

même forme que celle des *attributs passifs*, il ne s'ensuit pas que ces mots *participent* de la même nature, puisque les uns *précèdent* toujours le mot ou la proposition sur laquelle se *dirige leur action*, et que les autres *suivent* toujours le mot dont ils indiquent l'*état* comme résultant d'une action.

Il n'est véritablement pas facile de découvrir sur quel fondement on a appelé *participes* les formes *primitives* en *ant* qu'on a conservées *pures* pour exprimer une *idée accessoire* : l'*un d'eux*, S'ENNUYANT *au logis*, *fut assez fou*, etc., et les formes *composées* de ces *attributs primitivement actifs* et du verbe *être*, comme *agité*, employé dans le sens de *été agitant*; cependant je crois que l'opinion qui semble favoriser le plus cette dénomination de *participes*, c'est d'abord, pour *les formes primitivement actives* en *ant*, celle de l'existence prétendue de deux qualités distinctes réunies dans les mots en *ant*, tels qu'*aimant*, *obligeant*, *caressant*, *brûlant*, *liant*, *insinuant*, *confiant*, *étonnant*, *rampant*, *surprenant*, *engageant*, *charmant*, *entreprenant*, *effrayant*, *contrariant*, *conciliant*, *brillant*, *gémissant*, *pénétrant*, *touchant*, *tranchant*, *prévoyant*, *éclatant*, *suffisant*, *dévorant*, *foudroyant*, *allarmant*, *accablant*, *menaçant*, *tremblant*, *séduisant*, etc., qu'on regarde tantôt comme des *attributs actifs*, tantôt comme des *attributs simples*, appelés *adjectifs* par les grammairiens. Mais, pour quelques mots comme ceux-ci qui ont leurs correspondants dans la classe des *attributs simples*, puisqu'on dit *un homme* AIMANT, OBLIGEANT; *une femme* AIMANTE, OBLIGEANTE, etc., fallait-il appliquer à la forme *accessoire* de plus de *quatre mille* verbes la dénomination de *participes* qui *ne peut leur convenir*, puisque leur forme en *ant* ne répond à aucune forme semblable de la nature des *adjectifs*? car *lisant*, *écrivant*, *marchant*, *chassant*, *pêchant*, *labourant*, etc., n'exprimeront jamais autre chose *qu'une action;* et voilà d'abord un *vice radical* qu'on ne peut nier. Je ferai, au surplus, observer que nos auteurs n'ont pas exclus de leurs dictionnaires ces *attributs simples*, comme ils en ont exclus nos *attributs passifs*, qui sont également des mots primitifs

Rien ne peut en effet justifier la dénomination de *participes* dans les mots *aimé*, *lu*, *étudié*, considérés comme *attributs passifs;* car si l'on m'objecte qu'elle est due, dans ce cas, à une *double idée*, c'est-à-dire à l'idée d'*état*, considéré comme résultant d'une *action reçue*, je repondrai que ce n'était pas une raison pour confondre cette espèce de mots avec une autre espèce qui ne désigne que l'*action;* que rien ne pouvait autoriser à exclure de nos dictionnaires et de nos grammaires des *éléments purs* et *primitifs* qui, pour réveiller une double idée, n'en sont pas moins des éléments aussi purs que *redoutable*, *nuisible*, *dangereux*, que les grammairiens ont fort bien rangés dans la classe des *adjectifs*, quoiqu'ils soient bien certainement le signe d'une *idée composée*. En un mot, on a l'air de faire de ces mots des mots amphybies, en les plaçant aux tableaux des conjugaisons sous le nom de *participes*, je veux dire des mots exprimant au besoin, tantôt l'*état*, tantôt l'*action*, tandis que l'essence du verbe composé étant d'exprimer l'*action*, on devait n'y faire figurer ces mots que comme *forme active composée*, que j'appelle *complétive : j'ai* ÉTUDI...É.

Mais j'interroge encore ici tous les grammairiens, et je leur demande si la dénomination de *participes passifs*, ou simplement de *participes*, qu'ils donnent indistinctement à la forme complétive de tous les *verbes*, convient à celle des *verbes intransitifs*, comme *plu*, *marché*, *voyagé*, *éternué*, *bâillé*, *dormi*, *paru*, *vécu*, *brillé*, *bondi*, *résonné*, *retenti*, *tremblé*, *péri*, *chancelé*, *rampé*, *voltigé*, et tant d'autres de même nature! Que répondront-ils? Je les vois encore forcés d'avouer cette imperfection dans le système ancien.

Tout cela est en effet d'une inconséquence si révoltante, que je pourrais me dispenser d'alléguer d'autres motifs à l'appui de mon nouveau système. Combien cependant il doit acquérir de consistance, si l'on veut bien faire attention que cette première faute d'avoir nommé *participes actifs* et *participes passifs* (1), les formes *aimant* et

(1) Quelques grammairiens ont pourtant substitué les dénominations de participes du *présent* et de participes du *passé* à celle de *participes actifs* et de *participes passifs*; mais cette idée s'écarte encore davantage de la saine raison, comme je le ferai voir. Au surplus, ils attachent tou-

aum .é, que j'appelle, dans les verbes, l'une *acces-soire*, et l'autre *complétive*, a conduit les grammairiens à nommer *participe actif* et *participe passif*, ces deux formes du verbe *être*, ÉTANT, ÉTÉ, idée vraiment subversive de tous les principes comme de tout raisonnement, puisque le verbe *être*, que j'appelle verbe *pur*, n'est et ne peut en effet être considéré que comme le *lien* de l'*attribut* au sujet, que comme exprimant la perception d'un rapport d'union entre un sujet et un attribut : *le soleil* EST *chaud*, *le vent* EST *agitant les arbres*, *les arbres* SONT *agités*; ou entre deux termes d'une proposition *identique*, c'est-à-dire entre un individu *déterminé* dans l'espèce et un individu *spécifique* : *la terre* EST *un globe*, *Rome* EST *une ville*, *Voltaire* EST *un poëte*, *le Rhône* EST *un fleuve*.

Je n'ai considéré jusqu'ici les signes des modifications que comme exprimant les différentes manières d'*être* des individus; et quoiqu'il entre dans mon plan de ne traiter de chaque espèce de mots que dans l'ordre de la génération de nos idées, je crois cependant devoir donner ici une notion générale de chacun des signes de modifications que nous avons été forcés de créer pour exprimer toutes nos idées.

---

jours au mot de *participe* l'idée d'un mot qui *participe* de la nature du *verbe composé* et de celle de l'*adjectif*. Voyez la définition donnée par Levizac, rapportée par M. Giraud Duvivier, *Grammaire des Grammaires*, vol. 2, page 667, 4e. édition.

Comme il est impossible à l'homme de connaître chacun des êtres innombrables qui couvrent la surface du globe, comme *animaux*, *végétaux*, *minéraux*, il a bien fallu se contenter de reconnaître des genres, des espèces, des classes, des sortes, etc.; ainsi lorsque nous avons voulu exprimer quelques-unes des modifications appartenant soit à l'espèce, en général, soit à un individu ou à plusieurs individus de l'espèce, nous avons été forcés de créer dans l'ordre métaphysique un mot qui fît considérer, ou toute l'espèce comme individu métaphysique, ou un individu de l'espèce comme déterminé dans notre esprit, soit sous le rapport du *nombre*, soit sous le rapport de la *démonstration*, soit sous le rapport de la *possession* : LE CHEVAL *est un bel animal; voilà* DEUX *chevaux bien assortis;* CE CHEVAL *est boîteux; j'ai vendu* MON *cheval;* car il y a cette différence entre l'*attribut simple* et l'*attribut spécifique* ou *article*, que le premier exprime des qualités *propres* aux objets de nos idées, tandis que le second ne fait que déterminer les objets d'après *quelques considérations particulières de notre esprit.*

Enfin, de même qu'il faut des ombres à un tableau pour en faire ressortir les couleurs, l'homme a eu besoin de nuancer les attributs de toute espèce, parce que les qualités que nous découvrons dans les objets ne s'y montrent pas toujours à un même degré. Il a donc fallu créer un nouveau mot pour modifier les attributs de toute espèce; et ce mot, je le range dans une classe que j'établis pour lui seul sous le nom d'*attribut d'attributs*, parce qu'en effet il modifie les attributs de toute espèce, puisqu'il se compose toujours d'une préposition ayant pour complément le signe d'une *qualité considérée par abstraction*, *avec sagesse*, ou un *nom modifié*, *d'une manière sage*, dont on a fait *sagement*. C'est ainsi, par exemple, que nous disons :

Cette femme est EXTRÊMEMENT SAGE, *on la voit* REMPLISSANT EXACTEMENT *et même* TRÈS-EXACTEMENT *ses devoirs ; quoiqu'*ÉLÉGAMMENT PARÉE, *elle est toujours* MISE MODESTEMENT.

Or, puisque les mots *sage*, *remplissant*, *parée*, *mise*, sont des attributs qui modifient *femme*, et que les mots *extrêmement*, *exactement*, *très*, *élégamment* et *modestement*, nous servent à modifier les mots *sage*, *remplissant*, *parée*, *mise*, j'ai dû les appeler *attributs d'attributs*.

Les grammairiens n'ont traité de ces différents attributs que sous le nom d'*adjectifs* (mots ajoutés), de *participes actifs* ou *passifs*, et d'*adverbes*. Je démontrerai bientôt combien ces dénominations, ou *vagues* ou peu *appropriées* à la nature des choses, ont nui aux progrès de la science, en jetant de la confusion dans les idées. Il ne fallait que remonter à l'origine du langage pour y découvrir les signes *primitifs*, employés à exprimer les différentes manières d'être des objets par rapport à nous.

Tableau analytique de nos sensations.

Nous éprouvons des sensations relativement aux objets dont les différentes modifications bien analysées expriment

UN ÉTAT,

considéré abstraction faite de toute idée de cause productrice ou d'effet produit

dans l'ordre physique	comme accidentel, [illegible] de nos idées	Ce ruisseau	est	limpide, transparent, frais.	
		La rose	est	odorante, rouge, vermeille.	
	fixe.	Cet homme	est	borgne, boiteux, sourd, muet.	
	passager	Cet enfant	est	ivre, malade.	
		Mon verre	est	plein, vide.	
dans l'ordre métaphysique,	comme propre aux objets de nos idées, simple	L'enfant	est	naïve	
		Le tigre	est	cruel,	
		Le lion	est	courageux	
	combiné avec nos besoins, nos facultés, le soin de notre conservation	Cette plante	est	nuisible, utile, salutaire	
		Le bois	est	combustible	
		Ce marais	est	inabordable	
		Cette montagne	est	inaccessible	
		Cette entreprise	est	difficile.	
		Cette chose	est	impossible	
		Ce poste	est	important (1)	
		L'argent	est	nécessaire (2)	
		Les métaux	sont	fusibles	
considéré comme résultant d'une action	intransitive, faite par le sujet	La procession	est	passée	
		Le fleuve	est	débordé	
	transitive, reçue par le sujet	Ma cabane	est	renversée	
		Mon vin	est	bu.	
		Mon champ	est	fertilisé.	
		Mes arbres	sont	déracinés	
		Mes fruits	sont	cueillis	

OU UNE ACTION

INTRANSITIVE	métaphysique, produite par l'effet de la vraisemblance	Cette fille	est	paraissant riche.	(1)
		Cette nouvelle	est	semblant vraie.	
	démontrée par l'expérience	La force d'un peuple	est	résultant de son union.	
		La perte de la santé	est	résultant de l'intempérance.	
	physique, produite par une [illegible] ces objets.	Le tonnerre	est	grondant	(2)
		La neige	est	tombant.	
		La grêle	est		
		La pluie	est		
		Le vent	est	soufflant.	
		La procession	est	passant.	
		Le fleuve	est	débordant	
		Les moutons	sont	allant aux champs.	
		Le ver	est	rampant	
		La terre	est	tournant.	
		L'homme	est	passant de la vie à la mort	
	par le [illegible] de [illegible]	Les forêts	sont	retentissant.	
		Les grottes	sont		
		Les échos	sont		
		Les instruments	sont	résonnant.	
		Les monts	sont	bruissant.	
	par la [illegible] de [illegible]	Le front	est	pâlissant, rougissant	
	par l'effet de quelque cause [illegible]	La terre	est	tremblant.	
		Les animaux	sont	souffrant.	
		Les arbres	sont	végétant.	
		Les plantes	sont	croissant.	
		Les végétaux	sont	mourant.	
	par l'effet d'une [illegible]	La mer	est	mugissant.	
		L'eau	est	bouillant.	
		L'huile	est	écumant.	
		La viande	est	rôtissant.	
TRANSITIVE	Physique	Le soleil	est	dorant les moissons.	
		La foudre	est	frappant ma cabane.	
		Le vent	est	agitant les arbres.	
		La rosée	est	humectant la terre	
	Métaphysique	L'homme	est	désirant le bien.	
			est	craignant le mal	
			est	prévoyant l'avenir.	

(1—2) Quand on a appliqué ces attributs à des idées abstraites, on en a fait des expressions composées qu'on appelle *verbes impersonnels* (A), par cette raison sans doute, qu'ils ne sont point applicables aux personnes, comme *il importe*, *il faut*, qu'on analysera ainsi. IL IMPORTE *d'avoir la paix*. *cela* (avoir la paix) *est important*; IL FAUT *démonter cette batterie*; *cela* ou *cette action* (démonter cette batterie) *est nécessaire*, *indispensable*

(A) M. Lefèbre, dans sa Grammaire de Lhomond, page 71, appelle ces verbes *impersonnels* ou *unipersonnels*. Il y a contradiction; car s'ils sont impersonnels, ils ne peuvent pas s'appliquer aux personnes. Tout le monde sait qu'on emploie cependant la [illegible] personne en parlant des choses [illegible] le verbe de ne peut être appliqué aux personnes [illegible] dénomination

(1) Quand on a appliqué ces attributs à des idées abstraites, on en a fait également des expressions composées, comme : *il paraît*, *il semble*, *il résulte*.

(2) Enfin on a réduit ces expressions primitives à une forme verbale : *il tonne*, *il neige*, *il pleut*, etc.; j'appelle ce verbe *nominal* parce qu'il renferme le nom qui est le sujet de la proposition; car le mot *il*, qui le précède, ne peut être considéré que comme l'article emprunté de l'italien, pour nous montrer que ce verbe se compose principalement d'un nom : *il vent est soufflant*, dont on a fait par ellipse de l'attribut *il vent est*, et ensuite par syncope . . . . IL *vent e*. (Voyez au mot *il*.)

De l'attribut simple.

Comme je crois avoir suffisamment développé tout à l'heure le caractère des attributs de toute espèce, que j'ai également expliqué ce qu'on doit entendre par *genres* et par *nombres*, en traitant du nom que j'ai considéré sous ces deux rapports, je vais maintenant examiner comment l'*attribut simple* s'accorde en *genre* et en *nombre* avec le nom; je parlerai ensuite de quelques bizarreries que l'usage a consacrées, de la suppression de la voyelle finale de l'attribut dans certains cas, de la fausse application qu'on fait quelquefois de l'attribut au mot *air*, de la distinction à faire dans l'accord d'un attribut précédé de *plusieurs noms* à la suite l'un de l'autre, soit avec tous ces noms, soit avec le dernier seulement lorsqu'il y a gradation; enfin, je parlerai de la formation du féminin dans les attributs, des exceptions qui ont lieu dans la terminaison de quelques-uns; j'expliquerai comment nous avons des attributs indéterminés; je dirai un mot du mauvais emploi que font quelques personnes du mot *conséquent*, et je terminerai par la nomenclature de quelques attributs qui, ayant une espèce de ressemblance, pourraient être employés, surtout par les étrangers, dans une fausse acception.

L'*attribut*, de quelque espèce qu'il soit, n'étant rien par lui-même, et ne pouvant exister que par le *nom* qui le soutient, doit nécessairement énoncer les mêmes rapports de *genre* et de *nombre*, et se montrer sous les mêmes formes accessoires. C'est ainsi que nous disons : *berger* JOLI, *bergère* JOLIE, *bergers* JOLIS, *bergères* JOLIES, *chemin* VERT, *allée* VERTE, *chemins* VERTS, *allées* VERTES, etc.

Voici pourtant une bizarrerie bien étrange : l'attribut, de quelque espèce qu'il soit, s'emploie au *masculin* quand *il suit* le mot *gens : les gens* GROSSIERS, INSTRUITS, etc ; et il s'emploie au *féminin* quand il *le précède : les* SOTTES *gens*, *les* VIEILLES *gens*. Il n'y a d'exception que pour le mot *tous*, qui s'emploie au *masculin* précédant le mot *gens* TOUS *les gens de bien*; mais il suit *le genre* des autres *attributs* qui *précèdent* le mot *gens*; ainsi vous direz : TOUTES *les* SOTTES *gens*, TOUTES *les* VIEILLES *gens*.

Ce qu'il y a de plus bizarre encore, c'est que si le mot *gens* ayant déjà imposé le *genre féminin* à l'attribut qui le précède, est rappelé par un *pronom*, ou modifié par un *attribut* quelconque venant après lui, le *pronom* et l'*attribut* se mettront au *masculin*.

Exemples :

TOUTES *les* VIEILLES *gens sont* ENNUYEUX ; *il ne faut pas se familiariser avec les* PETITES *gens*, *parce qu'*ILS *en abusent*; *ce sont les plus* SOTTES *gens que j'aie jamais* VUS.

Plus *telles* gens sont *pleins*, moins *ils* sont importuns.

LA FONTAINE

Telles gens n'ont pas fait la moitié de leur course,
Qu'*ils* sont au bout de leurs écus.

LA FONTAINE.

A ces exceptions près, les noms et les attributs doivent se présenter sous les mêmes rapports, relativement au *genre* et au *nombre*. Il est vrai pourtant que quelques attributs ont conservé jusqu'à présent une terminaison féminine, employés avec des *noms* du genre *masculin*, contre toute espèce de raison ; car on dit et l'on écrit : *un corps* IGNÉE, *les animaux* CÉTACÉES (de la nature de la baleine), TESTACÉES (de la nature de la tortue ou de l'huître), CRUSTACÉES (de la nature de l'écrevisse ou du homard). Il y a longtemps que je me suis prononcé contre cette manière d'écrire, et que j'ai prévu un retour prochain aux vrais principes. Un savant distingué, M. Cuvier, dont le style est aussi pur que brillant, a cependant osé s'affranchir de la bizarrerie de l'usage, et je ne balance pas à l'imiter, persuadé qu'on doit ramener tous ces mots aux règles générales du langage, et que tous les savants, tous les littérateurs, se décideront à écrire *corps* IGNÉ, *animaux* CÉTACÉS, etc., comme on écrit enfin : *mouvement* SPONTANÉ, SIMULTANÉ, qu'on écrivait, il y a peu de temps, et sans doute par raison d'étymologie : SPONTANÉE, SIMULTANÉE. Des exceptions de cette nature choquent le bon sens en heurtant les principes, et ne font que multiplier les difficultés sans nécessité.

Il est quelques attributs qui, avant certains noms du *genre féminin*, semblent perdre leur *terminaison féminine*, puisqu'on prononce *grand'mère*, *grand'tante*, *grand'messe*, *grand'pitié*, *grand'peur*, mais c'est seulement pour l'*euphonie*, car on voit que, dans l'écriture, ils ne le perdent pas entièrement, puisque le retranchement de l'*e* se marque par l'apostrophe. Il en est enfin qui éprouvent quelques changements, suivant que le nom qu'ils *précèdent* commence par une *voyelle* ou un *h* non aspiré : *un* BEL *arbre*, *un* BEL *homme*, *un* BEL *ouvrage*, *un* NOUVEL *incident;* ou suivant qu'il commence par une consonne ou un *h* aspiré; car on dit : *voilà un* BEAU *cheval*, *un* BEAU *harnais*, *un* NOUVEAU *projet*, *un* incident *nouveau*. Il est aisé de voir qu'on n'écrit ainsi *bel* et *nouvel* que pour éviter l'hyatus qui aurait lieu si l'on disait : *un* BEAU *arbre*, *un* BEAU *ornement*, *un* BEAU *ouvrage*, *un* NOUVEAU *auteur*, etc.

Voici une question que j'entends agiter depuis bien longtemps, et que beaucoup de personnes sensées me paraissent n'avoir pas parfaitement saisie. Faut-il dire : *Cette femme a l'*AIR SÉDUISANT, IMPOSANT, *ou l'*AIR SÉDUISANTE, IMPOSANTE? Je crois que la question est mal posée, qu'il s'agit tout simplement d'examiner si l'on peut toujours appliquer l'*attribut* au mot *air*, ou si, le plus souvent, cet attribut n'est pas employé avec *ellipse* du *verbe pur*, ou d'un *nom* que modifie l'attribut et qui est le *complément ellipsé* du mot *air*. Sans toute on peut dire : *Cette femme a l'*AIR SÉDUISANT, IMPOSANT, GRACIEUX, DÉDAIGNEUX, lorsque ces attributs caractérisent véritablement son *air*, son *extérieur*, sa *physionomie*. Mais dirait-on : *Cette femme a l'air* INSTRUIT, DISCRET, PRUDENT, FOU, PEUREUX, JALOUX, INCONSTANT, EXIGEANT, ATTACHÉ *à ses devoirs*, GROS? enfin, dirait-on : *Ces poires n'ont pas l'*AIR CUIT? Bien certainement, ceux-là même qui font cette question, diraient : *Cette femme a l'air* INSTRUITE, DISCRÈTE, PRUDENTE, FOLLE, PEUREUSE, JALOUSE, INCONSTANTE, EXIGEANTE, ATTACHÉE *à ses devoirs*, GROSSE, ENCEINTE; *ces poires ont l'air* CUITES, etc. Ils ont donc un sentiment de la règle qu'il faut suivre; et s'ils paraissent embarrassés de porter un jugement, c'est pour n'avoir saisi la question que superficiellement, et pour n'avoir pas cherché à l'approfondir; car, en y réfléchissant, on voit que dans ces propositions : *cette femme a l'air* ENCEINTE, l'attribut qui est au féminin ne peut modifier *air* qui est du *masculin*, ce qui nous conduit à reconnaître l'ellipse; car c'est comme si l'on disait : *Cette femme a l'air d'*ÊTRE *enceinte*, ou *cette femme a l'air d'une* FEMME ENCEINTE, de même qu'on dit : *Cette campagne a l'air* DÉSERTE; *cette ville a l'air* COMMERÇANTE, et non pas *désert*, *commerçant*; car ici, *a l'air* présente le même sens que *paraît* : *Cette campagne* PARAÎT DÉSERTE, *cette ville* PARAÎT COMMERÇANTE; et avec l'une comme avec l'autre expression, la construction n'est pas pleine, et ces sortes de propositions ne se prêteraient pas à l'analyse, si l'on ne reproduisait le verbe *être* ellipsé : *Cette ville paraît — elle* ÊTRE *commerçante.*

Je crois fortement que cela n'eût jamais fait une question si l'on eût considéré que, dans ces façons de parler, l'attribut est rarement de nature à caractériser l'*air*, l'*extérieur*; et que, le plus souvent, on est forcé d'employer au *féminin* l'attribut qui le suit, parce qu'il modifie un nom ellipsé : *elle a l'air d'une* FEMME INSTRUITE, ou plutôt qu'il y a ellipse du verbe *être* : *elle a l'air de* ou *elle paraît* ÊTRE INSTRUITE.

On ne fera donc jamais de méprise en employant l'attribut au *féminin*, même lorsqu'il est de nature à modifier le mot *air*, ce qui, comme je viens de le dire, n'arrive que fort rarement, et ce qu'il n'est pas toujours très-aisé de distinguer.

Il arrive souvent que, pour mieux exprimer son idée, on emploie à la suite l'un de l'autre plusieurs noms à peu près synonimes, et dont l'un sert à interpréter le sens de l'autre : alors ils s'écrivent sans conjonction, et l'attribut qui les suit prend le nombre et le genre du *dernier nom*; ainsi l'on dira : *Il est mort avec un courage, une fermeté* ÉTONNANTE. De même, lorsqu'il y gradation, c'est encore le dernier nom qui commande le *genre* et le *nombre* des attributs qui suivent, exemples : *L'ambition qui le dévore est sur le point de lui faire commettre un crime; mais le devoir, la nature*, L'HONNEUR *est plus* FORT.

Pensez-vous qu'approuvant vos desseins odieux,
Je vous laisse immoler votre fille à mes yeux;
Que ma foi, mon amour, mon honneur y *consente!*

ACHILLE, dans l'*Iphigénie* de RACINE.

Quelles sauvages mœurs, quelle haine endurcie
Pourrait, en vous voyant, n'être point *adoucie!*

HIPPOLYTE, dans *Phèdre*.

Quelquefois même, l'attribut, employé après des noms d'objets inanimés et de genre différent, *unis par la conjonction*, ne modifie que le dernier, parce qu'il y a ellipse du même attribut rapporté à chacun des noms, exemples : *Le criminel a fait amende honorable pieds et* TÊTE NUE, *pieds et* MAINS LIÉES, *je veux mettre habit et* VESTE NOIRE. C'est comme si l'on disait : *pieds* NUS *et* TÊTE NUE, *pieds* LIÉS *et* MAINS LIÉES, *habit* NOIR *et* VESTE NOIRE.

Quand un attribut est placé après un nom suivi de son *complément*, il faut bien prendre garde de le faire accorder avec celui des deux qu'il modifie, pour éviter un contresens; ainsi vous direz : *Après six mois de l'année* EMPLOYÉS *à l'étude; après* DEUX JOURS *de la semaine* PASSÉS *en plaisirs; après trois heures du jour* PASSÉES *à la promenade;* car ce n'est pas au complément *année*, *semaine* ni *jour*, que se rapporte l'attribut.

Un *e* muet, ajouté aux attributs, forme presque toujours leur terminaison *féminine :* prudent, *prudente;* joli, *jolie;* gai, *gaie;* fort, *forte;* à moins que la terminaison masculine ne soit un *e* muet, comme dans *sage*, *facile*, *tendre*, *fade*, *insipide*, attendu que cette terminaison est la même pour les deux genres.

Il faut excepter de cette règle quelques attributs terminés par l'une des consonnes *l*, *n*, *s*, *t* qui redoublent la consonne finale avant de prendre l'*e* muet, comme gentil, *gentille*; bon, *bonne*. fripon, *friponne*; Besson, *Bessonne*; Breton, *Bretonne*; mignon, *mignonne*; musicien, *musicienne*. Alsacien, *Alsacienne*; Autrichien, *Autrichienne*, Prussien, *Prussienne*; bas, *basse*; gras, *grasse*, gros, *grosse*; muet, *muette*; sot, *sotte*.

Les attributs dont la terminaison masculine est *eux*, se terminent au féminin en *euse* : heureux, *heureuse*; pieux, *pieuse*, etc.

Voici les changements qu'éprouvent quelques attributs dans leurs terminaisons : beau fait *belle*, franc, *franche*; dissous, *dissoute*; malin, *maligne*, doux, *douce*; fou, *folle*; jaloux, *jalouse*; caduc, *caduque*; public, *publique*; tiers, *tierce*; sec, *sèche*; exclus, *exclue*; nouveau, *nouvelle*; blanc, *blanche*; absous, *absoute*; bénin, *bénigne*; roux, *rousse*; mou, *molle*; faux, *fausse*; Grec, *Grecque*; long, *longue*; frais, *fraîche*; favori, *favorite*; béni, *bénie*; (eau) *bénite*.

Les attributs qui, au masculin, sont terminés par *f*, changent *f* en *v* avant de prendre l'*e* muet, comme vif, *vive*; naif, *naive*; actif, *active*; bref, *brève*; brief, *briève*; craintif, *craintive*; oisif, *oisive*; neuf, *neuve*; veuf, *veuve*; décisif, *décisive*. abusif. *abusive*.

Les attributs en *eur* peuvent être terminés, au féminin, de quatre manières :

1° en EURE...	Inférieur........	*Inférieure.*
	Supérieur........	*Supérieure.*
	Meilleur........	*Meilleure.*
2° en EUSE...	Parleur.........	*Parleuse.*
	Danseur........	*Danseuse.*
	Chasseur........	*Chasseuse*, en poésie *chasseresse*
3° en ICE....	Lecteur........	*Lectrice.*
	Débiteur........	*Débitrice*
	Acteur........	*Actrice.*
	Bienfaiteur......	*Bienfaitrice.*
	Protecteur......	*Protectrice.*
4° en ESSE...	Vengeur........	*Vengeresse.*
	Demandeur......	*Demanderesse* } en t. de Palais.
	Defendeur......	*Défenderesse* } en t. de Palais.

Les mots *contrefacteur*, *amateur*, *auteur*, n'ont point de terminaison féminine, en sorte qu'on dit d'une femme qui a fait quelque ouvrage, ou qui a du goût pour les arts : *une femme* AUTEUR, AMATEUR, comme on dit *une femme* PEINTRE, *une femme* POETE.

Je dois prévenir aussi qu'on écrit FEU *la reine*, et *la* FEUE *reine*.

Le pluriel, dans les attributs, se forme du singulier, plus *s*.

Les attributs en *ou* font *oux*, excepté *sous*, *fous*, *mous*; *bleu* qui est le seul en *eu*, fait *eus*.

Les attributs qui se terminent au singulier par *s* ou *x* ne changent point au pluriel. *Naval*, *fatal*, *frugal*, *glacial*, *idéal*, *littéral*, *machinal*, *sen-*

timental, *théâtral* et *vénal*, sont *sans pluriel masculin*.

Nous n'avons considéré jusqu'ici l'attribut que dans un sens déterminé ; cependant, de même qu'il nous arrive fort souvent d'ignorer la *cause* ou le *principe* d'une action, il nous arrive fréquemment d'en ignorer les résultats. Dans cette incertitude où nous flottons sans cesse, nous avons dû nécessairement créer dans la classe des attributs, comme dans la classe du nom et de l'adjoint à la proposition, des signes qui n'exprimassent que cette incertitude. Ces mots sont pour l'*attribut simple*, QUEL, QUELLE, QUELQUE.

Pourquoi l'assassiner ? Qu'a-t-il fait ? A *quel* titre ?

RACINE.

Quel est ton nom, ton rang, *quels* climats t'ont vu naître ?

CRÉBILLON.

Quelle est sa destinée ?

Quelques (1) bonnes qualités qu'ils aient d'ailleurs, etc.

---

(1) M. Letellier, dans ses notes sur la grammaire de Lhomond, page 127, prétend que le mot *quelque* est invariable lorsqu'il précède un *adjectif* suivi immédiatement de son *substantif pluriel*; que conséquemment on doit écrire. *On estime peu les égoïstes* QUELQUE *bonnes qualités qu'ils aient d'ailleurs* : QUELQUE *belles choses que vous disiez* : QUELQUE *grands torts qu'on leur attribue*, etc. ; mais que si le nom *partage seul* QUELQUE *et* QUE, alors *quelque* est *variable*. QUELQUES *richesses que vous ayez*. Il s'appuie de l'opinion de Wailly, Marmontel, et Sicard. Quelque estimables que soient les ouvrages de M. Letellier et les auteurs dont il s'appuie, j'avoue qu'ils ne sauraient être une autorité pour moi dans cette circonstance, et nos principes me paraîtraient bien mal étayés s'ils étaient susceptibles de pareilles exceptions.

On fait quelquefois, dans la société, un mauvais emploi du mot *conséquent*, qui ne doit être employé que dans le sens inverse d'*inconséquent*. Comment se fait-il qu'on l'emploie dans le sens de *considérable*, *important*, *majeur*, *nombreux*, plutôt que de choisir parmi ces expressions, qui sont les seules dont on doive faire usage? *Un auteur doit être* CONSÉQUENT *dans ses principes :* ainsi, par exemple, un grammairien qui aurait défini le pronom *un mot mis à la place du nom pour en éviter la répétition*, ne serait pas *conséquent* dans ses principes, s'il disait que *mon* est un *pronom* dans *mon chapeau; on a une charge* IMPORTANTE, *une fortune* CONSIDÉRABLE, *une affaire* MAJEURE, *une famille* NOMBREUSE. *On donne un avis*, *on garde un secret* IMPORTANT; *on a une maison* CONSIDÉRABLE. A la vérité, l'usage est si bizarre, qu'il a bien pu donner lieu à commettre cette faute, puisque le dictionnaire de l'Académie admet cette façon de parler : *un homme de* CONSÉQUENCE, *une charge de* CONSÉQUENCE.

Il faut également bien prendre garde de confondre certains attributs qui ont un air de ressemblance, et qui ont une signification différente.

Si ces Messieurs avaient pris la peine d'analyser, ils auraient vu que partout où *quelque* est ce qu'ils appellent *adverbe*, le *que* qui suit est l'*adverbe corrélatif* du mot *quelque*, tandis que dans tous ces exemples où *quelque* est un véritable *attribut indéterminé*, dans le sens de *quelconque*, le *que* qui suit est incontestablement un *pronom conjonctif*. Je soutiens donc qu'il faut dire : QUELQUES QUALITÉS et QUELQUES BONNES QUALITÉS *qu'ils aient d'ailleurs*, au lieu qu'il faut dire : QUELQUE *bonnes* QUE *soient leurs qualités*.

CATARAL,	exprime la cause : *humeur, fièvre* CATARALE.	CATARREUX,	exprime la disposition ou l'état habituel
CONSOMMÉ,	achevé, accompli : *le crime, le sacrifice est* CONSOMMÉ, *c'est une affaire* CONSOMMÉE.	CONSUMÉ,	ne s'emploie qu'avec l'idée de destruction : *cet édifice a été* CONSUMÉ *par le feu.*
CONTINU,	qui n'a pas d'interruption : *basse* CONTINUE, *fièvre* CONTINUE.	CONTINUEL,	qui a une durée mêlée d'intervalles : *pluies* CONTINUELLES, *plaintes* CONTINUELLES.
INADMISSIBLE,	qui ne peut être admis	INAMISSIBLE,	terme de théologie : qui ne peut se perdre
MATINAL,	qui s'est levé matin. En poésie, *aube* MATINALE, *fraîcheur* MATINALE.	MATINEUX,	qui est dans l'habitude de se lever matin.
MONACAL,	qui tient du moine : *ton, chant* MONACAL.	MONASTIQUE,	qui tient du monastère : *habit, vie, discipline, vœux* MONASTIQUES.
NERVAIL,	qui attaque les nerfs : *fièvre, toux, maladie* NERVALE.	NERVEUX,	fort, qui appartient aux nerfs : *genre, fluide* NERVEUX.
NUMÉRAL,	qui marque le nombre : *article* NUMÉRAL.	NUMÉRIQUE,	qui appartient aux nombres : *système* NUMÉRIQUE.
OISIF,	sans occupation suivie ou momentanée.	OISEUX,	*vie* OISEUSE, *goût* OISEUX, *occupation* OISEUSE.
PLUVIALES,	provenant des pluies : *eaux* PLUVIALES.	PLUVIEUX,	abondant en pluie.
ROMANESQUE,	*esprit, style, tournure* ROMANESQUE.	ROMANTIQUE,	*un site, une vallée, un coteau, un paysage* ROMANTIQUE.
STOMACAL,	qui fortifie l'estomac. *Stomachique* s'emploie aussi dans ce sens.	STOMACHIQUE,	terme d'anatomie, qui appartient à l'estomac, *veines* STOMACHIQUES.
SULFUREUX,	plein de souffre	SULFURIQUE,	obtenu par la combinaison du souffre avec d'autres bases.
VENIMEUX,	se dit des animaux	VÉNÉNEUX,	ne se dit que des végétaux : *sucs* VÉNÉNEUX.

DE L'ATTRIBUT ACTIF.

Je ne considère ici l'*attribut actif* que comme forme *primitive simple*, qui, lors de la formation du langage, dut s'employer seule ou avec le verbe *être* pour exprimer l'*action* : *Paul* PRENANT *ou* ÊTRE PRENANT *oiseaux*; *moi* PÊCHANT *ou* ÊTRE PÊCHANT *petits poissons*. Car il est probable que pour exprimer le rapport de l'action à un temps *présent*, *passé* ou *futur*, ce langage naissant des sons articulés était accompagné de quelques-uns des signes du langage d'*action* que nous voyons, dans la langue des sourds-muets, exprimer parfaitement ces trois grandes périodes, par un simple mouvement de la main qu'on laisse tomber d'*àplomb*, que l'on rejette *en arrière*, ou que l'on porte *en avant*.

J'ai dit, en traitant des différents attributs, qu'on avait conservé cette forme simple et primitive dans notre système des conjugaisons pour exprimer l'action incidemment. Je vais développer davantage ma pensée.

On emploie le plus souvent cette forme simple comme *elliptique conjonctive*, soit lorsque, modifiant *incidemment le sujet* d'une proposition principale, elle exprime l'action comme *cause*, ou comme *motif*, ou comme *moyen* de l'action principale.

Exemples :

Comme CAUSE :

Ce guerrier, *sacrifiant* trop à l'ambition, a *précipité sa chute*.

Comme MOTIF :

Achille était absent, et son père Pélée,
D'un voisin ennemi *redoutant* les efforts,
L'avait, tu t'en souviens, *rappelé* de ces bords.

Agamemnon.

Comme MOYEN :

Profitant des ténèbres de la nuit, un parti ennemi *pénétra* jusque dans le camp.

Soit lorsqu'elle modifie l'*objet direct* de l'action principale :

Je leur peins. . . . . . .
Le fils tout dégouttant du meurtre de son père,
Et, sa tête à la main, *demandant* son salaire.

Cinna.

Figure-toi Pyrrhus, les yeux étincelants,
Entrant à la lueur de nos palais brûlants,
Sur tous mes frères morts se *faisant* un passage,
Et, de sang tout couvert, *échauffant* le carnage.

Andromaque

J'ai dit que je suivrais l'ordre de la génération de nos idées ; ainsi, il me semble que ce n'est pas ici le lieu d'examiner comment cette forme primitive a été combinée avec celles du verbe *être*, que j'appelle *verbe pur*, pour établir un système régulier de conjugaisons, puisqu'il faudrait que nous eussions déjà parlé de ce verbe pur. Je n'en traiterai qu'à son rang, et vais passer de suite à l'examen des *attributs passifs*, appelés par les grammairiens *participes passifs*.

DE L'ATTRIBUT PASSIF.

L'attribut *passif* est, comme je l'ai fait observer en traitant des signes des modifications de toute espèce, un élément *pur* et *primitif* de la parole. Il exprime un *état* qui, n'étant pas naturel aux objets, n'est produit que par une force physique ou morale qui agit accidentellement sur eux.

Exemples :

Le ciel est OBSCURCI *par des nuages, il est* SILLONNÉ *par la foudre; la mer est violemment* AGITÉE, *les flots sont* SOULEVÉS, *le vaisseau* DÉMÂTÉ *est* JETÉ *contre les rochers; il est* BRISÉ, FRACASSÉ, etc. *Un cerf est* BLESSÉ *par des chasseurs*, POURSUIVI, HARCELÉ, FORCÉ *par la meute*, etc. *Un cheval est* PRIS, DOMPTÉ, DRESSÉ *par l'homme; un oiseau est* ATTEINT *d'une flèche*, BLESSÉ *à mort; enfin, nous sommes* CORRIGÉS *par l'expérience*, INSTRUITS *par le malheur.*

Un *état passif* peut encore être produit, dans certains objets, par une *impulsion qui leur est propre*, c'est-à-dire qu'il procède d'une *action intransitive* (1) faite par ces objets eux-mêmes : *l'au-*

---

(1) Les verbes *intransitifs* expriment une action qui reste *concentrée* dans le sujet qui la produit, et qui ne *passe jamais hors de lui* : J'ÉTERNUE, JE BÂILLE, JE DORS. Rien n'est *éternué, bâillé, dormi*.

Il en est pourtant quelques-uns qui admettent, dans le sujet même qui a produit l'action, *un état* qui est censé résultant de cette action : *L'armée* A PASSÉ ICI, *elle* EST PASSÉE, *la pluie* A TOMBÉ, *elle* EST TOMBÉE, *bépine est* FLEURIE; *les fleuves sont* SORTIS *de leur lit, ils sont* DÉBORDÉS; *l'orage est* PASSÉ; *les hirondelles sont* ARRIVÉES; *elles sont* PARTIES; *un animal est* LEVÉ *ou* COUCHÉ, etc.

Le caractère de l'*attribut passif* est donc bien déterminé, et il n'y aurait jamais la moindre difficulté à le reconnaître, si on l'employait toujours avec le verbe *être*; mais il nous arrive souvent de l'employer avec le verbe *avoir*, et de là vient qu'on le confond souvent avec la forme *active composée et invariable* de tous les verbes, qui

---

la Loire A DÉBORDÉ, *elle* EST DÉBORDÉE, *l'aubépine* A FLEURI, *elle* EST FLEURIE. Les uns n'empruntent donc que le verbe *avoir* avant la forme *complétive*, parce que dans *éternué*, *bâillé*, *dormi*, *couru*, *séjourné*, *demeuré* (dans le sens d'*habiter*), on ne peut considerer qu'une *action* d'où il ne resulte *aucun état*; mais on dira dans le sens *actif* ou *passif* : *il a*, *il est* DISPARU, ÉCHOUÉ, CESSÉ, CRU, GRANDI, EMBELLI, RAJEUNI, VIEILLI, ÉCHAPPÉ, APPARU, MONTÉ, DESCENDU, CUIT, etc.

Au contraire les verbes *aller*, *arriver*, *décéder*, *naître*, *éclore*, *mourir*, *accourir*, *arriver*, *entrer*, ne prennent que le verbe *être* avant la forme complétive, quoiqu'exprimant une action, ce qui est une des bizarreries de notre langue.

Plusieurs autres attributs s'emploient bien encore avec *avoir* ou *être*, mais il faut bien remarquer que c'est dans une acception toute différente. On dit : *Il nous* A CONVENU *de faire telle chose*, *il nous* EST CONVENU *de ses torts*. On dit aussi, dans le sens de *traverser*, d'*atteindre au-delà*, de *couler* : *Il* A PASSÉ *la rivière*, *il* A PASSÉ *le but*, *il* A PASSÉ *soixante ans*; *il* A PASSÉ *une vie agréable*. On dit encore *Je lui* AI PASSÉ *le pain*, dans le sens de *transmettre*, de même qu'on dit : *Il* EST DEMEURÉ, dans le sens de *il est resté*, *il* EST DEMEURÉ *interdit*.

L'action *transitive*, au contraire, occasionne toujours un *état accidentel* dans l'objet sur lequel elle est dirigée. *Le vent* DISPERSE *les nuages*, *les nuages sont* DISPERSÉS, etc.

s'emploie avec le verbe *avoir*, d'autant qu'on l'a faite absolument semblable à la forme la plus simple des *attributs passifs*. Car nous disons : J'AI CUEILLI *un fruit* ou J'AI CUEILLI *des fruits qui n'étaient pas mûrs*. *Le fruit que* J'AI CUEILLI, ou *les fruits que* J'AI CUEILLIS, *n'étaient pas mûrs*; or, *cueilli* est deux fois *attribut actif* dans le même exemple, et deux fois *attribut passif* dans le second; et ce n'est que par le raisonnement qu'on parviendra à faire sûrement cette distinction. Quand je dis : J'AI CUEILLI *des fruits qui n'étaient pas mûrs*, il est clair d'abord que l'*idée principale* porte uniquement sur la première proposition : J'AI CUEILLI *des fruits*. Il n'est pas moins évident qu'ici *cueilli* ne peut exprimer qu'une *action*, car on ne peut exprimer *l'état* d'une chose, qu'autant qu'on l'a déjà fait connaître, c'est-à-dire, qu'autant qu'elle est déjà *énoncée* directement ou indirectement ; or, *fruits* ne vient qu'après *cueilli*; donc, cet attribut ne peut être autre chose qu'un *attribut actif* remplaçant ces éléments primitifs *été cueillant*.

Mais lorsque je dis : LE FRUIT *ou* LES FRUITS *que* J'AI CUEILLIS, *n'étaient pas mûrs*, ma principale idée n'est pas de vous apprendre que J'AI CUEILLI *les fruits*, c'est une action dont on ne garde le souvenir que relativement à l'*état* qu'elle a produit; j'ai principalement en vue de faire connaître qu'*ils n'étaient pas mûrs*. *Que j'ai cueillis*, n'exprime qu'une *idée accessoire*; c'est seulement une *proposition incidente* qui sert à *déterminer* le sujet de la proposition principale, *les fruits*. Or, cette proposition incidente n'exprime véritablement qu'une idée d'*état*, résultant d'une action faite *antérieurement;* c'est comme si je disais : *cueillis par moi* Cela s'explique par une figure de rhétorique appelée *métonymie :* la pensée, plus rapide que l'expression, embrasse à la fois et l'*action dirigée sur l'objet*, et l'*état résultant* de cette action dans l'objet qui en est affecté. Mais il faut surtout s'arrêter à cette observation, que, dans la proposition incidente, *que j'ai cueillis*, l'attribut n'est pas suivi du signe de l'objet auquel il se rapporte; que, conséquemment, ce ne peut être un *attribut actif*, mais bien un *attribut passif;* car il est précédé du pronom conjonctif *que*, qui rappelle *les fruits*, et auquel nous voulons l'appliquer. Vous ferez donc ainsi l'analyse de cette proposition logique, qui en contient deux grammaticales :

Les fruits (J'AI LESQUELS FRUITS CUEILLIS) *n'étaient pas mûrs;* car *lesquels fruits* est la traduction de *que*.

On aura occasion de remarquer que c'est presque toujours dans une proposition incidente que nous substituons ainsi l'idée d'*état* à l'idée d'*action;* cependant, cela n'arrive pas toujours, car nous disons : QUELLE CHALEUR *nous avons* ÉPROUVÉE! QUELS TALENTS *il a* DÉVELOPPÉS! QUELLE GLOIRE *il a* ACQUISE! C'est ainsi que Racine a dit, dans *Britannicus*.

. . . . *Quels regards furieux*
Néron, en me quittant, m'a *laissés* pour adieux!

Une femme dira : *Les nouvelles que j'ai reçues m'ont* AFFLIGÉE. Enfin, à cette question : *Avez-vous* VU *la nouvelle actrice?* vous répondrez : *Je l'ai* VUE. Il faut donc s'attacher principalement à cette observation, qui ne trompe jamais : c'est que toutes les fois qu'un attribut est énoncé *avant* l'objet auquel il s'applique, il est *actif*; et que toutes les fois qu'il n'est énoncé qu'*après*, il est *passif*.

La même chose a lieu, 1°. toutes les fois que le sujet qui agit est lui-même l'*objet indirect* d'un attribut *actif*, précédé ou suivi d'un objet *direct* d'action, comme dans ces exemples : *Elle ne sait pas les peines* QU'*elle s'est* PRÉPARÉES. *Elle s'est* CHOISI *des maîtres*. Car l'analyse est : *elle est* AYANT LESQUELLES PRÉPARÉES A ELLE, *elle est* AYANT CHOISI *des maîtres* A ELLE.

2°. Toutes les fois que le sujet qui agit n'est que l'*objet direct* d'une seconde proposition considérée *logiquement* comme *objet d'action* de la première; exemple : *Quatre mille hommes se sont* LAISSÉ *prendre dans cette bataille*.

C'est donc encore comme si nous disons : QUATRE MILLE HOMMES *sont* AYANT *laissé l'*ENNEMI *prendre eux*, etc.; car, en ne reproduisant par ce mot *ayant* ellipsé, que signifieraient ces propositions *elle est lesquelles préparées à elle? elle est choisi des maîtres à elle? quatre mille hommes sont laissé prendre eux dans cette bataille?*

Mais on conçoit que, dans ces différents cas,

où le *nom* et le *pronom* qui précèdent le verbe *avoir*, deviennent, avec l'attribut passif, l'*objet direct d'action* du verbe, il ne faut pas attacher à ce verbe une idée de *possession matérielle*, mais de possession considérée *métaphysiquement* et *relativement à l'état produit*; car quand je dis : *j'adorais la fille ou l'épouse que* J'AI *perdue*, *j'ai* n'exprime pas la *possession matérielle*, puisque cet objet si cher m'a été enlevé.

3°. Enfin, il faut bien remarquer que l'objet *direct* de nos actions n'est pas toujours simplement *le signe d'un objet physique* ou *métaphysique*, mais souvent le *signe* d'une idée exprimée par *une proposition entière* qui n'est que le *complément d'une autre*, ON *les a laissé égorger*, ou avec laquelle elle exprime une idée *accessoire*, et dont l'*objet direct* est énoncé *immédiatement après* le sujet de la proposition principale, comme dans l'exemple qui va suivre; car ce qui rend l'application du principe difficile, c'est la difficulté de l'analyse, ou plutôt l'insouciance que nous y apportons. Je vais la développer dans la proposition suivante qui en contient trois grammaticales :

Cette maison, QUE *j'ai vu* BÂTIR, *est menacée d'une prompte ruine*.

Pour connaître si *vu* est réellement un attribut *actif*, il s'agit, d'après ce que je viens de dire, de savoir *où est l'objet direct* de *vu* et de *bâtir*. Or je me fais cette question : qu'ai-je vu? *j'ai vu bâtir*; —

quoi? *laquelle maison* rappelée par le pronom conjonctif *que*, qui suit immédiatement le sujet de la proposition principale. L'analyse me donne donc *trois propositions :* l'une *principale*, la seconde *accessoire*, la troisième *complétive*.

La maison (J'AI VU *les ouvriers bâtir laquelle*) *est menacée d'une prompte ruine;* LA MAISON *est* MENACÉE *d'une prompte ruine*, voilà *la proposition principale;* les deux autres ne sont que l'expression d'une idée *accessoire*, et ne servent qu'à déterminer le sujet de la proposition principale.

On voit que le pronom conjonctif *que* qui suit immédiatement *la maison*, est l'*objet direct* de *bâtir* et non de *vu;* car l'action de *voir* porte sur la proposition entière *bâtir que* ou *laquelle*, avec ellipse du *sujet:* je n'ai pas vu *laquelle maison bâtir;* j'ai vu *bâtir laquelle maison*. L'action de voir porte sur *bâtir* et celle de *bâtir* sur *que*. *Vu* est donc une forme *complétive* et *invariable*, puisque la *proposition entière* qui devient l'*objet direct d'action*, n'est exprimé qu'*après*. Car s'il y a inversion du mot *que*, placé immédiatement après le *sujet de la proposition principale*, c'est que ce qui lie doit être placé entre deux termes, pour que les rapports en soient plus facilement apperçus; mais avec l'esprit d'analyse, chaque partie de la proposition logique est rétablie *dans l'ordre direct de nos idées;* d'ailleurs *que* n'est pas la partie principale de la proposition *complétive*, ce sont les mots *bâtir* et le *sujet ellipsé*.

PRINCIPE UNIQUE.

Un attribut *actif* est *transitif* ou *intransitif*. S'il est *intransitif*, il exprime une action qui reste *concentrée dans le sujet : nous avons* MARCHÉ *toute la nuit*, c'est-à-dire PENDANT *toute la nuit ; voilà quarante-huit heures* QUE, c'est-à-dire *pendant* LESQUELLES, *nous n'avons* DORMI. Il ne peuvent donc jamais avoir d'*objet direct d'action.*

S'il est *transitif*, il est fort possible qu'il n'y ait pas d'objet *direct* énoncé. *Nous avons* PÊCHÉ, *nous avons* LU, etc. ; mais s'il y a un objet direct énoncé, il doit nécessairement l'être *après*, soit par un ou plusieurs *noms*, soit par une ou plusieurs *propositions : nous avons* PÊCHÉ *des écrevisses ; nous avons* LU *des fables et des contes ; nous aurions* DÉSIRÉ *vous voir à la campagne.*

Au contraire, un attribut est *passif* toutes les fois que, *précédé* du verbe *avoir*, on peut l'appliquer à un *nom* ou à un *pronom* énoncés *avant* lui et avec lesquels il devient *objet direct* du verbe *avoir*, placé entre deux, comme dans ces propositions : QUELS REVERS *nous avons* ESSUYÉS ! *voilà les malheurs* QUE *nous avons* PRÉVUS ; QUELLE BELLE ARMÉE *nous avons* VUE *marcher à l'ennemi ! les moutons* QUE *vous avez* VUS *paître sur ces côteaux m'appartiennent.* Car ici, *quelle belle armée* est en même temps *objet direct* du verbe *avoir* et le sujet de la proposition *marcher à l'ennemi*, de même que le pronom conjonctif *que* qui rappelle *mou-*

tons est en même temps *objet direct* du même verbe, et *sujet* de la proposition PAÎTRE SUR CES COTEAUX. L'analyse est : *nous avons* QUELLE BELLE ARMÉE VUE MARCHER A L'ENNEMI !

Les moutons (vous avez LESQUELS VUS PAÎTRE *sur ces côteaux) m'appartiennent.*

Il ne reste plus qu'à appliquer ce principe à toutes les locutions qui sont reconnues pour faire naître des doutes ou présenter des difficultés. Nous allons le faire par gradation.

Nota. On aura soin d'écrire en *lettres italiques* les mots exprimant d'une part l'*action* et l'*objet direct d'action* dans le sens actif, d'autre part l'*attribut passif* et le *nom* ou le *pronom* qu'il modifie comme *objet direct* du verbe *avoir*, dans le sens passif, en sorte qu'au premier coup d'œil, on soit éclairé sur l'analyse.

PREMIÈRE CATÉGORIE.

Sens Actif.	*Sens Passif.*
1er. Exemple. Émilie a *reçu* mes *lettres*.	Mes lettres, *qu'*Émilie a *reçues*, étaient franches.
	Mes lettres, *qu'*a *reçues* Émilie, étaient franches.
2e. Emilie a *reçu* mes *lettres décachetées*.	Mes lettres *qu'*Émilie a *reçues décachetées*.
3e. On a *cueilli* ces *pêches* trop *vertes*.	Voilà des pêches *qu'*on a *cueillies* trop vertes.
4e. Ni soupirs ni terreur n'ont *ému* ses *yeux*.	Ces yeux *que* n'ont *émus* ni soupirs ni terreur. RACINE, *Britannicus*, acte V, scène Ire.

NOTES SUR LES EXEMPLES DE LA Ire. CATÉGORIE.

1er. Dans tous les exemples établis ci-dessus *pour le sens actif*, on voit que l'*objet direct d'action* est constamment énoncé *après l'attribut actif*, et qu'il l'est *avant*, pour le *sens passif*, conformément au principe, pages 123 et 126.

2e. L'inversion du sujet n'apporte aucun changement au principe (Voyez les 2e., 5e., 6e., 7e et 8e. exemples du *sens passif*.)

3e. L'objet d'action peut être modifié sans que cela apporte le moindre changement, comme on peut le voir aux 3e., 4e. et 10e. exemples du *sens passif*

4e. *Coûté* et *valu*, employés aux 6e. et 7e. ex., *sens passif*, sont pris, savoir : le premier dans le sens de *occasionner*, *emporter*, *imposer*; le second, dans le sens de *procurer*, *rapporter*, *attirer*. Il est donc permis d'employer ces deux verbes dans le sens qu'ils ont quelquefois, c'est-à-dire, dans le sens *transitif*

SUITE DE LA PREMIÈRE CATÉGORIE.

Sens actif.	*Sens passif.*
5e. Cet enfant m'a *coûté* bien des *soins*.	Les soins *que* m'a *coûtés* cet enfant. Que de soins m'eût *coûtés* cette tête charmante! RACINE, *Phèdre*
6e. Ses talents modestes lui ont *valu* de grands *éloges*.	Les éloges *que* lui ont *valus* ses talents modestes.
7e. Qui a *instruit ces enfants* de leurs devoirs?	Qui *les* a *instruits* de leurs devoirs?
8e. Vous avez *vu* votre *belle-mère* attachée à vous nuire.	Seigneur, vous *m'avez vue* attachée à vous nuire. RACINE, *Phèdre*
9e Ces femmes se sont *donné* la *comédie*.	Ces femmes *se* sont *données* en spectacle.

SUITE DES NOTES SUR LES EXEMPLES DE LA PREMIÈRE CATÉGORIE.

5e. Puisque c'est uniquement la place de l'objet direct *avant* ou *après* l'attribut qui décide s'il est *actif* ou *passif*, il nous importe bien de ne pas confondre l'*objet direct* avec l'objet indirect. Ce dernier est toujours un mot composé d'une *préposition* et d'un *pronom*, et ne se place jamais, dans la construction, qu'*après l'objet direct*. Si donc nous analysons le 10e. ex. du *sens actif* : *Les Romains se sont* DONNÉ *des* LOIS, nous aurons cette analyse. *Les Romains sont* AYANT DONNÉ DES LOIS *à eux*. Il en sera de même du *sens passif* : *Telles sont les lois*, *les Romains sont ayant* LESQUELLES DONNÉES *à eux*. Vous pouvez faire la même application aux exemples 11, 12, 13, 14, 15, 16, suivant ce qui a été dit page 123, relativement au verbe *être* employé avec ellipse du mot *ayant*, dans les propositions où le *sujet* et l'*objet* d'action sont *identiques*, car le principe s'applique même à l'*objet indirect* identique avec le sujet.

SUITE DE LA PREMIÈRE CATÉGORIE.

Sens actif.	*Sens passif.*
10e. **Les Romains** se sont *donné* des *lois*.	Telles sont les lois *que* se sont *données* les **Romains**.
11e. **Elle** s'est *mis* des *chimères* dans l'esprit.	Les chimères *qu*'elle s'est *mises* dans l'esprit.
12e. **Elle** s'est *proposé* cette *difficulté*.	Elle *s*'est *proposée*, on *l'*a *proposée* pour modèle.
13e. Elle s'est *cassé* la *jambe*.	Elle se *l'*était déjà *cassée*.
14e. Ils se sont *préparé* bien des *peines*.	Ce sont des peines *qu*'ils se sont *préparées*.
15e. Ils se sont *imposé* de grandes *privations*.	C'est le fruit des privations *qu*'ils se sont *imposées*.
16e. Elles se sont *procuré* cette *jouissance*.	C'est une jouissance *qu*'elles se sont *procurée*.

DEUXIÈME CATÉGORIE.

17e. On a *instruit* ces *femmes* à feindre.	Vous me donnez des noms qui doivent me surprendre, Madame, on ne *m'*a point *instruite* à les entendre. (RAC.)
18e. On a *contraint* mes *deux fils* de marcher.	On *les* a *contraints* de marcher.

NOTES SUR LES EXEMPLES DE LA DEUXIÈME CATÉGORIE.

Observez bien que les exemples 17 et 18 comprennent chacun deux propositions, car, autant il y a de verbes dans le discours, autant il y a de propositions, je ne dis pas *logiques*, mais *grammaticales*. Quand on instruit quelqu'un, on l'instruit *à faire quelque chose*, de même quand on contraint quelqu'un, on le contraint *à faire quelque chose*. Or ici le complément de chaque proposition logique ne présentant aucune difficulté, l'attention n'a pas besoin de se porter ailleurs que sur la première proposition : *On a* INSTRUIT CES FEMMES, *on a* CONTRAINT MES DEUX FILS (sens actif), *on ne m'a point* INSTRUITE, *on les a* CONTRAINTS (sens passif). Dans le [illegible], l'objet direct vient *après*, il vient *avant* dans le [illegible]

TROISIÈME CATÉGORIE.

Sens actif.	*Sens passif.*
19e. J'avais *résolu d'employer* cette méthode.	
20e. Vous avez *craint d'aborder* la question.	
21e. Nous avons *juré de défendre* vos droits.	
22e. Ils ont *cherché à éviter* les dangers.	
23e. J'avais *commencé à écrire* ma lettre.	

NOTES SUR LES EXEMPLES DE LA TROISIÈME CATÉGORIE.

Chaque exemple comprend encore ici deux propositions dont la *seconde* est également l'*objet direct* ou le *complément* de la *première*; car *qu'ai-je résolu?* d'EMPLOYER UNE MÉTHODE; *qu'ai-je craint?* d'ABORDER LA QUESTION, et ainsi de suite. Mais remarquez que le *sens passif* ne peut jamais être substitué au *sens actif* avec la forme complétive *unie* à une forme primitive par les prépositions *à* ou *de* (je dis *unie* immédiatement), puisque vous diriez également *voilà la méthode que j'ai* RÉSOLU *d'employer*, car *que* n'est pas l'*objet direct* de la première proposition *j'ai résolu*, mais bien de la seconde, *d'employer*. L'analyse est : *voilà la méthode, j'ai* RÉSOLU d'EMPLOYER QUE OU LAQUELLE. La même analyse aura lieu pour les autres exemples. On ne dirait pas : *vous* L'*avez* CRAINTE *d'aborder; vous* LES *avez* JURÉS *de défendre, je* L'*avais* COMMENCÉE *à écrire;* mais : *vous avez* CRAINT *de l'*ABORDER, c'est-à-dire *d'aborder elle; vous avez* JURÉ *de les* DÉFENDRE; *j'avais* COMMENCÉ *à l'*ÉCRIRE.

QUATRIÈME CATÉGORIE.

Sens Actif.	*Sens Passif.*
24e. La guerre a *rendu* ces *villes* désertes.	La guerre *les* a *rendues* désertes.
25e. J'ai *rendu* cette *épée* horrible à ses yeux.	*Je l'ai rendue horrible* à ses yeux inhumains. RACINE.
26e. Dieu a *créé Adam* et *Ève innocents.*	Adam et Ève *que* Dieu a *créés* innocents.
27e. On a *fait* ma *sœur religieuse.*	On *l'a faite* religieuse.
28e. Vous avez *fait* cette *lettre* trop *longue.*	Vous *l'avez faite* trop longue ou trop courte.

NOTES SUR LES EXEMPLES DE LA QUATRIÈME CATÉGORIE.

J'aurais rangé ces exemples parmi ceux de la première catégorie, 2e. et 3e., si je n'y avais aperçu une légère nuance de différence. En effet, dans chacun des deux exemples ci-dessus rappelés, l'attribut qui modifie l'objet direct exprime un *état indépendant* de l'action, car : *Émilie* A REÇU MES LETTRES TELLES QU'ELLES ÉTAIENT; *on a* CUEILLI DES PÊCHES DANS LEUR ÉTAT ACTUEL, etc. Mais ici *on* CRÉE *des individus* TELS QU'ON VEUT QU'ILS SOIENT, *on crée leur* INNOCENCE *avec eux*; enfin, *on ne* FAIT *pas ma sœur* : *on la fait* RELIGIEUSE, *on fait* LA OU ELLE *être religieuse*. *La guerre* CAUSE LA DÉSERTION *des villes*; et enfin, *on fait une lettre* AVEC LE DÉFAUT *d'être trop* LONGUE *ou trop* COURTE. Quoi qu'il en soit, le principe n'en reçoit pas moins son application, comme dans les trois exemples cités, il faut s'en tenir à l'usage consacré par les meilleurs écrivains, d'autant qu'on serait fort embarrassé de justifier une opinion contraire, l'analyse ne nous éclairant point à cet égard

CINQUIÈME CATÉGORIE.

Sens actif.

29e. J'ai *vu bâtir* cette maison.

30e. Voilà une maison que j'ai *vu bâtir*.

31e. { Deux fois mes tristes yeux se sont *vu retracer*
{ Ce même enfant toujours tout prêt à me percer

RACINE.

Sens passif.

Voilà une maison *que* j'ai *vue* tomber.

Cette nuit je *l'ai vue* arriver en ces lieux.

Britannicus, acte II, scène II

NOTES SUR LES EXEMPLES DE LA CINQUIÈME CATÉGORIE

L'objet direct d'action est, *dans le sens actif*, une proposition entière exprimée *après l'attribut actif*, par une forme primitive avec ellipse du sujet, au lieu que, *dans le sens passif*, l'objet direct d'action est toujours un *pronom énoncé avant*. Mais ce qui est surtout remarquable, c'est qu'on emploie le *sens actif* ou le *sens passif*, suivant que cette forme primitive qui le suit exprime une action *reçue* ou une action *faite* par l'objet que rappelle le *pronom* qui le précède. Dans le sens actif, qu'avez-vous vu? *bâtir*; bâtir quoi? *que* ou *laquelle maison* (ex. 30). Or ici, *bâtir laquelle maison* est une proposition entière dont le sujet est ellipse, et cette proposition devient tout entière l'*objet direct* de *vu* qui est la forme *complétive* de cette forme *composée*. j'ai vu, dans le sens passif, *qu'ai-je vu?* LA MAISON; *en quel état?* TOMBER ou qui TOMBAIT; *que*, qui remplace *laquelle maison*, est ici l'*objet direct* du verbe *avoir* qu'il précède, et non de la forme primitive *tomber*, puisque *tomber* exprime *une action faite* par la maison. La difficulté cesse donc par l'application du principe. Elle n'est donc que dans l'analyse, et, pour peu qu'on s'y applique, on verra qu'on ne dirait pas sans inversion : *J'ai vu tomber laquelle maison*, car *laquelle maison* paraîtrait l'*objet direct* de *tomber*, et *tomber* est un verbe *intransitif* qui ne peut avoir d'*objet direct*. Il est donc évident que *laquelle maison* rappelée par le pronom conjonctif *que*, est bien le *sujet* qui fait l'action de *tomber*, l'analyse est donc : J'AI LAQUELLE VUE *en cet état*, *elle tomber*

SUITE DE LA CINQUIÈME CATÉGORIE.

Sens actif.	*Sens passif.*
32e. Ils ne nous ont pas *vu* l'un et l'autre *élever*, Moi pour vous obéir, et vous pour me braver. RACINE, *Britannicus*.	Cloîtres majestueux, fortunés monastères ! Je vous ai *vus tomber*, le cœur gros de soupirs BERCHOUX.
33e. L'aurore *s'est laissé devancer*.	Les pleurs *que* l'Aurore a *laissés* échapper.
34e. Elle *s'est laissé deviner*, *surprendre*, *séduire*, *tromper*.	Elle *s'est laissée* aller, on *l'a laissée* passer, mourir.
35e. Elle *s'est senti repousser*, *frapper*.	Elle *s'est sentie* renaître.
dites { 36e d'une arriette : { Je *l'ai entendu chanter*. / Je *la* leur ai *entendu chanter*	d'une cantatrice. { Je *l'ai entendue* chanter. / Je *l'ai entendue* chanter une arriette.
37e. d'une Venus : Je *l'ai vu peindre*.	d'une femme peintre : Je *l'ai vue* peindre.
38e. d'une tirade Je *l'ai entendu déclamer*	d'une actrice : Je *l'ai entendue* déclamer.
39e. d'une victime : On *l'a laissé égorgér*.	d'assassins : On *les* a *laissés* égorger leur victime.

Delille a donc fait une faute quand il fait dire par Didon, au IVe. livre de l'*Énéide* :

Dans ces vaisseaux ingrats qu'ils m'ont *vu* secourir,
Les cruels voudraient-ils m'accorder une place ?

SIXIEME CATEGORIE

Sens actif.	*Sens passif.*
40e. { Cette même femme qu'on a *dit morte* hier, On l'avait *dit grosse* il y a six mois.	
41e. Les melons que j'ai *cru mûrs*, ne l'étaient pas.	
42e. Les nouvelles qu'on m'avait *assuré vraies*, sont démenties.	
43e. Cette femme qu'on avait *présumé coupable*, etc.	
44e. Elle s'est *prétendu fille légitime* ou *l'épouse légitime* de, etc.	
45e. Les troupes qu'on m'avait *dit être* en marche.	
46e. Ces hommes qu'on avait *cru* ne respirer que vengeance, etc.	
47e. Les vaisseaux qu'on m'avait *annoncé* arriver, etc.	
48e. Ces hommes qu'on avait *présumé agir* sans passion, etc.	
49e. Les digues qu'on avait *prétendu devoir résister* au torrent, etc.	

SUITE DE LA SIXIEME CATÉGORIE.

Sens actif.	*Sens passif*
50e. Cette maison qu'on avait *dit valoir* 100,000fr. etc.	
51e. Ces chevaux qu'on avait *soupçonné*, *supposé* être attaqués de la morve, (ou avec *ellipse* du verbe *être*) : *soupçonné*, *supposé* attaqués de la morve, etc.	

NOTES SUR LES EXEMPLES DE LA SIXIÈME CATÉGORIE.

Remarquez bien que les attributs *simples* ou *passifs*, et même les *formes primitives* des verbes qui suivent immédiatement les attributs actifs DIT, CRU, ASSURÉ, PRÉSUMÉ, PRÉTENDU, ANNONCÉ, DÉCLARÉ, etc, ne sont employés qu'avec ellipse du verbe *être*, comme n'exprimant qu'un *état présumé*, *incertain* et *subordonné*, ou une *action présumée*, *incertaine* et *subordonnée* à ces mêmes attributs ; qu'ils forment conséquemment une seconde proposition qui a pour sujet le *que* qui précède l'une des formes complétives *dit*, *cru*, *assuré*, *présumé*, *prétendu*, *annoncé*, *déclaré*, etc., laquelle proposition devient tout entière l'*objet direct* ou le *complément logique* de la première.

En effet, on ne *dit* pas *quelqu'un mort*, on dit *que quelqu'un*, ou *qu'une femme est morte*, *on a dit* QU'*une femme* ÉTAIT *morte*, *on a dit* QUE *ou* LAQUELLE FEMME *être morte*.

Je ne dois donc pas dire : *les melons* QUE *j'ai* CRUS *mûrs*, comme j'ai dit au 3e. exemple de la 1re. catégorie. *les pêches* QU'*on a* CUEILLIES *vertes* ; car on *cueille* des pêches, et on ne *croit* pas des melons ; on cueille des *pêches vertes* ou *mûres*, car elles sont telles, abstraction faite de l'action de *cueillis*; au lieu que les melons ne sont *mûrs* que dans notre imagination; et *cru* ne porte que *sur la proposition entière* : QUE *ou* LESQUELS *être* MÛRS. L'analyse est donc :

Cette femme (*on a dit* QUE OU LAQUELLE *être* MORTE, etc.)

Les melons (*j'ai cru* QUI OU LESQUELS *être* MÛRS, etc.)

Car ici, *croire* est employé dans une acception bien différente que lorsque nous disons d'une nouvelle : *je l'ai* CRUE, ou d'une femme : *je l'ai* CRUE *sur parole*. Il en sera de même des autres propositions que j'analyse ainsi.

Ces hommes (*on avait cru* QUE *ou* LESQUELS *ne respirer que vengeance*, etc.) — *Elle est* AYANT *prétendu* ELLE ÊTRE *la fille légitime*, etc.— *Les troupes on m'avait dit* QUE OU LESQUELLES *être en marche*, c'est-à-dire, *mises en marche*.

En vain on m'objecterait que Racine a dit :

> D'abord il a tenté les atteintes mortelles
> Des poisons QUE lui-même a CRUS les plus fidèles.
>
> *Mithridate*, acte V, scène IV.

> . . . . Je me plaignais de vous,
> Burrhus, je *vous* ai CRUS tous deux d'intelligence.
>
> *Britannicus*, acte IV, scène III.

> Qu'avez-vous fait? hélas! je *me* suis CRUE aimée.
>
> *Bérénice*, acte IV, scène V.

> De soins plus importants je *l'*ai CRUE agitée.
>
> *Andromaque*, acte I, scène II.

Car l'analyse sera toujours : QUE *lui-même a* CRU ÊTRE *les plus fidèles*, c'est-à-dire : *lui-même a cru* QUE OU LESQUELS *être*, etc. *J'ai cru* VOUS *être tous deux d'intelligence*. *J'ai cru* MOI *être* AIMÉE. *J'ai cru* ELLE *être* AGITÉE, etc.

Plus l'écrivain a d'autorité, plus on doit s'efforcer de prémunir la jeunesse contre les fautes qu'il a pu faire; car ici que *croit-on?* on ne *croit pas* deux hommes qui *soient véritablement* d'intelligence; on croit, ou soupçonne qu'ils *sont d'intelligence*. Je ne *crois pas*, je ne suppose pas *moi qui suis véritablement aimée*, puisque *je ne le* suis pas, je crois seulement *moi* être *aimée*. Enfin, *je n'ai point ajouté foi à la Grèce*, ou si l'on veut *je n'ai point pensé* la Grèce *agitée* de soins plus importants; j'ai cru *elle* être *agitée*, etc.

Je suis donc convaincu que tout littérateur, que tout homme susceptible de raisonnement, et qui, s'il est de bonne foi, voudra suivre mon analyse, et se bien pénétrer

SUITE DES NOTES SUR LES EXEMPLES DE LA SIXIÈME CATÉGORIE.

des principes précédemment établis, sera de mon avis, et reconnaîtra un point de difficulté sur lequel il fallait appeler l'attention.

Racine a bien pu dire, dans *Phèdre* :

Seigneur, vous *m'avez* VUE attachée à vous nuire.

mais je prétends qu'il n'aurait pas pu dire : *vous m'avez* CRUE *attachée*. Madame de Staël a fait la même faute en disant : *je* ME *suis* CRUE *soulagée*. On lit également dans les *voyages du jeune Anacharsis en Grèce*, tome 1, page 292, « *les peuples du Péloponèse s'étaient déjà* CRUS *autorisés, par son exemple, à rompre la trève*.

Ce qui vient encore à l'appui de mon raisonnement, c'est qu'on dit fort bien : *les chemins ne sont pas aussi mauvais que je* LES *ai* VUS, et qu'on parlerait mal si l'on disait : *ils ne sont pas aussi mauvais que je* LES *aurais* CRUS ; il faut dire : *ils ne sont pas aussi mauvais que je* L'*aurais* CRU ; car l'analyse est . *ils ne sont pas mauvais* AU POINT, *j'aurais* CRU EUX *être mauvais* AUQUEL ; attendu que *le* est ici un nom abstrait qui *tient lieu d'une proposition entière ;* au lieu que l'analyse de la première proposition est : *ils ne sont pas mauvais* AU POINT—*j'ai* EUX VUS *mauvais* AUQUEL.

Et qu'on ne vienne pas nous dire que c'est ajouter des entraves à la poésie ; car si l'on ne peut plus dire, en parlant d'une femme, d'une ville ou d'une province : *elle s'est* CRUE *aimée, je l'ai* CRUE *agitée*, on pourra du moins dire : *elle s'est* CRU *trahie, elle s'est* CRU *livrée*.

Je crois donc que si M. Girault Duvivier eût mieux connu les lois de l'analyse, il se serait épargné la peine de critiquer ces vers d'une épître de Voltaire à M. Demaurepas.

.... La douce tourterelle
Qu'on a CRU faussement des amans le modèle

et qu'il n'aurait pas cité, à l'appui de son opinion, ce passage d'une lettre du même auteur au comte de Levenhaupt : « *Je me flatte de deux choses* QUE *l'on a* CRUES *longtemps impossibles,* » ce que je regarde comme une véritable faute. Au surplus, je le répète ; il n'y a que l'analyse qui puisse nous sauver de l'*arbitraire*

SEPTIEME CATÉGORIE.

	Sens actif.	*Sens passif.*
52e.		Ils *se* sont *doutés* de cela; elle *s'*en est *doutée*.
53e.		Ils *se* sont *apperçus* de cela; elle *s'*en est *apperçue*.

NOTES SUR LES EXEMPLES DE LA SEPTIÈME CATÉGORIE

Se *douter* qui signifie *avoir* une *forte présomption*, *s'appercevoir* dans le sens de *reconnaître*, se *convaincre*, n'admettent jamais que *le sens passif*.

HUITIÈME CATÉGORIE.

	Sens actif.	*Sens passif.*
54e.	J'ai *affiché cette maison* à vendre.	Voilà une maison *que* j'ai *affichée* à vendre.
55e.	On a *porté ma montre* à raccommoder.	Je cherchais ma montre *qu'*on a *portée* à raccommoder.
56e.	J'ai *acheté un cent de pommes* à choisir.	Je *les* ai *achetées* à choisir.
57e.	On m'a *donné cette affaire* à instruire.	C'est une affaire *qu'*on m'a *donnée* à instruire.
58e.	Avez-vous *donné votre chienne* à dresser?	Où est la chienne *que* vous avez *donnée* à dresser!

NOTES SUR EXEMPLES DE LA HUITIEME CATÉGORIE

Dans le sens *actif*, comme dans le sens *passif*, la seconde proposition me paraît être indépendante de la première; ainsi tous ces exemples viennent se ranger parmi ceux de la 2e. catégorie; car l'analyse est : *j'ai affiché cette maison à cette fin* : MOI VENDRE ELLE. *On a porté ma montre à ce dessein* l'HORLOGER RACCOMMODER ELLE. *J'ai acheté des pommes à cette condition* MOI CHOISIR ELLES.

NEUVIÈME CATÉGORIE.

Sens actif.

59e. J'ai fait tous les sacrifices que j'ai *dû*.
60e. Ils ont emporté tous les objets qu'ils ont *pu*.
61e. Elle a fait toutes les démarches qu'ils ont *voulu*.
62e. Elle a employé tous les moyens qu'il a *fallu*.

Sens passif.

NOTES SUR LES EXEMPLES DE LA NEUVIÈME CATÉGORIE

Il ne peut y avoir de *sens passif* dans ce cas, puisque *l'objet direct est ellipsé*, et que c'est comme s'il y avait : QUE *j'ai* DÛ FAIRE ou *j'ai* DÛ FAIRE *lesquels*; *que nous avons* PU EMPORTER, ou *nous avons* PU EMPORTER *lesquels*, *qu'ils ont* VOULU *qu'elle* FÎT *ou ils ont voulu qu'elle* FÎT *lesquelles*, *qu'il a* FALLU EMPLOYER ou *il a* FALLU etc., car le *que* qui précède est naturellement l'*objet direct* de l'*attribut ellipsé*; mais on dirait bien *j'ignore les sommes* QU'*il a* DUES; *on lui a donné la part* QU'*il a* VOULUE, comme on dirait *la part* QU'*il a* CHOISIE

DIXIÈME CATÉGORIE.

Sens actif.	*Sens passif.*
63e. La gelée *qu'*il y a *eu* ce printemps.	
64e. Les bals *qu'*il y a *eu* cet hiver.	
65e. Les chaleurs *qu'*il a *fait* cet été.	

NOTES SUR LES EXEMPLES DE LA DIXIÈME CATÉGORIE

C'est en vain qu'on chercherait à faire l'analyse de ces sortes de propositions qui sont des véritables idiotismes; EU et FAIT y sont toujours invariables. Le sens est : *qui a eu lieu*, *qui ont eu lieu*.

ONZIÈME CATÉGORIE.

Sens actif.	*Sens passif.*
66e. J'ai mangé plus de pêches que je n'*en* ai *vendu*.	Vous connaissez mon jardin; voilà des pêches *qu'*on m'en a *apportées*.
67e. Je ne vous souhaite pas autant d'enfants que j'*en* ai *eu*.	J'ai vécu quatre ans avec ma première femme; voilà les enfans *que* j'en ai *eus*.
68e. J'ai fait à cette famille plus de politesses que je n'*en* ai *reçu*.	Je ne puis vous exprimer toutes les politesses *que* j'en ai *reçues*.

NOTES SUR LES EXEMPLES DE LA ONZIÈME CATÉGORIE.

Dans le *sens actif*, il y a *ellipse* de l'*objet direct d'action* dont *en* n'est que le *complément*; le *que* n'est qu'un *adverbe corrélatif* du mot *plus*; voici l'analyse : *j'ai mangé* UNE QUANTITÉ *de pêches* à UN DEGRÉ SUPÉRIEUR (traduction de *plus*), *auquel degré* (traduction de *que*) *je n'ai pas vendu* UNE QUANTITÉ (objet direct ellipsé); DE CES MÊMES PÊCHES (traduction de EN). Les exemples que présente le sens passif n'offrent aucune difficulté et peuvent se ranger parmi ceux de la 1re. catégorie, l'analyse est : ON A LESQUELLES PÊCHES APPORTÉES A MOI *de ce jardin*; (traduction de EN) (*a*).

DOUZIÈME CATÉGORIE.

Sens actif.

69e. Voilà une rivière que j'ai *vu traverser* par les chasseurs à cheval.

70e. J'ai perdu une brebis qu'on a *laissé manger* par les loups.

71e. Voilà des arbres que j'ai *fait tailler*, des *entes* que j'ai *fait faire* par votre jardinier.

Sens passif.

Voilà des chasseurs à cheval *que* j'ai *vus* traverser cette rivière.

Je saisis ces moutons *qu'*on a *laissés* manger cette vigne.

(*a*) On trouve une faute bien grave au 1er vol. de l'édition in-4°, en 3 vol., de l'*Histoire philosophique et politique*, où il est dit : *aussi est-il généralement reçu que des mineurs allemands ou suédois trouveraient dans le minerai déjà exploité plus de richesses que l'Espagnol n'en a déjà* TIRÉS.

NOTES SUR LES EXEMPLES DE LA DOUZIÈME CATÉGORIE.

Les exemples que présente ici le sens *actif*, et tous ceux de même nature, c'est-à-dire où se trouve une *forme complétive* immédiatement suivie d'une *forme primitive* et de la préposition *par*, sont encore de vrais *gallicismes* qu'il est impossible de soumettre à l'analyse : on est forcé de considérer *comme ne formant qu'une idée composée*, ces deux expressions : *vu traverser*, *laissé manger;* ainsi, dans ce cas, le 1er. *attribut* est toujours *invariable ;* autrement je ne partage point l'opinion de Condillac, qui veut que *laissé*, joint à une *forme primitive* sans la préposition, exprime toujours une idée *composée* et *indivisible*, car, comment analyserait-on ces vers de l'*Iphigénie* de Racine :

> Avez-vous prétendu que, muet et tranquille,
> Ce héros, qu'armeront l'amour et la raison,
> Vous *laisse*, par ce meurtre, *abuser* de son nom?

puisque *vous*, qui ne peut être l'*objet direct* de *laisse abuser*, est évidemment le *sujet d'abuser*.

TREIZIÈME CATÉGORIE.

PREMIÈRE DIVISION.

C'est par l'effet de la syllepse que nous dirons :

> La plupart, *emportés* d'une fougue insensée,
> Toujours loin du droit sens *vont* chercher la pensée.
>
> BOILEAU.
>
> Mais *peu* se *sont souillés* de ces excès honteux.
>
> DELILLE.

Vous direz donc : *que* ou *combien* de jours *perdus!* de projets *déjoués!* de grâce *répandue* sur toute sa personne! d'expérience *mise* en défaut! de bonne foi *trompée*, *surprise!* de sensibilité mille fois *éprouvée!* de vertu mal *récompensée!*

Que ou *combien* de fermeté il a *déployée!* de prévoyance il a *montrée!* d'érudition il a *développée!* d'indulgence on a *eue* pour cet auteur! de fortune il a *amassée!* d'ambition il a *eue!* de grâce il a *mise* même dans ses refus! de peuples il a *subjugués!* de maladies il a *faites!* de grandes vérités il a *écrites!* de haines il a *éteintes!* de souvenirs il a *effacés!* de ruses on a *employées!* de trames on a *ourdies!* de victoires il a *remportées!*

Que de soins m'eût *coûtés* cette tête charmante!

RACINE.

Quelle quantité d'*or* nous avons *trouvé enfoui!*
Quelle quantité d'*hommes* nous avons *perdus!*
Quelle quantité d'*insectes* le défaut d'hiver a *produits!*
Quel torrent d'*injures* il a *vomies!*
Quelle foule de *flatteurs* se sont *emparés* de son esprit!
Quelle nuée d'*oiseaux* sont *venus* fondre sur mes vignes!
Quel mélange de *voix* et d'*instruments* se sont fait entendre!

DEUXIÈME DIVISION.

Le peu de *graines que* j'ai *semées ont* bien levé.
Le peu de *poires que* j'ai *récoltées sont* très-belles.

Le peu de *chevaux qu'*on a *amenés ont* été bien *vendus*.
Le peu de *beaux jours qu'*on a *eus ont* été *perdus* pour nous.
Le peu de *vérités que* nous avons *mises* au jour *ont* fait sensation
Le peu de *moyens que* j'ai *employés ont* eu leur effet.
Le peu de *melons que* j'ai *cultivés ont* été *mangés* exquis.
Le peu de *fautes que* j'ai *corrigées étaient* graves.
Le peu d'*amis que* j'ai *rencontrés* m'*ont* comblé de témoignages d'intérêt.

TROISIÈME DIVISION.

Le peu de *fortune que* nous avons *sauvé* ne *fera* pas d'envieux.
Le peu d'*orge que* j'ai *récolté* n'*a* pas suffi pour les semences.
Le peu de *marée qu'*on a *amené* au marché, *a* fait hausser les autres denrées.
Le peu de *confiance qu'*on nous a *témoigné*, nous a déconcertés.
Le peu de *vraisemblance qu'*on a *mis* dans le rapport des faits, a frappé les juges.

Le peu	d'*exactitude* de *moyens* d'*aptitude* d'*attention* de *docilité*	*qu'a montré* cet enfant, m'*a* fait interrompre mes leçons.

De la forme complétive de quelques verbes, *et notamment des attributs* fait *et* laissé, *précédant immédiatement la forme primitive d'un autre verbe.*

L'usage veut qu'on regarde comme exprimant une idée *composée* et *indivisible* l'attribut actif FAIT lorsqu'il est *immédiatement* joint à la forme primitive d'un autre verbe ; il suit de là

Qu'en disant :	il faut analyser ainsi :
Voici une malade *que* j'ai *fait entrer* ici.	J'ai *fait entrer* laquelle ici
Voilà les moutons *que* vous avez *fait paître*	Vous avez *fait paître* lesquels.
Quelle armée nous avons *fait détruire !*	Nous avons *fait détruire* quelle armée !
Nous les avons *fait chanter*	Nous avons *fait chanter* eux ou elles

Or, si le verbe, uni à la forme primitive d'un autre verbe, exprime toujours une idée composée et *indivisible*, il est naturel d'en conclure que cette expression composée ne forme jamais qu'une *proposition* qui ne doit avoir, dans tous les cas, qu'un *sujet* et qu'un *objet direct* d'action, énoncé soit *avant*, soit *après*; on ne peut donc pas dire :

Voilà les moutons QUE *j'ai* FAIT PAÎTRE *mes blés en herbe.*

Nous LES *avons* FAIT CHANTER *une ariette.*

Il faudra dire :

Voilà des moutons AUXQUELS *j'ai* FAIT PAÎTRE *mes blés en herbe.*

Nous LEUR *avons* FAIT CHANTER *une arriette.*

Mais M. Girault Duvivier ne me paraît pas raisonner conséquemment quand il dit, après avoir établi ce faux principe, p. 617 de sa grammaire, tome 1er., *qu'un verbe actif ne peut avoir deux régimes directs* (1).

« Ce serait une faute d'employer les pronoms » *le* ou *les* à la place des pronoms *lui* ou *leur* (2) » devant (3) un verbe actif accompagné d'un ré- » gime direct; car puisque *le* ou *les* est régime *direct*, » ce serait alors donner à ce verbe deux régimes » de cette espèce, ce qui est contre les principes. » On s'exprimerait donc mal si l'on disait : *C'est* » *la brutalité des animaux qui* LES FAIT *suivre les* » *mouvements de leur colère*, au lieu de : *qui* LEUR » *fait suivre les mouvements*, etc. »

Il me semble que si l'usage ne permet pas d'employer *les* au lieu de *leur* dans des cas semblables, ce n'est pas par la raison qu'en apporte M. Girault Duvivier, que ces mots *le*, *la*, *les*, sont toujours

---

(1) Le principe est faux, parce que quand je dis *J'ai employé* PRIÈRES *et* MENACES, *j'ai parcouru l'*ALLEMAGNE *et l'*ITALIE, *j'ai expliqué* HORACE *et* VIRGILE, certes il y a bien là deux objets directs d'action.

(2) Je ne reconnais pas pour pronoms *purs* des mots formés d'une préposition et d'un pronom

(3) *Devant* forme contresens ; il fallait *avant*.

régime direct; c'est seulement que nous considérons comme *indivisible* l'idée exprimée par les deux formes réunies, qui ne sont alors que l'*expression* d'une idée composée, ne formant qu'une seule proposition, et que par conséquent cette proposition ne peut avoir qu'un *sujet*, tandis que si l'on employait le *pronom simple* au lieu du *pronom composé* ou *indirect*, il serait censé y avoir deux propositions, et conséquemment deux sujets, car l'analyse nous donnerait cette décomposition :

C'est la brutalité des animaux qui fait LES (sous-entendu *animaux*) ou EUX *suivre les mouvements de leur colère.*

Au surplus je vais démontrer qu'on peut apporter des exceptions à l'usage, et que les pronoms *le*, *la*, *les*, ne sont pas toujours, dans ce cas, *objets directs*, mais bien quelquefois *sujets* d'une proposition, comme dans les exemples suivants, où la forme *fait* est jointe à la forme primitive d'un autre verbe, non pas immédiatement à la vérité, puisqu'elle en est séparée par le pronom *se*.

On ignore les motifs qui L'*ont* FAIT *se* SUICIDER.

Quel sentiment généreux LES *a* FAIT *se* DÉVOUER *à une mort certaine ?*

Quel instinct LA FAIT S'EXPOSER *aux traits du chasseur pour sauver sa famille* (la perdrix) ?

Qui L'*a* FAIT *se* CONSOLER *dans sa disgrace ?*

C'est l'amour de la patrie qui L'*a* FAIT *se* SACRIFIER

Ce sont les circonstances qui L'*ont* FAIT *se* MONTRER.

Qui L'*a* FAIT *se* CONDAMNER *volontairement à l'exil?*

Je ne crois pas qu'on me conteste la régularité de ces différentes phrases, car je prouverais par plusieurs de ces exemples, que le sens deviendrait tout différent si l'on en retranchait le pronom *se*.

Or, il m'est facile de faire voir, contre le sentiment de M. Girault Duvivier, que les pronoms *le*, *la*, *les*, ne sont pas toujours *objets directs* d'une proposition, puisque, dans cette circonstance, l'analyse prouve qu'ils sont *sujets* de la seconde proposition.

On ignore les motifs qui ont fait LUI *se suicider.*

Quel sentiment généreux a fait EUX *se dévouer?*

Quel instinct fait LA (perdrix) *ou* ELLE *s'exposer?*

Qui a fait ELLE *se consoler dans sa disgrace?*

C'est l'amour de la patrie qui a fait LUI *se sacrifier.*

Ce sont les circonstances qui ont fait LUI *se montrer.*

Qui a fait ELLE *se condamner volontairement à l'exil?*

J'ai déjà démontré par l'analyse des ex. 40 et 44 de la 6e. catégorie que, quoique transposés, les pronoms sont souvent le *sujet* d'une proposition dont le lien d'attribut au sujet est *ellipsé*, comme dans cet exemple, en parlant d'une femme : *On l'avait* DIT *morte*, dont l'analyse est bien : *on avait* DIT LA OU ELLE *être morte*. Il en sera de même pour les pronoms *que* ou *se*; car si je dis : *Voilà cette femme* QU'*on m'avait* ASSURÉ *partie* ou *être partie pour St.-Domingue*, l'analyse sera toujours : *on m'avait assuré* QUE OU LAQUELLE *femme être partie pour*, etc.

Mon but, en rapportant ces cas d'exception, est uniquement de faire voir que dans tous les exemples où les deux formes réunies semblent exprimer une idée *indivisible* et ne former qu'*une proposition*, on pourrait en trouver *deux* par l'analyse; car ce qui rend invariable la forme *complétive* qui précède la forme *primitive*, ce n'est pas l'*indivisibilité prétendue* des deux formes, c'est au contraire qu'il y a *deux propositions* dont l'une devient l'*objet direct* ou le *complément* de la première, je veux dire de celle exprimée par la forme *complétive*.

Ces deux formes n'offrent véritablement une idée composée et *indivisible* que lorsqu'elles sont suivies de la préposition *par*, ou précédées des *pronoms composés lui* ou *leur*, comme dans les exemples suivants, pourvu qu'ils puissent se décomposer ainsi : *par lui* ou *par eux*, *par elle* ou *par elles*.

Je l'ai fait accompagner PAR *mon domestique.*

J'ai vu étrangler mon chien PAR *un loup.*

Nous LUI *avons* FAIT CHANTER *une arriette.*

Je LEUR *ai* FAIT PAÎTRE *mes blés en herbe.*

Car si ces pronoms *composés* peuvent se tourner par *à lui* ou *à elle*, *à eux* ou *à elles*, alors il n'y a plus *nécessairement* d'idée *composée* et *indivisible*, puisque je puis, par l'analyse, *décomposer* la pensée dans beaucoup de propositions, comme celle-ci : *Je* LEUR *ai vu compter de l'argent; j'ai vu quelqu'un compter de l'argent* À EUX. D'ailleurs il y a des cas, comme celui-ci, où l'emploi du pronom pur à la place du pronom *composé* ou *indirect*, changerait absolument le sens de la phrase, comme : *je* LES *ai* VUS *compter de l'argent*, ou *je* LEUR *ai* VU *compter de l'argent.*

M. Girault Duvivier entasse exemples sur exemples, page 619 de sa grammaire, pour nous prouver qu'il y a une grande différence entre *je* L'*ai vu donner un soufflet* et *je* LUI *ai vu donner un soufflet.*

Mais je demande si, lorsque cela ne présente *aucun équivoque*, on peut indifféremment employer les deux formes réunies comme exprimant *une idée composée*, ou comme exprimant *deux idées distinctes.* Il me semble en effet qu'il eût été plus important de rechercher pourquoi l'on dit *dans le même sens* : *Je* L'*ai entendu dire des choses admirables*, et *je* LUI *ai entendu dire des choses*, etc. *Je* L'*ai vu faire des choses surprenantes*, et *je* LUI *ai vu faire*, etc.

Racine lui-même, dans sa tragédie d'*Androma-*

que, acte Ier., scène Ire., a dit, en parlant de *Pyrrhus :*

> Et chaque jour encore on *lui* voit tout tenter
> Pour fléchir sa captive ou pour l'épouvanter.

Et certes il pouvait faire son vers avec *le* comme avec *lui*, et plus correctement à mon avis.

Cependant, qu'on ouvre le *Dictionnaire critique de la langue française*, par Ferraud, on verra qu'il ne condamne ce mot *lui* que comme faisant naître un équivoque en ce qu'il paraît se rapporter à *Andromaque*, tandis qu'il se rapporte à *Pyrrhus.*

Quoiqu'il ne me paraisse pas indifférent d'employer le sens *divisible* ou *indivisible*, je ne me permettrai point de résoudre cette question, puisqu'il paraît qu'on rend la même pensée en disant *on* LE *voit* ou *on* LUI *voit tout tenter.* C'est à l'Académie qu'il appartient de prononcer sur tout ce qui est soumis à l'arbitraire des langues.

Quant au mot *laissé*, il s'emploie dans un sens *actif* et *passif* avec les personnes et les choses ; et quand je dis, en parlant d'une femme : *on* L'*a* LAISSÉE *passer*, l'analyse n'est pas : *on a laissé* ELLE *passer*, mais bien : *on a* ELLE LAISSÉE *à l'action de passer.*

L'avis des grammairiens est très-partagé à cet égard : les uns regardent *laissé* comme *invariable*, suivi de la forme primitive d'un verbe, et font, du pronom qui le *précède*, *le sujet* de cette forme *primitive*, en sorte qu'ils analyseraient ainsi : *on a*

LAISSÉ (première proposition grammaticale) ELLE *passer* (proposition complétive).

J'avoue que cette opinion me paraît bien plus raisonnable que celle de Condillac, qui regarde *laissé*, joint à la forme *primitive* d'un verbe, comme ne formant avec elle *qu'une idée composée* et *indivisible*, puisque, d'après lui, il faudrait analyser ainsi : *on a* LAISSÉ *passer* ELLE, en sorte que *elle* deviendrait l'*objet direct* de l'idée composée *laissé passer*; car on ne peut pas dire l'*objet direct* de passer, puisque ce verbe étant, en ce sens, de la classe des *intransitifs*, ne peut avoir d'*objet direct* d'action.

Jusque là je trouve que cette opinion pourrait encore se soutenir; mais l'application de ce principe viendrait échouer contre l'analyse de toutes les propositions de ce genre, où *la forme primitive serait suivie d'un objet direct d'action*, comme :

On les a LAISSÉS *achever leur ouvrage ;*

On l'a LAISSÉE *nourrir son enfant ;*

Car ici que signifierait *on a laissé achever* EUX *leur ouvrage ; on a laissé nourrir* ELLE *son enfant ?*

Enfin cette analyse ne donnera pas un résultat plus satisfaisant, appliquée au troisième vers de l'exemple suivant tiré de l'*Iphigénie* de Racine.

> Avez-vous prétendu que, muet et tranquille,
> Ce héros, qu'armera l'amour et la raison,
> Vous *laisse*, pour ce meurtre, abuser de son nom.

Puisque *vous* ne peut être l'objet direct de l'idée

prétendue composée *laisse abuser*, et que le sens prouve d'une manière incontestable que cette idée est nécessairement *divisible*.

Ce n'est pas que les verbes *faire* et *laisser*, suivis de la forme primitive d'un autre verbe, ne puissent, dans aucun cas, exprimer avec elle une seule idée composée; mais je pense qu'il ne fallait pas faire un principe de ce qui n'est qu'une exception. Les phrases suivantes : *Je l'ai* LAISSÉ *étrangler par mon chien; je l'ai* FAIT *traiter par mon médecin; je l'ai* FAIT *faire par mon tailleur*, sont de vrais gallicismes qu'il est impossible de soumettre à l'analyse autrement qu'en liant ces deux idées.

Au surplus, l'*invariabilité* du mot *laissé* rendrait bien souvent la pensée d'une manière équivoque; et ce seul motif suffirait pour me porter à reconnaître le mot *laissé* variable; car il faut qu'on puisse distinguer *à des signes différents* le *sujet* et l'*objet* d'action; et à cet égard je partage le sentiment de l'Académie.

Qu'on écrive, par exemple, après une longue série de noms :

Voilà les hommes qu'on a LAISSÉ *égorger le 2 septembre*, ou *voilà les hommes qu'on a* LAISSÉS *égorger le 2 septembre*.

Ces deux phrases présentent, de cette manière, un sens bien différent : la première me désigne les *victimes*, l'autre les *assassins*; mais si vous faites l'attribut *laissé* invariable, vous confondez les victimes avec les bourreaux ; et je ne sais plus démêler votre pensée.

Voici un choix d'exemples avec lesquels j'invite les élèves à se familiariser s'ils veulent faire des progrès rapides. Tous ceux qui, comme ce bon La Fontaine, aiment à agiter des questions de grammaire, pour se fortifier sur les principes, tous ceux qui aiment à méditer sur les vastes combinaisons du système des langues, seront peut-être bien aises de trouver une collection de phrases françaises qui renferment toutes les difficultés les plus compliquées de la langue, notamment sur l'emploi des attributs dans un sens *actif* ou *passif*, et je les engage sur toutes choses à bien s'attacher à l'analyse, s'ils veulent se mettre en état de vaincre promptement tous les obstacles.

CHOIX D'EXEMPLES SUR LES DIFFICULTÉS

Les moutons que j'ai *trouvé* (11ᵉ. exercice ci-après) manquer dans ma bergerie, se sont *laissé* emporter (idiotisme, 4ᵉ. excᶜᵉ.) par les loups au milieu de la forêt. — Les établissements que j'ai *vus* se former (3ᵉ.), ont acquis un degré d'accroissement dont je ne *les* aurais pas *cru* susceptibles. (11ᵉ.) — Les difficultés que nous nous étions *proposé* de résoudre (5ᵉ.), nous ont *effrayés*. (1ᵉʳ.) — Les pluies qu'il y a *eu* (10ᵉ.), nous ont *empêchés* (1ᵉʳ.) de faire autant de parties de chasse que nous *en* aurions *fait*. (8ᵉ.) — Vous m'avez *cru* mariée (11ᵉ.), me disait dernièrement une femme; mais je ne *l*e suis pas (page 82). — Votre cousine n'a pas besoin de parure, et c'est en négligé que je l'ai toujours *trouvée* (2ᵉ.) *le plus* jolie (page 188). — La levée que j'ai *faite* (1ᵉʳ.) en carreau, vous empêche de faire la volte. — Cette femme a l'air plus *intéressée* (page 108) que je ne l'aurais *cru*. (11ᵉ.) — Si tu penses que ta mère se soit *rendue* (1ᵉʳ.) au château, *vas-y*; si tu ne l'y trouves pas, *va-t-en* (voir la note au premier tableau de conjugaison pour ces deux expressions). — Je vous porterai demain la musique que vous m'avez *vu* copier (5ᵉ.) ne *fût-ce* que pour ne pas en retarder l'exécution et *dussé-je* faire passer la nuit au graveur. — Cett femme nous a *intéressés* (1er.), quand nous l'avons *vue* (3e.) faire tant de sacrifices pour sa famille.— Les lapins que nous avons *lâchés* (1er.) dans la garenne, s'y sont tellement *plu* (l'objet est indirect), qu'ils y ont *multiplié* ou qu'ils s'y sont *multipliés* (1er.) prodigieusement. — Quelque confiance qu'aient toujours *eue* (1er.) en nous nos amis, ils nous ont *montré* des doutes qui nous ont *offensés*. (1er.) — Les nouvelles qu'on m'avait *garanties* (1er.) ou qu'on m'avait *garanti* vraies (11e.), sont démenties aujourd'hui par tous les journalistes. — Les étrangers que nous nous étions *fait* (1er.) un devoir d'accueillir, nous ont *trompés*. (1er.)— Ces femmes qu'on m'avait *dit* mortes (11e.), me sont *venues* voir aujourd'hui. — Les bruits que se sont *plu* (1) (l'objet est indirect) à répandre nos ennemis, nous ont beaucoup *nui* (l'objet est indirect). — *Quelque* riches que soient les robes que vous avez fait venir de Paris, elles ne le sont pas autant que je l'aurais *cru*. (1er.) — Nous nous sommes *senti* repousser. (3e.) — Cette actrice s'est *laissé* troubler (3e.) par les applaudissements outrés qu'on a *affecté* (5e.) de lui donner au moment où elle était *le plus* (page 188) intéressante. — Les arbres que j'ai *négligé* (5e.) de faire tailler dans la saison, ont tellement *dépéri*, que je les ai *cru* morts. (11e.) — La

---

(1) On lit dans la grammaire de Lhomond, par Letellier, page 158 : *Elles se sont* PLUES; *la vigne s'est* PLUE *en cet endroit*. Je ne partage point du tout cette opinion; et j'avoue qu'il me paraîtrait singulier d'entendre dire, *elles se sont* PLUES EN *cet endroit*.

gouvernante qu'on avait *soupçonné* coupable (11e.) ou qu'on avait *soupçonnée* (1er.) d'être coupable, s'est pleinement *justifiée* (1er.) des vols qu'on lui avait *imputés*. (1er.) — Vos chefs que j'avais *cru* (11e.) d'intelligence, se sont *contrariés* (1er.) dans leurs opérations.—Si nos ennemis communs ne se fussent *prêté* un mutuel secours (1er.), nous ne nous serions jamais *prêtés* (1er.) aux propositions que nous ont *faites* (1er.) les puissances voisines. — *Quelque* élégantes que nous aient *paru* les deux femmes qui ont *passé* tout à l'heure, elles ne nous ont pas *plu*. — Les instruments de mathématique dont nous nous sommes *servis* (1er.), ne nous ont pas *donné* (7e.) un résultat exact. — Les hommes que nous n'avons pas *craint* (5e.) de dévoiler, se seraient *établis* (1er.) sur les ruines de nos amis. — La rivière s'étant *fait* une issue (7e.) à travers la chaussée, on ne peut évaluer la perte qu'a *occasionnée* (1er.) le débordement. — Les malheurs que nous avons *cherché* (5e.) à éviter, nous ont *assaillis*. (1er.)—Le peu d'aptitude que je lui ai *trouvé* (12e.) pour les sciences abstraites, et le peu de confiance qu'il m'a *témoigné* (12e.), m'ont *décidé* (1er.) à interrompre mes leçons. — Quels lauriers il a *moissonnés !* (1er.) — Le peu d'amis que j'ai *rencontrés* (12e.) m'ont *rendu* (1er.) tous les services qu'ils ont *pu*. (9e.) — Combien de héros il a *surpassés !* (12e.) — Le peu de fautes que j'ai *remarquées* étaient graves. (12e.) — Ils ne m'ont pas toujours payé aux échéances les sommes qu'ils m'ont *dues*. (1er.)

— J'ai fait pour eux tous les sacrifices que j'ai *dû*. (9e.) — Les champs qui nous ont *vus* naître (3e.) et que nous avons *vu* cultiver (3e.), sont devenus l'affreux théâtre de la guerre. — Les plantes qu'a *rafraîchies* (1er.) la rosée du matin, brillent encore des pleurs que l'aurore a *laissés* échapper. (3e.)—*Quels que* soient les moyens que vous avez *employés* (1er.), *quelque* puissants que soient vos amis, je doute que vous obteniez *quelques* succès. — La gelée qu'il y a *eu* (10e.) ce printemps, a détruit plus de bourgeons qu'elle n'en a *laissé*. (8e.)— Les formalités que nous avons *négligé* (5e) de remplir, étaient devenues indispensables. — Vous ne sauriez croire les honneurs que m'a *valus* mon habit; les sommes que m'ont *coûtées* mes enfants, depuis deux ans qu'ils ont *vécu* à Paris. (Voir mes notes sur les exemples de la première catégorie, relativement à *coûté et valu*. (page 128.)— Les procès que nous avons *eu* à soutenir. (5e.) — Les fléaux que nous avons *eu* à craindre. (5e.)— Les enfants que nous avons *donnés* à élever. (Voir la note de la 8e. catégorie.)— Cette femme s'est *vu* abandonner. (3e.)—L'orange dont vous avez *mangé* (sous-entendez partie) est meilleure que celle que j'ai *mangée*. (1er.) — On nous avait *conseillé* (5e.) de plaider; mais je crois qu'on nous avait mal *conseillés*. (1er.) — Lorsque Mme. B... et son fils ont *passé* à Lyon, on leur a servi des asperges, quoique la saison en fût *passée*; mon frère et moi nous nous en sommes *passé* fort adroitement (l'objet d'action qui précède n'est qu'indirect, il y a ellipse de l'objet direct), tandis que ma mère et ma tante s'en sont *passées*. (1er.) Voilà deux carpes qu'on a *trouvées* mortes (2e.) dans le vivier. — Voilà l'heure où la promenade est *le plus* agréable, où la lune est *le plus* élevée sur l'horison (page 190). — Je ne sais si les bals qu'il y a *eu* (10e.) cet hiver, ont été bien brillants. Mon frère qui a passé quinze jours à votre campagne n'oubliera jamais les fêtes qu'il y a *eu* pendant son séjour (10e.), ni les aventures qu'il y a *eues* (1er.), ni les parties de chasse qu'il y a *faites*. (1er.)

Je vais maintenant préparer, pour les élèves, différents exercices sur tous les points qui peuvent présenter quelques difficultés dans l'application du principe unique que j'ai établi sur l'emploi des attributs dans un sens actif ou passif, que je crois avoir suffisamment développé; et j'y insérerai des fautes à dessein. J'indiquerai en tête de chaque exercice le nombre de fautes que les élèves devront s'appliquer à reconnaître. Le professeur pourra d'ailleurs s'assurer que l'élève n'a pas corrigé au hasard, en faisant faire l'analyse sous ses yeux.

EXERCICES SUR LES DIFFICULTÉS.

Ier. EXERCICE. — 10 FAUTES.

Mes sœurs ont élevées ma cousine.—Nous avons lus les livres que nous avait prêtés votre frère.— J'ai acheté la maison qu'ont habités mes ancêtres. —Nous avons cueilli les fraises que vous avez mangées. —Les démarches qu'a fait notre défenseur dans cette affaire, nous ont sauvés l'honneur.— Les dangers que ma fille a courus avaient alarmés toute la famille.—Si vous avez pratiqué vos devoirs et chéri la vertu, vous méritez l'estime et la considération que s'étaient acquis vos prédécesseurs. —Quels talents il a developpé dans la dernière guerre ! — Quelle impétuosité ont montré les troupes françaises ! — Quelles entraves n'a-t-on pas mis dans le commerce !

II. — 8.

Les pertes qu'ils ont éprouvées les ont rendu sages. —Est-ce là cette femme que j'ai vue si jolie ? —J'ai deux frères qu'on a fait prisonniers ; on les a renvoyés tout nus. —Ma mère, que j'ai laissé malade à la campagne, s'est trouvé abandonnée pendant plusieurs jours. —Les serins que j'ai accouplé trop jeunes n'ont rien fait. — Nous nous sommes rendu responsables de la gestion de notre neveu. —Ma tante était si mal hier, que je suis étonné que vous l'ayez vue levée. —Ma sœur ne se serait pas fait religieuse, si la fortune de mon père ne se fût trouvée renversée. — Les terres que j'avais donné ensemencées, on me les a rendues incultes. — Voilà des melons et des raisins que vous avez cueillis trop verts.

III. — 9.

Le bronze a détruit ces murs que j'ai vus élever. —L'occasion que vous avez espérée ressaisir, vous l'avez laissée échapper. — Les vents que vous avez entendus gronder sur nos têtes, se sont appaisés. — Les brigands nous ayant laissés approcher, ou s'étant laissés approcher, se sont vus envelopper au même instant. — La bravoure et l'impétuosité avec laquelle ils se sont sentis charger, leur ont inspiré une telle frayeur, qu'ils se sont laissés désarmer. — Les nouvelles de paix que vous avez entendu proclamer, nous ont comblés de joie. — Nous vous avons fait des signaux que vous avez dûs appercevoir. —Nous n'avons refusé aucun des services que vous avez voulus nous rendre. — La fusillade que nous avons entendu s'engager, nous a sur le champ ralliés.

IV. — 2.

Voilà des oiseaux qu'on a laissés manger par le chat; cela ne serait pas arrivé, si on nous les eût laissé manger. —Voilà des arbres que j'ai vus planter par mon grand-père. — Ce sont des vases préieux qu'on n'aurait pas dû laisser toucher par des enfants.

V. — 7.

Nos voisins qu'on avait excités à nous nuire, nous les avons contraint de renoncer à leurs projets. — Nous vous avons forcés de tomber dans les piéges que vous aviez cherchés à éviter. — Vous avez perfectionné les ouvrages que nous avions essayés d'imiter. — Je vous envoie le montant des effets que nous avons consentis de payer. — Nos troupes qu'on avait défié d'approcher, se sont emparées des redoutes. — Les nouvelles que le gouvernement avait défendu d'insérer dans les journaux, ont transpiré. — C'est en vain que nous nous sommes efforcés de conserver notre liberté. — Les champs que nous avions commencés à dépouiller, vont être foulés par des barbares, et deviendront les champs de la mort. — Quelle est cette tour qu'on avait commencée à démolir?

VI. — 3.

Voilà des instruments que nous avions portés à raccommoder. — Les habits qu'on m'a laissé à retourner, je les ai envoyé à dégraisser. — Voilà des jardins qu'on nous a laissé à soigner, et des marais qu'on nous a donnés à défricher.

VII. — 8.

Si nos juges s'étaient donnés la peine d'examiner notre affaire, ils se seraient épargnés la disgrace qu'ils se sont attirés. — Nous nous étions proposés de vous aller voir aujourd'hui même, mais l'invitation que nous a fait notre banquier, d'aller dîner à sa campagne, nous en a empêchés. — Les fêtes qu'on nous avait préparés étaient magnifiques. — Ce sont des mystères qu'on nous a défendus de révéler. — Nous nous sommes vus intenter un procès pour cette maison, de la part de nos voisins, au moment où nous nous y attendions le moins.

VIII. — 6.

J'ai dissipé plus de fortune que vous n'en avez amassée. — Vous avez essuyé moins de désagréments que je n'en ai éprouvés.—Puisque votre fils arrive de l'armée, dites-nous quelles sont les nouvelles qu'il en a apporté? —Je ne lui ai pas coupé autant d'arbres qu'il m'en a arrachés; mais en revanche, je lui ai mangé plus de pêches qu'il ne m'en a jetées par terre. — Quand vous aurez lu autant de romans que votre cousine en a lus, vous serez tout aussi ridicule qu'elle. — Puisque vous avez fait des extraits de nos journaux, je serais bien aise de voir l'analyse que vous en avez faite.

IX. — 7.

Le concierge de ce château nous a montré tous les appartements que nous avons voulus. — Que de bras il a fallus pour couper cette montagne!— Mon oncle m'a fait toutes les avances qu'il a pu, et ma grand'mère toutes les remontrances qu'elle a dites. — Nous ne lui avons pas donné tous les renseignements que nous aurions voulus; mais nous lui avons donné tous les secours que nous avons pus.—Nous n'avons pas fait à l'ennemi tous les prisonniers que nous aurions désirés; mais nous lui avons pris autant de chariots que nous avons voulus.

X. — 5.

Les illuminations qu'il y a eues pendant huit jours au château, ont été si brillantes, qu'on ne s'est pas du tout apperçu des brouillards qu'il a faits. — On a distribué journellement à tous les malheureux du pain et des fagots tant qu'il y en a eus. — La grande abondance de neige qu'il y a eue cet hiver, a préservé les semences des froids rigoureux qu'il a faits.

XI. — 11.

Les juges que j'avais crus pencher pour notre parti, nous ont été contraires. — Les marchandises qu'on m'avait dites venir par eau, me sont venues par le roulage. —Les écus que j'ai trouvés manquer dans le sac, m'ont été remis. — Les vins qu'on m'avait assuré rendre trois veltes d'eau-de-vie par hectolitre, n'en ont rendu que deux. — Ces chevaux que vous aviez soupçonnés attaqués de la morve, sont très-sains. — Cette terre qu'on m'avait dite ensemencée, est encore en friche. —

Cette femme que j'avais crue jalouse, m'a donné des preuves du contraire. — Nos soldats se sont crus trahis. — Cette affaire qu'on m'avait assurée assoupie, se renouvelle avec plus d'acharnement. — Les pêches que vous avez mangé vertes vous ont fait mal. — Dès que nos amis nous ont sus arrivés, ils sont venus au devant de nous. — Cette épidémie que nous avions crue dangereuse, n'a laissé aucunes traces de malignité. — Ils se sont cru dispensés de garder le secret.

XII. — 7.

Le peu d'amis que j'ai choisis étaient sincères — Quelle quantité d'insectes le défaut d'hiver a produite! — Que de bœufs on a amenés à la foire! — Combien de familles cet événement a réduit au désespoir! — L'ennemi a taillé en pièces le petit nombre d'hommes qu'on m'avait confié. — Voilà une infinité d'arbres que les chenilles ont dépouillée. — Que de maux ont souffert les habitants de ces campagnes ravagées! — Le peu de fortune que lui a laissée son père ne lui a pas permis de monter son établissement. — Le peu de bonne volonté qu'il a montré à m'obliger, m'a fait changer de résolution. — Le peu d'aptitude que je lui ai trouvée pour les sciences, m'a fait changer le plan d'éducation que je m'étais tracé.

DE L'ARTICLE.

On appelle *articles*, certains attributs de l'ordre métaphysique, qui, n'exprimant aucunes qualités propres aux objets de nos idées, nous font considérer comme signe d'un individu spécifique le nom commun qu'ils précèdent, comme l'*animal*, l'*homme*, *le poète;* car le nom commun, sans l'article, ne peut être considéré que comme modificatif de *genre*, d'*espèce*, de *classe : J'appartiens au règne* ANIMAL; *je suis* HOMME; *Racine était* POÈTE; ou comme signe d'une idée abstraite : *ambition*, *foi*, *honneur*.

J'ai déjà dit qui si nous avions pu donner des noms à tous les individus, nous n'aurions pas eu besoin d'articles; mais puisque cela était physiquement impossible, et que nous n'avons pu désigner chacun des êtres innombrables qui couvrent la surface du globe, comme *animaux*, *végétaux*, *minéraux*, qu'en formant des *genres*, des *espèces*, des *classes*, des *sortes*, il a bien fallu, lorsque nous avons voulu exprimer une qualité propre à un individu particulier, compris dans tel genre, telle espèce, telle classe, il a bien fallu, dis-je, suppléer au défaut de nom propre, en faisant précéder ce nom spécifique d'une modification abstraite, ou d'un signe abstrait comme l'article, qui nous le fît envisager comme individu de telle espèce ou de telle classe, déterminé soit sous le rapport de la démonstration, soit sous le rapport du nombre, soit sous le rapport de la possession, etc. MES *pêchers ont* QUATRE *ans; tous* CES *abricotiers ont eu* QUELQUES *fruits;* car les articles simples *le, la, les*, précédant un nom commun, s'il n'est pas suivi de quelque attribut, ou s'il n'est pas restreint par quelque proposition incidente, n'expriment jamais qu'un individu métaphysique, ou l'universalité des individus embrassant indéfiniment un *genre*, une *espèce*, une *classe* LES *animaux*, LES *végétaux*, L'*homme*, LE *magistrat*, LE *chien*, LE *melon*, L'*amour*, LE *génie*.

Mais un attribut mis après un nom générique, comme *animaux*, *végétaux*, ou spécifique, comme *homme*, *arbre*, peut restreindre l'un et l'autre à exprimer un individu métaphysique, ou l'universalité des individus embrassant une espèce par rapport au genre, *les animaux carnivores*, ou une espèce particulière comprise dans l'espèce générale, *l'homme de couleur*, ou une classe comprise dans cette espèce, comme *l'homme vertueux*, *le magistrat intègre*, *le chien de chasse*, *le melon vert*, *l'amour maternel*, *le génie militaire*, ou bien un ou plusieurs individus déterminés dans le genre, l'espèce, la classe, comme dans les exemples qui suivent :

Les ANIMAUX *qui vivent à la ménagerie; l'*HOMME *qui s'est dévoué pour son pays; le* MAGISTRAT *qui nous gouverne; le* CHIEN *que j'ai élevé; le* MELON *que j'ai cueilli; l'*AMOUR *que les Français ont pour leur* *souverain ; le* GÉNIE *qui commande aux destins de la France.*

Je viens de présenter le nom commun dans un sens générique ou spécifique absolu ; car quand je dis : *les animaux*, *l'homme*, *le magistrat*, etc., je n'entends parler d'aucuns animaux d'une espèce ou d'une classe particulière, d'aucun homme, d'aucun magistrat considéré individuellement; c'est l'universalité des animaux considérés métaphysiquement comme formant le genre; c'est l'espèce humaine, c'est la classe des magistrats que je considère métaphysiquement comme individu d'espèce, de classe ; en un mot, c'est le genre, l'espèce, la classe individualisés. Il en est de même quand j'individualise les mots *amour*, *génie*, parce que ce n'est qu'en personnifiant une idée abstraite, ce n'est qu'en la considérant à la manière des êtres physiques, que nous pouvons nous y arrêter et en porter un jugement.

Vous voyez comment ces noms, employés dans un sens absolu, peuvent être restreints à exprimer une espèce ou une classe particulière, ou enfin, un ou plusieurs individus déterminés dans le genre, l'espèce, la classe, etc.

Le caractère distinctif de l'article est donc d'individualiser le nom commun qu'il précède.

Division de l'Article.

ARTICLES.	Définis......		le, la, les.
	Indéfinis ..		certain, un (1), quelque, plusieurs, maint (2).
	Possessifs........	de la 1re pers.	mon, ma, mes, notre, nos
		de la 2e ..	ton, ta, tes, votre, vos
		de la 3e...	son, sa, ses, leur, leurs,
	Démonstratifs......	....	ce, cet, cette, ces
	Numéraux....	....	un, deux, trois, etc.
	Collectifs........	....	tous, toutes.
	Collectifs distributifs	....	chaque, tout, toute (3).
	Négatifs..........	....	nul, nulle, aucun, aucune

Lorsque nous ne voulons pas, ou que nous ne pouvons pas déterminer les individus, nous employons les articles indéfinis *un*, *une*, *certain*, *certaine*, *quelque*, *plusieurs*, *maint*, *mainte*, et leur pluriel, comme dans ces exemples :

CERTAINES *gens ont* UNE *ambition démesurée. J'a-*

---

(1) Les mots *un*, *une*, doivent se prendre ici dans un sens abstrait

La bonne dame alla se figurer
Certain plaisir, si l'on en croit l'histoire,
A barbotter dans *une* eau sale et noire.

DOCERSEAU.

(2) Il faut y comprendre le féminin des mots *certain*, *un*, *maint* et le pluriel de ceux qui en ont.

(3) Les mots *tout*, *toute*, *tous*, *toutes*, sont articles dans ce sens

J'entends de *tous* côtés qu'on menace Pyrrhus.

mais quand *tout* est suivi de l'article, alors il doit être considéré comme attribut simple; ainsi, dans ce vers.

Toute la Grèce éclate en murmures confus.

C'est comme s'il y avait *la Grèce entière*, car ici *toute* ne peut être pris dans un sens distributif.

Nous verrons comment ce mot *tout* devient attribut d'attribut précédant un attribut simple ou passif.

vais QUELQUE *envie de vous consulter. Si j'ai* QUELQUES *moments à moi, j'en profiterai pour vous aller voir. J'ai passé* MAINTES *fois chez vous, sans vous rencontrer; on m'a dit que vous aviez passé* PLUSIEURS *jours à la campagne.*

Les articles possessifs, en nous faisant considérer sous un rapport de propriété une idée générale, la restreignent au point de la rendre individuelle : MON *avenir est brillant;* MON *champ est fertile :* sur quoi il faut remarquer que c'est comme si nous disions : *l'avenir* MIEN, *le champ* MIEN, ou *l'avenir* DESTINÉ A MOI, *le champ* APPARTENANT A MOI. Or, parce que ces mots : MON CHAMP, présentent la même idée que *le champ* APPARTENANT A MOI, est-ce une raison pour dire que *mon* est un pronom? Si quelques grammairiens l'ont regardé comme pronom, c'est sans doute parce qu'il rappelle *moi* dans cette analyse : APPARTENANT A MOI; mais alors, MON *champ* serait donc *le champ* MOI; et cela ne présenterait aucun sens : il faut bien reconnaître une préposition qui montre *moi* comme terme d'un rapport, et ce ne peut être qu'un rapport de propriété : donc, il faut reconnaître aussi un attribut, comme *appartenant*, et alors on aura *appartenant à moi*. Or, *mon*, décomposé, nous présentant LE APPARTENANT A MOI, l'idée de propriété est dominante, elle est directe; tandis que *moi* n'est là qu'indirectement, pour déterminer les rapports de propriété. Or, les dénominations des mots doivent se tirer de l'idée principale qu'ils font naître. L'idée principale étant celle de la propriété *appartenant*, c'est donc un attribut, qui, se trouvant réuni à l'article simple, et déterminé par un pronom de la première personne, devient un article possessif de la première personne. (Voyez ce que nous avons dit en traitant du pronom.)

Je ne me serais pas donné la peine de combattre une opinion aussi évidemment fausse, si elle ne faisait encore des progrès, malgré les principes lumineux de nos grammairiens philosophes; mais la vérité a peine à se faire jour, et l'erreur se propage d'autant plus aisément, que beaucoup de ceux qui se livrent à l'enseignement ne suivent qu'une routine aveugle, ou se laissent aller à une fausse doctrine.

L'article démonstratif nous fait considérer le nom commun qu'il précède, comme un individu désigné dans l'espèce ou dans la classe, par le signe de démonstration qui l'accompagne; ou il nous rappelle un individu déjà déterminé et présent à notre imagination : *voyez-vous les murs de* CE *palais? rappelez-vous* CES *lieux si chers à votre enfance!*

Les articles numéraux déterminent les individus sous le rapport du nombre : UN *décime vaut* DIX *centimes; je commandais* SIX CENTS *hommes.*

Enfin, je puis considérer les individus en masse distributivement, ou un à un collectivement, ce qui est la même chose; et alors j'emploie les articles *tous*, *toutes* : TOUS *les hommes sont égaux en droits; je t'ai accordé* TOUTES *les dignités que tu m'as demandées;* ou les articles *tout*, *toute*, *chaque*, TOUT *homme*, ou CHAQUE *homme a ses défauts.*

Ou je puis les envisager dans un sens négatif : NUL *homme ne s'est présenté; je n'ai rencontré* AUCUN *obstacle.*

La place des articles est invariablement et presque toujours immédiatement avant le nom commun : LES *hommes*, LA *foi*, LA *grandeur d'âme*, à moins que celui-ci ne soit précédé d'un attribut employé dans un sens absolu ou comparatif : LES GRANDS *hommes*, LES PLUS GRANDS *hommes*, LA BONNE *foi*, LA VÉRITABLE *grandeur d'âme.*

J'ai dit qu'un nom commun, précédé de l'un des articles *le*, *la*, *les*, ne peut jamais exprimer qu'un individu spécifique, s'il n'est restreint ou déterminé par quelque attribut. Ces noms d'individus spécifiques sont fort en usage dans l'apologue : LA *Cigale et* LA *Fourmi*, LE *Loup et* L'*Agneau.* On ne fait parler aucune cigale, aucun loup, aucun agneau en particulier; c'est un individu spécifique ou métaphysique, qui est censé parler avec un pareil individu. On peut cependant employer le nom commun précédé de l'article dans un sens relatif à ce qui précède; ainsi vous direz : *Mon fermier m'ayant apporté une perdrix avec quinze petits, je pris* LA *mère et* LES *petits, et les mis dans mon parc.* On ne pourrait pas dire : *Mon fermier m'ayant apporté* LA *perdrix avec* LES *quinze petits*, parce que, je le répète, on ne peut considérer comme signe d'un individu physique, un nom commun qui ne serait déterminé ni par ce qui précède, ni par ce qui suit; mais je dis : *je pris* LA *mère et* LES *petits*, parce que le mot *perdrix* se trouve précédemment déterminé dans un sens physique et individuel par l'article *une*, et que *petits* se trouve aussi déterminé sous le rapport du nombre et sous le rapport de la filiation supposée; car il est naturel de penser que ce sont les petits de la perdrix.

Les articles désignent donc des individus déterminés dans l'esprit de celui qui parle, soit par ce qui précède, soit par ce qui suit, soit par les circonstances qui accompagnent l'action; car si je dis : *J'ai été à St.-Cloud; j'y ai vu* LE *Roi;* les circonstances de lieu font assez connaître que je parle du Roi chéri des Français.

On dit aussi : LES *hommes* LES *plus instruits*, LES *peuples* LES *plus barbares;* et dans ce cas, je crois que le second article tient lieu du mot *ceux*, car il y a ellipse, et c'est comme si l'on disait : LES *hommes*, je veux dire ceux qui sont instruits au plus haut degré; LES *peuples*, je veux dire ceux, etc.

Nous ne nous dispensons d'employer l'article avant le nom commun, que lorsque nous nous adressons directement à l'objet de nos idées, parce qu'alors nous semblons le personnifier et le considérer comme seconde personne : OISEAUX! *suspendez vos concerts!* FLEUVES! *remontez vers votre source!* et non pas LES *oiseaux*, LES *fleuves*.

Il existe encore quelques façons de parler proverbiales, où la suppression de l'article est admise, toutes les fois qu'elle ne fait rien perdre de la précision de l'idée. C'est ainsi qu'on dit, dans un sens qualificatif d'espèce défini ou indéfini : BON CHIEN *chasse de race*; BONNE RENOMMÉE *vaut mieux que* CEINTURE DORÉE; PAUVRETÉ *n'est pas* VICE; CONTENTEMENT *passe* RICHESSE; *qui* TERRE *a* GUERRE *a*. Il y a dans cette tournure une vivacité et une énergie qui n'existeraient pas avec l'article. D'ailleurs, ces proverbes, comme l'observe Condillac, sont plus anciens que l'habitude que nous avons contractée de distinguer le sens individuel du sens spécifique.

Remarquons encore que le nom d'espèce n'admet pas l'article dans quelques propositions, quand il n'est employé que comme complément direct ou indirect de ces mêmes propositions, comme : *manquer d'*EAU, *d'*AIR, *de* FORCE, *de* COURAGE, *de* FEU, *faire* EAU (en parlant d'un bâtiment), *faire* FEU; *perdre* TERRE, COURAGE, PATIENCE; *voyager sur* TERRE *et sur* MER. Il faut donc bien distinguer le sens individuel défini qui admet l'article, du sens spécifique et qualificatif indéfini qui ne l'admet pas.

SENS INDIVIDUEL DÉFINI.	SENS SPÉCIFIQUE INDÉFINI.
*L'*eau nous manque	Nous manquons *d'*eau
J'aime *le* feu.	Je manque *de* feu.
Le palais *du* prince, *d'un* prince	Un palais *de* prince.
Il a de *l'*argent, de *l'*esprit	Il n'a point *d'*argent, point *d'*esprit
*L'*or, *l'*argent, *le* marbre, *les* diamants, *le* corail.	Collier *d'*or, *d'*argent, *de* corail, *de* diamants, bloc *de* marbre
Le soleil luit.	Un coup *de* soleil.
On a laissé *les* morts sur le champ de bataille.	Un champ de bataille couvert de morts.
Donnez-moi *un* pain, *le* pain, *du* pain.	Donnez-moi un morceau *de* pain.
Nous aurons *du* vin en abondance	Nous aurons abondance *de* vin.
Se fier à *la* mer.	Avoir le mal *de* mer.

L'usage prescrit aussi l'emploi de l'article avec le mot *bien* précédé de la préposition *de*, et l'interdit avec le mot *beaucoup*.

Il vit avec bien *de la* peine.	Il vit avec beaucoup *de* peine.
Nous récolterons bien *du* vin.	Nous récolterons beaucoup *de* vin
Bien *des* gens pensent ainsi	Beaucoup *de* gens pensent ainsi
Il a bien *des* connaissances.	Il a beaucoup *de* connaissances

Je ferai enfin remarquer que le mot *bien*, qui se place toujours après le verbe, à toutes les personnes et aux deux nombres : *il dort* BIEN, *nous travaillons* BIEN, se met toujours avant la forme complétive du verbe : *il a* BIEN *dormi; nous avons* BIEN *travaillé; vous avez* BIEN *chanté; ils ont* BIEN *bu*, et non pas : *il a dormi* BIEN, *nous avons travaillé* BIEN, etc.

J'ai déjà dit qu'il ne nous a pas été possible de donner un nom particulier à chacun des êtres innombrables répandus sur le globe; et d'ailleurs, il nous importerait peu de donner des dénominations particulières à chacun des individus de tant d'espèces, puisque nous n'avons besoin de les distinguer que par les différences qui caractérisent chaque espèce. Nous avons donc créé des noms spécifiques et des articles, pour en faire au besoin des applications individuelles; mais nous n'avons pas dû chercher à individualiser le nom propre en le faisant précéder de l'article, puisque les noms propres ne sont autre chose que des noms d'individus.

Que si nous disons : *Voilà* LE *Molière de nos jours;* LES *Voltaire*, LES *Racine*, LES *Boileau sont rares*, c'est qu'il y a ellipse; c'est comme si nous disions : *Voilà l'*INDIVIDU *qui*, *de nos jours*, *fait revivre ou rappelle Molière;* LES GRANDS ÉCRIVAINS *comme Voltaire*, *Racine*, *Boileau*, *sont rares*. Je crois donc qu'on ne doit point écrire *les Voltaires*, *les Racines*, *les Boileaux* ou *Boileaus*, puisque l'article ne peut précéder un nom propre, sans que nous supposions quelques mots ellipsés, et que d'ailleurs nous nous refuserions à écrire : *Je vais revivre dans* D'AUTRES MOI-MÊMES, puisque l'analyse nous démontre que c'est *dans d'autres êtres semblables à moi-même;* et certes, jamais l'analyse ne fut plus d'accord avec la raison.

Il est vrai qu'on dit : LE *soleil*, LA *lune*, LA *terre*, LA *mer*, LE *paradis*, L'*enfer*, L'*univers*, LA *Seine*, LA *Marne*, LA *Loire*, LA *Meuse*, LA *Save*, LA *Drave*, LE

Rhin, LE *Danube*, LE *Mein*, LE *Gange*, LE *Caucase*, L'*Etna*, LE *Vésuve*, LE *Louvre*, LE *Luxembourg*; mais c'est qu'on sous-entend un nom générique, comme : *astre*, *rivière*, *fleuve*, *mont*, *palais*; cela est si vrai, qu'ont dit indifféremment : LE *Vésuve*, L'*Etna*, ou *le* MONT *Vésuve*, *le* MONT *Etna*; ce sera enfin *la* PLANÈTE *lune*, *la* PLANÈTE *terre*. Nous aurons dit LA MER, *par contraction de l'eau amère; le paradis*, *c'est* LE LIEU *de délices*, *l'enfer* (d'infernus), LE LIEU *bas*; *l'univers*, *c'est l'*ÊTRE *universel*. C'est encore par le même principe, qu'on dit : LE *Tasse*, L'*Arioste*, LE *Dante*, LE *Titien*, LE *Dominiquin*, LE *Carrache*, LE *Pautre*, en sous-entendant *poëte*, *peintre*, *sculpteur*, etc.

Enfin, quand nous disons : IL *tonne*, IL *vente*, IL *pleut*, IL *neige*, IL *gèle*, IL *grêle*, je crois qu'alors nous n'employons le mot *il* que par similitude, parce qu'il précède une proposition entière, qui paraît sous la forme d'un verbe composé, lequel comprend essentiellement le sujet de la proposition, en telle sorte qu'on pourrait l'appeler verbe nominal, comme les grammairiens ont appelé verbe adjectif le mot composé du verbe être et d'un attribut actif. Il paraît certain que c'est alors l'article emprunté de l'italien, et que c'est comme si nous disions : LE *tonnerre gronde*, LE *vent souffle*, LA *gelée agit*, LA *pluie*, LA *neige*, LA *grêle tombent*.

On aura dit d'abord :

LE VENT *est soufflant;* LE TONNERRE *est grondant.*

En convertissant *le* en *il*, on a dit :

IL VENT E; IL TONN E,

en n'employant que la lettre initiale du verbe pur, et faisant ellipse de l'attribut censé reproduit dans le mot *vente* ou *tonne*, etc.

Les articles, n'étant que des adjectifs métaphysiques, reçoivent la loi du nom commun qu'ils précèdent, par rapport au genre et au nombre.

On emploie *le*, avant un nom du singulier masculin; *la*, avant un nom du singulier féminin; et *les*, pour le pluriel des deux genres : LE *ciel*, LA *terre*, LES *cieux*, LES *étoiles*.

Il faut remarquer que les voyelles de *le* et *la*, s'élident avant un nom qui commence par une voyelle ou par un *h* non aspiré. Ainsi, l'on écrit avec l'apostrophe : L'*homme sacrifie à* L'*amitié*, pour *à* LA *amitié; manquer aux devoirs de* L'*humanité*, *de* L'*honneur*, pour *de* LA *humanité*, *de* LE *honneur*.

Ces mêmes articles se marient souvent avec les prépositions *à* et *de*. C'est ainsi que *le*, suivi d'un nom qui commence par une consonne ou par un *h* aspiré, et précédé de la préposition *de*, se transforme en *du ; cet auteur a* DU *mérite ; sa pièce a eu* DU *succès*, pour DE LE *mérite*, DE LE *succès*. *Les*, précédé de la même préposition se transforme en *des : l'injustice* DES *hommes*, pour DE LES *hommes*. *Le* et *les*, précédés de la préposition *à*, se changent en *au*, *aux* : *céder* AU *sort*, *prétendre* AUX *honneurs*, pour A LE *sort*, A LES *honneurs*.

C'est donc par contraction qu'on dit *du* ou *des* pour *de le* ou *des les*, comme on dit *au* ou *aux* pour *à le* ou *à les*. Nos enfants, dès qu'ils commencent à parler, s'énoncent naturellement, c'est-à-dire sans contraction ; et vous les entendrez dire souvent : *j'ai peur* DE LE *gros chien ; voilà le chapeau* DE LE *petit garçon qui a jeté une pierre* A LE *monsieur* ; et en cela ils parlent par analogie.

Il faut donc s'accoutumer à reconnaître dans chacune de ces expressions les divers éléments qui la composent ; car quand je dis : *mon fermier m'a amené* DU *blé ; je vous envoie* DES *draps de Sédan ; nous boirons* DU *vin de Bourgogne ;* DES *hommes bien nés se conduisent autrement*, etc. Il y a ellipse dans toutes ces propositions ; c'est comme si je disais :

Mon fermier m'a amené quelques sacs DE LE *comestible* BLÉ.

Je vous envoie quelques pièces DE LES *draps de Sédan.*

Nous boirons quelques bouteilles ou quelques verres DE LE *vin de Bourgogne.*

Le commun DE LES *hommes bien nés se conduisent autrement.*

De même, quand on dit : *j'ai touché* DE L'*argent* ;

j'ai vu DES *savants penser ainsi*, il ne faut pas croire que ces mots *argent*, *savants*, soient le complément direct de *vu*, de *touché*; ils sont le terme des rapports exprimés par la préposition *de*; et il est facile de reconnaître que le complément direct du verbe est sous-entendu. C'est comme si l'on disait : *j'ai touché quelque portion* DE LE *métal argent*; *j'ai vu quelques individus de la classe*, DE LES *hommes savants penser ainsi*.

L'article ne précède pas toujours immédiatement les noms communs, parce qu'il est certains attributs que l'usage a placés avant, comme : *la* BELLE *saison*; *les* BONS *avis*; *les* RIANTS *coteaux*; *les* PETITS *oiseaux*; *le* JUSTE *courroux*; *le* DOUX *parfum*. De même qu'il en est d'autres qui, mis avant ou après les noms, ont une acception différente : *le galant homme*, *l'homme galant*; *un pauvre homme*, *un homme pauvre*; *un brave homme*, *un homme brave*; *un grand homme*, *un homme grand*; *une grosse femme*, *une femme grosse*; *une femme sage*, *une sage femme*; *les tendres agneaux*, *les agneaux tendres*; *maigre chère*, *chère maigre*; *le triste dîner*, *le dîner triste*; *un fier homme*, *un homme fier*; *un furieux animal*, *un animal furieux*; *cruel enfant*, *enfant cruel*; *homme plaisant*, *plaisant homme*.

L'attribut est quelquefois immédiatement précédé de l'article qui lui donne véritablement le caractère du nom, comme quand on dit : *joindre* L'*agréable à* L'*utile*; LE *vrai*, LE *merveilleux*, LE *sublime*; car il y a ellipse; c'est-à-dire qu'il faut toujours reconnaître quelque nom qui est le soutien de ces attributs.

Exemples :

L'OBJET *agréable*, *utile*; LE TABLEAU *vrai*; L'OUVRAGE *merveilleux*; LE CARACTÈRE OU LA PENSÉE *sublime* :

> Qu'en savantes leçons votre muse fertile
> Partout joigne au *plaisant* le *solide* et l'*utile*.
>
> BOILEAU.

L'emploi de l'article *le*, *la*, *les*, peut présenter quelques difficultés lorsqu'il est suivi des mots *plus*, *moins*, *mieux*, employés comme *attributs d'attributs*, mais non quand ils sont employés comme *noms*, puisqu'alors il suit nécessairement le *genre* et le *nombre* de ces noms qui sont toujours au *masculin singulier*.

Exemples :

Mettez LE MOINS *possible de recherche dans votre parure ; il a eu* LE PLUS *de part à cette affaire ;* LE MIEUX *me paraît préférable au bien ; tout est pour* LE MIEUX.

> Le *moins* de gens qu'on peut à l'entour du gâteau,
> C'est le droit du jeu, c'est l'affaire.
>
> LA FONTAINE.

Dans tous les autres cas où les mots *plus*, *moins*, *mieux*, sont immédiatement précédés de l'article ou il concourt avec eux, dans une même proposition, à l'expression d'une forme attributive su perlative, et alors il est toujours invariable; ou il n'est que l'indicateur d'un nom ellipsé ou d'un nom dont on veut éviter la répétition, ce qui fait qu'on emploie, moins l'article, les formes du superlatif *le plus*, *le moins*, *le mieux*, pour éviter la rencontre des deux articles qui se suivraient immédiatement, comme dans ces exemples : *voilà les poires* LES LE *plus mûres de mon jardin; voici* LA LE *plus belle de mes roses*.

Nous employons donc les formes du superlatif *le plus*, *le moins*, *le mieux*, dans le sens de : *au plus* haut point ou degré, *au moindre* point ou degré, de la meilleure manière; *au degré* le plus éminent, *au degré* le plus bas, dans le meilleur goût.

Mais il faut distinguer : ou nous voulons exprimer ce degré le plus élevé ou le plus bas relativement à des objets ou à des individus, par suite de comparaisons faites antérieurement avec d'autres objets ou d'autres individus; ou cette forme du superlatif ne s'applique qu'aux différents degrés de signification du même attribut rapporté au même nom.

Dans le premier cas, nous substituons, comme je viens de le faire voir, les *formes* comparatives *plus*, *moins*, *mieux*, aux *formes* superlatives *le plus*, *le moins*, *le mieux*, puisque nous disons :

Mes frères ont été	*les*	*mieux* partagés.
Mlle. Duchesnois a été	*la*	*plus* applaudie.
Les égarements du fanatisme sont	*les*	*plus* funestes.
J'ai cueilli les fleurs	*les*	*moins* flétries.
De toutes les planètes la lune est	*la*	*plus* rapprochée de notre globe
Sa famille a été	*la*	*moins* épargnée.
Les dépositions de ce témoin ont été	*les*	*plus* aggravantes.
La perfidie de cette femme m'a été	*la*	*plus* sensible.
Nos ennemis	*les*	*plus* dangereux sont nos vices
Les vents du midi sont	*les*	*plus* impétueux.

Il s'agit donc de rechercher pourquoi et comment cette substitution a lieu.

L'auteur de *la Grammaire des Grammaires*, M. Girault Duvivier, qui semble avoir mis beaucoup de soin à traiter cette question si délicate et si importante, n'a pas, ce me semble, apperçu le vrai point de la difficulté :

« Comme dans le superlatif relatif, dit-il, » page 224 du tome 1er. de sa Grammaire, 4e. édi» tion, il y a excès et comparaison avec d'autres » objets (personnes ou choses), ce superlatif » rentre, en quelque sorte, dans le degré appelé » *comparatif*; aussi l'article qui correspond à un » substantif sous-entendu après lui, prend-il les » inflexions du substantif énoncé auparavant. On » dira donc :

» Quoique cette femme montre plus de fermeté » que les autres, elle n'est pas pour cela *la* moins » affligée.

» Les bons esprits sont *les plus* susceptibles de » l'illusion des systèmes.

» Les arts du premier besoin ne sont pas *les plus* » considérés. »

Ce qui, selon lui, signifie :

« Elle n'est pas pour cela la femme *moins* affligée » *que* les autres.

» Sont les esprits *plus* susceptibles *que* les autres.

» Ne sont pas les arts *plus* considérés *que* les » autres. »

J'avoue que ce raisonnement ne me paraît pas du tout conséquent : l'auteur de la *Grammaire des Grammaires* me paraît abandonner bien inconsidérément, non pas en quelque sorte, mais tout à fait, le degré superlatif pour le degré comparatif.

Il me semble, à moi, que quand je dis :

A	Cette femme n'est pas	*la*	*moins* affligée.
	Les bons esprits sont	*les*	*plus* susceptibles.
	Les arts du premier besoin ne sont pas	*les*	*plus* considérés.

les attributs d'attributs *plus* et *moins*, quoique ramenés à la forme comparative, n'en ont pas moins toute la force des expressions *le plus*, *le moins*, qui expriment le superlatif; car c'est bien comme si je disais :

Cette femme n'est pas LA FEMME *ou* CELLE (qui est) LE MOINS *affligée*.

Les bons esprits sont LES ESPRITS *ou* CEUX (qui sont) LE PLUS *susceptibles*, etc.

Les arts du premier besoin ne sont pas LES ARTS *ou* CEUX (qui sont) LE PLUS *considérés ou* QU'ON *considère* LE PLUS.

En effet, toutes les fois que nous voulons éviter la répétition d'un nom commun, comme quand nous disons : *l'*ANGÉLIQUE *de Niort est* LA (sous-entendez angélique) *plus estimée ;* ou toutes les fois que nous voulons donner de l'extension à un nom commun, comme dans cet exemple : *l'*ANGÉLIQUE LA PLUS *estimée est celle de Niort ;* c'est comme si nous disons : *l'*ANGÉLIQUE (je veux dire l'angélique) *estimée* LE PLUS, etc., ou enfin, toutes les fois que nous voulons reproduire un nom quelconque par le nom du genre, de l'espèce ou de la classe dans laquelle il se trouve compris, comme quand je dis : *mademoiselle Duchesnois a été* LA (sous-entendez actrice) *plus applaudie ;* nous le faisons elliptiquement, c'est-à-dire, que nous n'employons que l'article indicateur de ce nom, et c'est pour éviter la rencontre de ces sons désagréables à l'oreille, et qui semblent devoir s'éviter :

Cette femme n'est pas LA LE *moins affligée.*

Les bons esprits sont LES LE *plus susceptibles.*

Les arts du premier besoin ne sont pas LES LE *plus considérés.*

que nous nous exprimons comme d'autre part exemples A.

Cela est si vrai, que si ces noms, au lieu d'être reproduits par l'article indicateur, sont rappelés par un pronom, vous nous voyez reproduire les formes du superlatif *le plus*, *le moins*, *le mieux* *cette femme n'est pas* CELLE *qui est* LE MOINS *affligée.*

Pour nous convaincre de cette vérité, je ne veux employer que l'argument qui se trouve à la page précédente du même volume.

« Si le superlatif relatif, dit-il, précède son subs-
» tantif, un seul article suffit pour l'un et pour l'au-
» tre : *le plus* célèbre orateur qu'aient eu les Ro-
» mains, est Cicéron ; mais si c'est le substantif qui
» précède le superlatif, il faut mettre un article à
» *l'un* et à *l'autre :* l'orateur *le plus* célèbre qu'aient
» eu les Romains, est Cicéron. »

Or, n'est-il pas évident que c'est uniquement pour ne pas blesser l'oreille, qu'on dit : *le plus célèbre orateur* pour LE *le plus célèbre orateur*, puisqu'on dit : *l'orateur le plus célèbre ;* car ici il n'y a qu'une simple inversion de mots.

Autant donc il serait ridicule de dire :

Mes frères ont été	*le mieux*	partagés.
Mlle. Duchesnois a été	*le plus*	applaudie.
Les égaremens du fanatisme sont	*le plus*	funestes.
Ces fleurs sont	*le moins*	flétries.
De toutes les planètes la lune est	*le plus*	rapprochée de la terre.
Sa famille a été	*le moins*	épargnée
Les dépositions de ce témoin ont été	*le plus*	aggravantes.
La perfidie de cette femme m'a été	*le plus*	sensible.
Nos ennemis	*le plus*	dangereux sont nos vices.
Les vents du midi sont	*le plus*	impetueux.

Autant il serait contraire aux bons principes de dire :

Ce sont mes frères qui ont été	*les mieux*	partagés.
C'est Mlle. Duchesnois qui a été	*la plus*	applaudie
Ce sont les égaremens du fanatisme qui sont	*les plus*	funestes.

J'ai cueilli les fleurs qui etaient	*les moins*	flétries.
C'est la lune qui est	*la plus*	rapprochée de la terre
C'est sa famille qui a été	*la moins*	épargnée
Ce sont les dépositions de ce témoin qui ont été	*les plus*	aggravantes
C'est la perfidie de cette femme qui m'a été	*la plus*	sensible.
Ou c'est cette femme dont la perfidie m'a été	*la plus*	sensible.
Nos ennemis qui sont	*les plus*	dangereux sont nos vices
Ce sont les vents du midi qui sont	*les plus*	impetueux.

Il faut dire :

Le mieux	partagés.
Le plus	applaudie.
Le plus	funestes.
Le moins	flétries.
Le plus	rapprochée.
Le moins	épargnée.
Le plus	aggravantes.
Le plus	sensible.
Le plus	sensible.
Le plus	dangereux.
Le plus	impetueux.

Remarquez bien encore que quand je dis que les formes composées *le plus*, *le moins*, *le mieux*, expriment dans un attribut quelconque le degré superlatif, il faut entendre un attribut exprimé ou sous-entendu; car souvent on fait ellipse des attributs simples ou passifs, comme quand on dit : *arrosez les fleurs qui sont* LE PLUS *au soleil* ou LE MOINS *à l'abri; c'est la cadette qui est* LE MIEUX *en homme; voilà l'étoffe qui est* LE PLUS *à mon goût; c'est l'étoile qui est* LE PLUS *vers le nord*; puisque c'est comme si l'on disait : *arrosez les fleurs qui sont* LE PLUS EXPOSÉES *au soleil* OU LE MOINS MISES *à l'abri; c'est la cadette qui est* LE MIEUX HABILLÉE OU

DÉGUISÉE *en homme; voilà l'étoffe qui est* LE PLUS ACCOMMODÉE OU APPROPRIÉE *à mon goût; c'est l'étoile qui est* LE PLUS DIRIGÉE OU AVANCÉE *vers le nord.*

Dans le second cas, c'est-à-dire, si nous ne voulons exprimer que les différents degrés de significations du même attribut, rapporté au même nom, il n'y a plus aucune difficulté, et nous devons toujours employer les formes *le plus*, *le moins*, *le mieux. J'ai traversé ce fleuve au moment où ses eaux étaient* LE PLUS *rapides; voilà le temps où les alouettes sont* LE PLUS *grasses; voici le moment où la ville est* LE PLUS *déserte; on a interrompu cette actrice au moment où elle était* LE PLUS *intéressante.* En effet, il ne s'agit pas ici d'établir une distinction entre des objets modifiés, mais seulement entre les degrés de signification du même attribut rapporté au même nom; car remarquez bien que si vous disiez : *voilà le moment où la ville est* LA *plus déserte; on a interrompu cette actrice au moment où elle était* LA *plus intéressante*, vous auriez l'air d'établir la distinction relativement à la *ville* ou à l'*actrice*, tandis que celle que vous voulez établir n'est relative qu'au degré de signification du même attribut, rapporté au même nom, nous disons : *voilà l'heure où la promenade est* LE PLUS *agréable*, parce que nous avons reconnu qu'à aucune heure du jour elle ne l'était autant; et certainement on ne pourrait remplacer *le* par *la;* car *la* voudrait dire *la promenade* ou *celle*, et il ne s'agit pas d'indiquer *quelle* est la promenade *la plus agréable* à une heure donnée ; mais au contraire d'indiquer l'heure où la promenade est généralement *le plus agréable* ou *agréable le plus*, c'est-à-dire *au plus haut degré*, ce qui présente un sens bien différent. On dira bien, par exemple, *voilà l'heure où l'on fait les promenades* LES PLUS *agréables*, parce qu'on distingue les promenades faites à une certaine heure du jour (le matin ou le soir), de celles faites en plein midi ; mais dire : *voilà l'heure où la promenade est* LA *plus agréable*, ce serait dire : *voilà l'heure où la promenade est* LA PROMENADE ou *celle qui est* PLUS OU LE PLUS *agréable*, ce qui ne présenterait aucune idée juste ; d'ailleurs le mot *promenade*, employé dans le sens le plus illimité, ne peut plus être reproduit dans un sens limité. Ne serait-il pas ridicule de dire : *voilà l'heure où la lune est* LA PLUS OU LA MOINS *élevée sur l'horison*, puisque cette planète étant la seule qui fasse sa révolution autour de notre globe, on ne peut établir de distinction qu'entre ses degrés d'élévation sur l'horison. Il en serait autrement, si l'on disait : *de toutes les planètes, la lune est* LA PLUS *rapprochée de la terre*, parce que *la* serait l'article indicateur qui rappellerait *planète*.

Enfin, nous disons : *c'est de ce côté que la ville est* LE PLUS OU LE MOINS *fortifiée* ; car nous ne voulons pas établir une distinction entre une ville et une autre, relativement à leurs fortifications, nous voulons seulement indiquer le degré de supériorité ou d'infériorité, relative entre les fortifications d'un côté de la ville et celles d'un autre côté de la même ville; puisque, si nous voulions établir la distinction d'une ville à une autre, nous dirions, par exemple : *des villes de Flandre, Lille est* LA *plus fortifiée*.

C'est le sentiment de cette règle qui a fait dire à La Fontaine, dans son poëme d'*Adonis*, en parlant du sanglier percé par un trait du chasseur :

> A l'endroit où le monstre a la peau *le plus* tendre
> Il en reçoit le coup, se sent percer les flancs.

Aucun grammairien ne me semble, jusqu'à ce jour, avoir approfondi la question que je traite actuellement; et tous ont établi ce principe :

Que l'article précédant les adverbes *plus*, *moins*, *mieux*, suivis d'un attribut, varie sa terminaison suivant qu'il y a comparaison d'un ou de plusieurs objets modifiés avec d'autres objets sous-entendus, ou seulement entre les degrés de signification du même attribut, rapporté au même nom.

Or, ce principe est absolument faux dans sa partie fondamentale : il n'est pas exact de dire qu'il y ait comparaison dans cette proposition : *cette actrice est* LA PLUS *intéressante de la capitale*. Pour que le mot *plus* soit comparatif, il faut précisément qu'il ne soit pas précédé de l'article, et ensuite il faut nécessairement qu'il soit suivi d'un *que* correlatif, comme par exemple :

Le Rhône est PLUS *rapide* QUE *la Saône* ;

Analyse : *Le Rhône est* A UN DEGRÉ SUPÉRIEUR *rapide ;*

Ou, *le Rhône est rapide à un degré supérieur* AUQUEL *la Saône n'est pas rapide.*

Mais quand j'ai fait comparaison d'une célèbre actrice avec celles qui peuvent lui disputer le prix, et que, par suite de ces comparaisons, elle m'a paru supérieure, alors je la distingue comme *la* plus intéressante; et, dans ce cas, le mot *plus* est, comme je l'ai dit tout à l'heure, employé pour la forme *le plus*, puisque c'est pour éviter de dire : LA LE PLUS *intéressante*, qu'on dit : la PLUS *intéressante.* Ce principe d'ailleurs, quand il ne serait pas évidemment faux, ne saurait applanir les difficultés qu'il y avait à résoudre.

Je ferai remarquer par rapport aux articles démonstratifs *ce* et *cet*, qui s'emploient l'un et l'autre pour le singulier masculin, que *ce* se met avant un nom commençant par une consonne ou un *h* aspiré, comme : CE *guerrier*, CE *héros ;* et que *cet* se met avant un nom qui commence par une voyelle ou un *h* non aspiré, comme CET *oiseau*, CET *habit*; qu'enfin on emploie au masculin les articles possessifs *mon*, *ton*, *son*, avant les noms féminins qui commencent par une voyelle ou par un *h* non aspiré, comme MON *ami*, TON *inconstance*, SON *hypocrisie*, SON *habitation*, TON *habileté*, TON *hôtesse*, et, pour peu qu'on y fasse attention, on voit que ces changements, de même que la suppression des voyelles de *le* et *la* avant un mot commençant par une voyelle, n'ont été introduits dans notre langue que pour la rendre plus douce, plus harmonieuse, et en bannir l'hyatus qui aurait été d'autant plus fréquent, que nos articles se reproduisent sans cesse dans le discours.

A la place des articles *son*, *sa*, *ses*, il faut quelquefois employer les articles *le*, *la*, *les*, avec le pronom composé *en*; ainsi l'on ne dira pas d'une statue : SA *tête est belle*, mais LA *tête* EN *est belle*; d'un édifice, SES *fondements sont solides*, mais LES *fondements* EN *sont solides*; d'une rivière, SON *lit est profond*, mais LE *lit* EN *est profond*. Cependant il faudra dire : ELLE *est sortie de* SON *lit*, puisqu'on ne peut pas s'énoncer différemment. Si l'on se rappelle le principe que j'ai établi en traitant du pronom, on sera bien aise de retrouver ici cette conformité dans le choix des expressions, suivant qu'elles se rapportent aux *personnes* ou aux *choses*.

On observera que les mots *un*, *une*, ne sont pas toujours articles, car ils le reçoivent eux-mêmes très-souvent. On dit : *l'*UNE *de mes filles a épousé l'*UN *de ses cousins*, QUELQUES *uns*, QUELQUES *unes*; et, dans ce cas, ces mots sont des *noms*.

Vous concevez aussi que le mot *quelque* ne se prend pas toujours dans le sens numéral indéfini. Quand nous disons : *cela vous fait-il* QUELQUE *peine? si l'on pouvait apporter* QUELQUE *adoucissement à votre sort!* c'est comme si nous disions : CERTAINE *peine* ou LA MOINDRE *peine*, *un adoucisse-*

ment QUELCONQUE. Enfin, nous disons : QUELQUES *efforts* QUE *vous fassiez*, pour *je suppose que vous fassiez tous les efforts* IMAGINABLES, et alors il sort de la classe des attributs *spécifiques*.

J'ai encore à faire remarquer que les articles *quelques*, *plusieurs*, s'emploient bien avec le mot *années*, mais jamais avec le mot *an*. On dit : *il y a* QUELQUES *années*, PLUSIEURS *années*; mais on ne dit jamais QUELQUES *ans*, PLUSIEURS *ans*. Il semble même que le mot *ans* ne s'emploie hors de là qu'avec l'article numéral; car on ne dit pas : CET *an*, CHAQUE *an*, il faut dire également : CETTE *année*, CHAQUE *année*. Cependant, si le mot *an* était modifié, il pourrait s'employer avec l'article simple défini ou l'article possessif.

Hélas! *nos* plus *beaux* ans s'envolent les premiers!
DELILLE

DES ARTICLES VINGT, CENT ET MILLE.

Le mot *vingt*, mais seulement dans *quatre-vingt* et dans *six-vingt* qui est peu usité, prend *s* lorsqu'il est suivi d'un nom; ainsi vous écrirez : *quatre*-VINGTS *ans*, *six*-VINGTS *moutons*. *Vingt* prend encore *s* dans *les Quinze*-VINGTS (établissement de trois cents aveugles); mais il faut écrire : *cent* VINGT *ans*, *deux cent* VINGT *moutons*.

Le mot *cent*, précédé d'un autre nombre et suivi d'un *nom*, prend toujours *s* lorsque le nombre qui le précède en est le *numérateur*; car si le mot *mille* précédait immédiatement le mot *cent*, il faudrait écrire : *deux mille* CENT *âmes*, *cinq mille* CENT *rations*, tandis que vous écrirez : *onze* CENTS *rations*, *deux* CENTS *louis*, *cinq* CENTS *hommes*.

Le mot *cent*, quoique précédé d'un nombre qui en est le numérateur, ainsi que le mot *vingt* dans *quatre-vingt*, ne prennent jamais *s*, suivis d'un autre nombre : *quatre*-VINGT-*dix ans*, *deux* CENT *cinquante hommes*.

Le mot *mille*, quoique suivi d'un nom, est invariable ; ainsi vous écrirez : *deux* MILLE *chevaux*, *quatre* MILLE *piastres*. Il n'est variable que dans le sens de distance itinéraire, parce qu'alors c'est un véritable nom : *ma maison est à deux* MILLES *de la ville*. On écrit *mil* pour la date des années : *l'an* MIL *huit cent*, *l'an* MIL *neuf cent*, etc. ; mais si ce mot était lui-même précédé d'un autre nombre, il s'écrirait *mille* : *l'an deux* MILLE *deux cent quarante*, etc.

Vous direz ou plutôt vous écrirez : *en* MIL *sept* CENT *quatre*-VINGT *deux*, *j'ai affermé ma métairie qui est à deux* MILLES *d'ici*, *moyennant trois* MILLE *livres en argent*, *quatre*-VINGTS *boisseaux de blé*, *cent* VINGT *livres de beurre*, *deux* CENT *soixante cordes de bois*, *cinq* CENTS *fagots*, etc.

L'usage, fondé sur l'opinion des écrivains les plus distingués, a consacré les manières de parler suivantes, dans l'emploi de l'article possessif, après le nom distributif *chacun*, *chacune*, suivant que ce nom précède ou suit le complément direct ou indirect dans la proposition : *ils ont mangé* CHACUN *leur poulet*, *elles ont abandonné* CHACUNE *une partie de leurs droits*; *ces deux voitures ont perdu* CHACUNE *leur essieu*; *ces deux femmes aiment* CHACUNE *leur mari*; *ils ont apporté* CHACUN *leur offrande*; *ils se sont défaits* CHACUN *de leur récolte*; *elles paraissent tenir* CHACUNE *à leur opinion*, *ils allaient manger* CHACUN *leur part de leur œuf*.

Dans toutes ces propositions où le mot *chacun*, *chacune*, ne peut être considéré comme sujet d'action, mais seulement comme indiquant une proposition elliptique qui fait prendre dans un sens distributif le sujet de la proposition, l'article possessif doit être en rapport avec le nom ou le pronom formant le sujet de la proposition. Or, il n'y a que les articles possessifs *leur*, *leurs*, qui puissent être en rapport avec un nom ou un pronom de la troisième personne du pluriel. On les emploiera donc toutes les fois que le mot *chacun* ou *chacune* précédera le complément direct ou indirect de la proposition, comme dans les exemples qui précèdent.

Si, au contraire, le nom distributif n'est placé qu'après le complément direct ou indirect d'une proposition, c'est-à-dire, après un sens fini, complet, alors *chacun* ou *chacune* n'est plus considéré que comme sujet d'une seconde proposition qui sert à développer la première. Ainsi il faut employer les articles *son*, *sa*, *ses*, qui seuls, à la troisième personne, peuvent se trouver en rapport avec le nom distributif, comme dans les exemples qui suivent :

Ils ont mangé du poulet *chacun* suivant *son* appétit.

Les hommes agissent toujours *chacun* selon *son* caprice.

Elles ont abandonné une partie de leurs droits *chacune* en raison de *ses* facultés.

Ils ont apporté leurs offrandes *chacun* selon *ses* moyens.

Ils se sont défaits de leur récolte *chacun* à *son* avantage.

Dans l'espèce première, *chacun* est le distributif du sujet ; et c'est comme s'il y avait : *ils ont mangé* (chacun considéré individuellement) *leur poulet*.

Dans la seconde espèce, c'est comme s'il y avait : *ils ont mangé du poulet ; chacun en a mangé selon son appétit.*

Cependant, quelques grammairiens n'approuvent pas ces tournures de phrases où l'on admet *chacun* avant le complément de la proposition, et veulent nous réduire à cette sécheresse d'expression :

Chacun d'eux a mangé son poulet ;

Chaque homme agit selon son caprice ;

Chacune d'elles a abandonné une partie de ses droits ;

Chacune de ces voitures a perdu son essieu ;

Chacune de ces femmes aime son mari ;
Chacun a apporté son offrande ou ses offrandes ;
Chacun s'est défait de sa récolte ;
Chacune d'elles tient à son opinion.

parce que, disent-ils, l'analyse de ces sortes de propositions ne peut se prêter à l'idée en même temps collective et distributive.

Mais je leur demanderai comment ils rendront cette idée de partage entre les deux rats, dans la fable de La Fontaine, intitulée : *les Deux Rats, le Renard et l'OEuf*, d'un œuf qui leur est commun ; et je les vois forcés d'avoir recours à l'idiotisme : *ils allaient manger*, CHACUN *leur part de leur œuf*, à moins qu'ils ne se dispensent de rendre l'idée de propriété commune, en disant : CHACUN *allait manger sa part de l'œuf ;* car ils ne pourront pas dire CHACUN *allait manger sa part de leur œuf*, ni même *de son œuf*, puisqu'il semblerait que chacun eût le sien. Il faut donc s'en tenir à cette tournure d'expression consacrée par l'usage. Ces idiotismes sont de véritables richesses, dont on ne peut priver les langues. S'il fallait ramener toutes nos constructions à une forme logique, il est une foule de phrases qui sont reçues à la faveur de la syllepse et qu'il faudrait condamner, puisque les rapports paraissent s'y heurter également.

Ces façons de parler, comme tant d'autres, ont pris naissance sous la tutelle de cette même figure qui, comme dit Dumarsais, nous autorise à construire les mots plutôt selon le sens et la pensée, que selon les règles de la construction ordinaire.

Or, ici, on embrasse l'action sous une idée en même temps collective et distributive. C'est d'ailleurs le sentiment de l'Académie et de la majorité des écrivains; et je crois, avec Levisac, que vouloir nous restreindre à ces façons de parler, c'est ajouter une entrave de plus à notre langue, c'est la priver inutilement d'une richesse d'expression, d'une tournure hardie qui lui est propre, et dont il ne peut résulter aucune méprise, puisqu'enfin l'idée est rendue d'une manière plus précise; et qu'à travers l'idiotisme, le double sens n'en est pas moins saisi, et le rapport du nombre rétabli relativement à chaque sens collectif ou distributif dans l'esprit de celui qui lit ou de celui qui entend.

Il résulte clairement des principes que je viens d'établir, que La Fontaine, dans sa fable intitulée: *les Deux Rats, le Renard et l'Œuf*, ne pouvait pas dire :

Ils allaient de leur œuf manger chacun *sa* part.

puisqu'ici le nom distributif (chacun) précède l'objet direct, et que, comme je viens de l'établir tout à l'heure, il n'y a que les articles possessifs *leur, leurs*, qui puissent être en rapport avec un nom ou un pronom de la troisième personne du pluriel, comme dans l'espèce présente, le pronom *ils* qui rappelle les deux rats.

Il fallait donc dire :

Ils allaient de leur œuf manger chacun *leur* part.

car ici, de *leur œuf* qui précède, n'est que le complément de l'objet direct (leur part), c'est une pure inversion qui ne change rien à l'ordre que doivent conserver entre elles les principales parties de la proposition.

DU VERBE.

Nous avons suivi l'homme pas à pas dans le développement de ses facultés ; nous l'avons vu créer des mots pour exprimer les objets de ses idées, et d'autres pour exprimer leur modifications, c'est-à-dire les différentes manières d'être sous lesquelles ils avaient affecté ses organes ou son imagination. Nous l'avons vu, dis-je, appliquer ces modifications aux objets de ses idées, en disant : *arbre vert*, *eau limpide*, *ciel majestueux*, *soleil brûlant*, *vertu sublime*; mais il s'apperçut bientôt qu'il n'exprimait pas ce rapport, cette coexistence qu'il remarquait et qu'il voulait exprimer entre les objets et les modifications dont ils se composent : il sentit le besoin de créer un mot qui exprimât cette identité qu'il découvrait entre les objets et les modifications qui leur sont propres, qui liât entre eux les signes de ces objets et de ces qualités, comme ces deux choses l'étaient dans sa pensée, comme elles le sont dans la nature; et il créa le mot *être*, ce mot :

intéressant, si précieux, qu'on l'a appelé *verbe* d'un mot latin qui signifie *parole*, parce qu'en effet il est l'âme du discours, et que, sans lui, nous ne saurions prononcer le moindre jugement. Ce verbe que j'appellerai *pur*, qui se retrouve dans la terminaison de tout ce que nous appelons *verbe composé*, fut donc destiné à prononcer, à affirmer l'inhérence de l'attribut au sujet, ou plutôt la perception d'un rapport entre un sujet et un attribut : *Corneille* EST *sublime;* entre un individu déterminé dans l'espèce et un individu spécifique : *Racine* EST *un poëte; le soleil* EST *un globe.*

Bientôt, fécondé par un sublime effort de l'esprit humain, il exprima cette inhérence :

1°. Avec rapport aux *modes*, que je divise en *indéfini*, *absolu*, *hypothétique*, *dispositif* et *subjonctif;*

2°. Avec rapport aux temps, qui sont le *passé*, le *présent* et le *futur;*

3°. Avec rapport aux nombres, qui sont le *singulier* et le *pluriel;*

4°. Avec rapport aux personnes grammaticales, qui sont, savoir :

Au singulier.

Je	pour la 1re. personne qui est	celle qui parle
Tu	2me.	celle à qui l'on parle.
Il ou *elle*	3me	celui ou celle de qui l'on parle.

Au pluriel

Nous	1re.	celle qui parle.
Vous	2me	celle à qui l'on parle
Ils ou *elles*	3me.	ceux ou celles de qui l'on parle

J'ai dit que le verbe pur exprime l'inhérence de l'attribut au sujet, ou si l'on veut, la perception d'un rapport entre un sujet et un attribut, entre un individu déterminé dans l'espèce et un individu spécifique ; et il faut se renfermer rigoureusement dans cette définition. Nous voyons cependant nos plus savants grammairiens, Condillac lui-même, faire dans l'analyse de la proposition une application évidemment fausse de la destination du verbe *être*. Le verbe *être*, dit-il, se prend souvent dans le sens d'*exister*; et il cite cet exemple : Corneille *était* du temps de Racine. Sans doute, c'est bien comme s'il y avait : Corneille *était existant* du temps de Racine; mais ce sens n'est dû qu'au caractère du mot ellipsé, et non à celui du verbe pur. Dumarsais, le plus profond de nos grammairiens, avait déjà fait la même analyse que Condillac; mais c'est une erreur manifeste que quelques auteurs modernes, entre autres M. de Sacy, ont encore propagée, parce que l'opinion de ces deux savants, celle de l'abbé Girard et enfin celle de Port-Royal les a entraînés. Il est d'autant plus important de la combattre, qu'elle ne tendrait à rien moins qu'à renverser le système grammatical, ou du moins à lui prêter de nouvelles imperfections; car si l'on prétend que le verbe être doit être pris dans le sens d'exister, ne sera-t-il pas souverainement ridicule de soutenir que cette proposition : *Corneille* EST *mort*, équivaut à celle-ci : *Corneille* EXISTE MORT? Me dira-t-on que, dans ce cas, le verbe être se prend dans le sens d'exister, abstraction faite de toute idée d'existence? Alors je réponds qu'il n'est pas besoin de donner deux significations au verbe être, puisque quand nous voulons exprimer l'existence de quelqu'un, nous nous servons du mot *exister* ou du mot *être* avec ellipse du mot primitif *existant*. Au surplus, en méditant sur le motif qui a fait adopter cette analyse, on voit combien le raisonnement est susceptible de prendre de fausses directions, et de s'égarer même tout à fait; car c'est en partant de ce raisonnement, que pour faire une action il faut exister, qu'on a prêté au verbe être le privilège d'exprimer l'existence; mais je ne vois pas la nécessité de lui faire exprimer cette existence; car un être dont on affirme une action ou un état autre que la mort, est bien censé existant. Si je dis que *Pierre* EST *battant Paul*, je n'ai pas besoin de dire que *Pierre existe*. Sans doute on dit : *Dieu* EST, *il a toujours* ÉTÉ, *il* SERA *toujours*; mais l'idée d'existence n'est due qu'au mot ellipsé. C'est ainsi que nous disons : *je* SUIS *en chambre garnie*; ÉTIEZ-*vous à l'assemblée? l'ennemi* EST *à nos portes; les vents* SONT *à l'est*. N'est-ce pas en effet comme si nous disions : *Dieu est* EXISTANT; *étiez-vous* PRÉSENT OU ASSISTANT *à l'assemblée? l'ennemi est* RENDU *à nos portes; les vents sont* TOURNÉS *à l'est?* et quand nous disons : *la vie* EST *un songe, le néant n'*EST *rien, l'existence* EST *un fardeau pour le coupable*, faudra-t-il donc analyser ainsi : *la vie* EXISTE *un songe, le néant n'*EXISTE *rien, l'existence*

EXISTE *un fardeau pour le coupable?* c'est vouloir jeter de l'incertitude et de la confusion dans les chôses les plus simples. Leur dénomination de verbe substantif est le comble du ridicule.

Faisons bien attention que pour exprimer l'inhérence d'une qualité simple ou passive à un objet quelconque, on ne fait subir aucune altération au verbe ni à la qualité : celle-ci se rattache au sujet par ce lien primitif, par le verbe que j'appelle *pur*. *Ce diamant* EST *fin*, *le gazon* EST *émaillé*, *l'aurore* EST *vermeille*, *les nuages* SONT *dissipés*. Qu'au contraire, les attributs actifs ont été combinés avec ce verbe pur, et sont devenus des expressions composées qui portent le caractère de verbe et d'attribut, et que, pour cela, je nomme attributs actifs ou verbes composés. Ainsi l'on exprime en un seul mot une qualité active et l'union de cette qualité à un sujet : *le printemps* RAMEN-*ant* E-*st* OU RAMÈNE *la verdure*, *Paul* ÉTUDI-*ant* E-*st*, RI-*ant* *ét*-RE *est un besoin*. Que si l'on perd souvent la trace du verbe être dans les finales des verbes, il faut l'attribuer au besoin qu'on a eu, d'abord de donner successivement aux verbes dont on augmentait la nomenclature, une autre terminaison que celle primitive en *er* pour éviter la monotonie, et ensuite d'obtenir par les finales des différentes formes, des signes secondaires qui pussent répondre aux idées accessoires de modes, de temps, de nombres et de personnes grammaticales. Cette division est incontestable, et le principe ne souffre d'exception que pour certaines expressions composées, comme *il importe*, *il faut*, *il convient*, *il résulte*, etc., que les grammairiens nomment *verbes impersonnels*, parce qu'en effet ils ne peuvent jamais s'appliquer aux personnes; mais remarquez que la décomposition de ces expressions est facile et usitée, puisque, conformément à mes principes, au lieu de dire: *il* FAUT *manger*, *il* IMPORTE *d'être homme de bien*, rien n'empêche de dire: *il* EST *nécessaire de manger*, *il* EST *important d'être homme de bien*. Ces deux éléments n'ont donc été ainsi combinés qu'en raison de l'idée abstraite qu'ils présentent, puisque le sujet *il* est indéterminé par lui-même, et qu'il ne se trouve déterminé que par une proposition entière qui vient après, et qui est elle-même l'attribut logique de la première proposition, considérée comme sujet: *il* IMPORTE *pour un prince de gouverner sagement; il*, c'est-à-dire, l'*action* ou le *soin* de gouverner sagement est *importante* ou *important* pour un prince. Il paraît donc constant qu'on a voulu réveiller en nous l'idée d'état ou d'action à la seule inspection du verbe pur ou du verbe composé, avec d'autant plus de raison, que nous avons des attributs qui expriment au besoin ou l'action elle-même, ou seulement un penchant à faire l'action; exemples:

Cet homme était ENTREPRENANT, ÉTONNANT; *il était* ENTREPRENANT *les plus grandes choses; il était* ÉTONNANT *le peuple par la sagesse de ses réponses*, nous dirions aujourd'hui: *il entreprenait*, *il étonnait*.

Ces verbes composés nous offrent donc l'avantage de prévenir la réflexion, d'éviter la monotonie, et d'abréger le discours.

J'ai dit que le verbe pur exprime la perception d'un rapport entre un sujet et un attribut, entre un individu déterminé dans l'espèce et un individu spécifique, et qu'il exprime ces choses avec rapport aux modes, aux temps, aux nombres et aux personnes grammaticales.

On vient de voir tout à l'heure ce que nous entendons par nombres et personnes grammaticales; je vais tâcher d'expliquer, avant d'en venir aux conjugaisons, ce qu'on doit entendre par *modes* et par *temps* dans les verbes.

DES NOMS.

Il faut entendre par *mode*, la manière dont le verbe affirme; car mode ne signifie pas autre chose que *manière*. Or, il y a plusieurs manières de présenter un *état* ou une *action*.

MODE INDÉFINI	Nous pouvons affirmer un état ou une action d'une manière *abstraite*, c'est-à-dire sans aucune application nécessaire à un temps déterminé, ni à aucun sujet, exemples: *Avoir* de l'or uniquement pour l'*entasser*, c'est *être* ennemi de la société et de soi-même. Vous l'avez vu, et vous le verrez encore *bravant* les dangers, etc.

Suite du MODE INDÉFINI.

Il a, elle avait ou elles auront bientôt *fini*.

Ces trois formes, comme vous le voyez, pouvant s'appliquer à différents temps comme à tous les nombres et à toutes les personnes sans changer leur terminaison, on les a comprises sous le *mode indéfini*.

MODE ABSOLU

Nous affirmons d'une manière absolue avec rapport à un temps déterminé *présent*, *passé* ou *futur*, quand nous disons :

Je *fais*, elle *faisait*, nous *fîmes*, vous *ferez*; et vous voyez de plus que, par ces différentes terminaisons, nous ajoutons à l'idée de l'action une idée accessoire de temps, de nombres et de personnes grammaticales.

MODE HYPOTHÉTIQUE.

L'abbé Maury, adressant au peuple ameuté ces paroles admirables : « quand vous me *mettriez* à la lanterne, en *verriez*-vous plus clair ? » n'exprimait l'action que comme hypothétique, c'est-à-dire comme subordonnée à une supposition. Cette forme qui, comme on le voit, sert à établir l'hypothèse et la conséquence de l'hypothèse, ne peut s'appliquer qu'à un temps futur, mais embrasse tous les nombres et toutes les personnes.

MODE DISPOSITIF.

Si je dis à Dieu : *exauce* ma prière; à un ami : *rends*-moi tel service; à mes domestiques : *faites* cela, je n'exprime pas une action comme ayant eu, ni même comme devant avoir lieu, mais seulement comme provoquée par la prière, par l'exhortation ou par le commandement de la personne qui cherche à disposer à l'action. C'est pourquoi j'appelle ce mode *dispositif*.

MODE SUBJONCTIF.

Remarquez que jusqu'ici les formes de tous ces différents modes expriment directement l'action; mais quand je dis : *on veut* que je *fasse*, je *désire* que vous *veniez*, il était essentiel que vous *vinssiez*, les mots *fasse*, *veniez*, *vinssiez*, n'expriment l'action que comme subordonnée aux propositions : *on* VEUT, *je* DESIRE, *il* ÉTAIT *essentiel*.

DES TEMPS.

DÉFINITION ALLÉGORIQUE DU TEMPS, ET SA DIVISION.

Si nous voulons nous faire une juste idée du temps et de sa division, imaginons un fleuve sans bornes, roulant continuellement et à replis égaux tous les instants qui forment la durée. L'homme, jeté sur un point de son immensité, considère les siècles à venir, dont les flots pressés sont sans cesse refoulés vers lui; ses regards portés en arrière vont se perdre dans l'abyme des siècles écoulés : il divise donc le temps en deux grandes périodes, le *passé* et l'*avenir;* mais la vague fugitive sur laquelle il flotte incertain, ce rapide instant que son imagination lui peint comme un point de démarcation entre ces deux grandes périodes, cet éclair trompeur de jouissance qui lui échappe au moment où il croit le saisir, il a voulu du moins le fixer par la pensée, et il l'a appelé *présent*.

Je ne puis terminer cet article sans citer ce beau vers de Boileau :

Le moment où je parle est déjà loin de moi.

Enfin, voici une petite pièce de vers qui m'est tombée sous la main, et que j'ai remarquée par sa singularité et par sa conformité avec les idées que je viens de développer : je crois qu'on ne me saura pas mauvais gré de la placer ici.

ÉNIGME.

Existé-je en effet ou n'existé-je pas?
La réponse n'est pas facile.
Si j'existe un instant, je m'en vais à grands pas;
Vouloir me retenir, c'est bien peine inutile.
J'ai deux frères : l'un est l'aîné;
Dès que je termine ma vie,
Je deviens lui. Vous êtes étonné!
Mais ce n'est point une folie.
Mon cadet, qui n'est pas encor,
Est moi sitôt qu'il reçoit l'être.
Hélas! plaignez son triste sort!
A peine vous aurez le temps de le connaître.
Cesse-t-il d'être moi? devient-il mon aîné?
C'est comme s'il n'était pas né.

Pour appliquer à la grammaire cette division naturelle du temps, pour déterminer d'une manière précise ce point de démarcation entre le passé et l'avenir, nous l'avons fixé au moment précis de l'acte de la parole, de manière que l'époque qui coïncide ou qui est simultanée avec l'acte de la parole, constitue le temps absolument *présent*, que tout ce qui lui est antérieur constitue le *passé*; et que tout ce qui lui est postérieur constitue le *futur* ou l'*avenir*.

DES CONJUGAISONS.

DES FORMES DU MODE INDÉFINI.

J'ai dit que les formes qui sont propres à ce mode n'ajoutent par elles-mêmes, à l'idée fondamentale du verbe, aucune idée accessoire de ce que nous appelons les temps, les nombres, les personnes grammaticales. Telles durent être les formes primitives des verbes; et sans doute, les langues n'eurent pendant long-temps que ces moyens de rendre la pensée : MOI ÊTRE CRAIGNANT *Dieu; la terre* ÊTRE ÉCHAUFFÉE *par le soleil*. Mais bientôt, *craindre* remplaça ces deux éléments *être craignant*; tous les attributs actifs furent de même combinés avec le verbe *être*; et FAIRE remplaça *être faisant*; AIMER, *être aimant*; AVOIR, *être ayant*, etc. Dès lors, les attributs actifs *ayant*, *craignant*, *faisant*, *aimant*, et tous ceux de même nature, ne furent plus employés que comme forme elliptique conjonctive exprimant le plus souvent une idée accessoire, mais toujours avec un rapport de simultanéité avec l'action principale :

> Deux pigeons s'aimaient d'amour tendre;
> Un d'eux, s'*ennuyant* au logis,
> Fut assez fou, etc.
>
> LA FONTAINE.

J'ai fait voir, en traitant des différents attributs en général, pages 117 et 118, comment l'attribut actif, employé à la forme primitive, peut exprimer la cause, le motif, le moyen d'une action principale.

Le verbe composé dut lui-même être long-temps borné à cette seule forme : *avoir*, *aimer*, *craindre*, etc., de même que le verbe pur à cette forme unique *être ;* mais le génie de l'homme, triomphant de tous les obstacles, parvint, avec le même mot diversement modifié, à exprimer d'abord le cours d'action avec rapport aux personnes, aux nombres, aux temps et aux modes : J'*aim*-E, TU *aim*-AIS, IL *aim*-A, NOUS *aime*-RONS, VOUS *aime*-RIEZ, *aim*-E, *qu'*ILS *aim*-ENT, *qu'*ELLES *aima*-SSENT.

Il ne s'agissait plus que de parvenir à exprimer l'impression rapportée à l'acte de la parole, d'une action faite ou d'un état éprouvé dans un temps passé; et, pour cela, il lui fallut ajouter au verbe être une forme abstraite et invariable, qui indiquât indéfiniment un rapport dans un temps passé, entre un sujet et une qualité *active*, *passive* ou *neutre;* et cette nouvelle forme fut employée comme complément du verbe *avoir : ma fille* A ÉTÉ *malade ; ma cabane* A ÉTÉ *renversée; nous* AVONS ÉTÉ *manquant d'eau*, *mangeant des racines*, *plantant nos arbres*, etc.

Et comme il avait fait *j'aime* de *je suis aimant*, *j'aimais* de *j'étais aimant*, *j'aimai* de *je fus aimant*, *j'aimerai* de *je serai aimant*, etc., il lui fut facile de faire subir la même altération à la forme abstraite *été* et à l'attribut actif, en sorte qu'il réduisit ces formes : ÉTÉ *manquant*, ÉTÉ *mangeant*, au moyen de la transposition MANQU-*ant* ÉTÉ, MANG-*eant* ÉTÉ, à celles-ci *manqu*-É, *mang*-É.

Il ne faut même pas s'étonner que, par analogie, on ait donné à toutes les formes complétives des autres verbes, la même terminaison qu'avaient les éléments purs exprimant des qualités passives, puisque les premières étant toujours immédiatement précédées du verbe *avoir*, et les dernières du verbe *être*, il ne pouvait en résulter aucun équivoque : *j'ai pris*, *je suis pris*; *j'ai perdu*, *je suis perdu*; *j'ai découvert*, *je suis découvert*; *j'ai inscrit*, *je suis inscrit* (1).

Enfin, comme il s'était réservé l'usage des attributs actifs purs, dans un sens elliptique : *Robinson* CÔTOYANT *un jour son île*, pour : PENDANT QU'IL ÉTAIT CÔTOYANT, il crut aussi pouvoir ajouter au verbe *être* la forme *étant*, pour exprimer une idée accessoire : *Robinson* ÉTANT *à la chasse*, pour *comme* IL ÉTAIT S'EXERÇANT *à la chasse*, car il faut bien que le signe d'un rapport soit entre deux termes.

---

(1) Quand je dis que les qualités actives sont toujours précédées du verbe *avoir* et les qualités passives du verbe *être*, c'est que j'écarte ici les difficultés dans l'emploi du sens actif ou passif, puisque j'ai dit pages 121, 122 et 123 comment un attribut devient passif, quoique précédé du verbe *avoir*, quand il modifie l'objet direct du verbe *avoir* qu'il précède : *quelle récolte nous avons* EUE ! et de même comment un attribut peut être actif quoique précédé du verbe *être*, quand il y a ellipse de la forme *ayant*, et qu'il est suivi d'un objet direct : *cette femme s'est* FAIT *un sort*.

Le verbe *être* fut donc augmenté des formes *étant*, *été*, qu'on n'a pas eu honte d'appeler *participes* à l'instar des formes *aimant*, *aimé*, *mangeant*, *mangé*.

Condillac, qui avait probablement senti l'inexactitude de ces dénominations, a appelé les unes *participes du présent*, les autres *participes du passé*. Mais ces nouvelles dénominations ne sont pas plus heureuses, et sont peut-être moins exactes, appliquées aux formes des verbes que j'appelle *accessoires* et *complétives*; car ces formes appartenant au mode indéfini, ne doivent indiquer, et n'indiquent en effet par elles-mêmes aucun temps, puisque la forme complétive s'unit toujours aux différentes formes du verbe avoir, qui seules expriment les idées accessoires de temps, les nombres, les personnes grammaticales. D'ailleurs, comment, par exemple, le mot *faisant* serait-il un participe du *présent* dans cette phrase : *Jésus*, FAISANT *la Pâque avec ses disciples*, *leur dit*, etc., ou bien, comment le mot *fait* serait-il un participe du *passé* dans celle-ci : *dès que j'aurai* FAIT? on me dira peut-être que ces formes peuvent exprimer un présent simultané par rapport à une action passée, de même qu'un passé simultané par rapport à une action future; que ce présent et ce passé ne sont que relatifs. A cela je répondrai que, si l'on voulait admettre des actions passées comme présentes, et des actions futures comme passées, on confondrait tout. Mais l'auteur avait peut-être une autre pensée, en appelant les attributs en *ant* des participes du *présent*, et les autres en *é*, *i*, *is*, *it*, *u*, en des participes du *passé*: je crois qu'il n'avait en vue que le cours de l'action (c'est-à-dire sa présence), et le terme de l'action. En effet, les participes en *ant* expriment bien toujours le cours de l'action, et les autres le terme de l'action, comme quand on dit : *j'avais* DÎNÉ *hier à l'heure qu'il est*; *j'aurai* DÎNÉ *dans un heure*. Mais cette faculté d'exprimer le cours ou le terme de l'action est toujours subordonnée aux temps. Ainsi, dans l'exemple cité, *faisant* exprime bien le cours d'action, ou sa présence par rapport à une autre action, mais ce mot qui exprime le cours de l'action, n'a aucun caractère pour exprimer à quelle période de temps appartient l'action. Il en est de même de l'autre exemple : *dès que j'aurai* FAIT, il appelle sans doute ce mot *fait* participe du *passé*, parce qu'il présente l'action comme terminée; mais la même objection a lieu, et le terme d'une action peut être exprimé avec rapport à tous les temps. Donc ces distinctions en participes du présent et du passé seraient vicieuses, quand bien même la dénomination de participes ne le serait pas. Il y a plus : c'est que, dans l'intention même que je suppose à l'auteur, la dénomination de participe du passé n'exprimerait pas toujours une action terminée, puisqu'on peut dire : *j'ai* TRAVAILLÉ *hier depuis une heure jusqu'à quatre*; *j'ai* DÎNÉ *à quatre heures* et *j'ai* REÇU *votre lettre à cinq*; car ici, tou ces prétendus participes n'expriment que le cours d'action.

De pareilles dénominations substituées aux premières, par un savant aussi distingué que Condillac, ont peut-être nui plus qu'on ne croit aux progrès de la science; et j'ai observé fréquemment qu'elles n'ont pas peu contribué à faire donner une fausse interprétation aux anciennes. En effet, j'ai vu beaucoup de personnes attacher à la dénomination de participe actif, comme *faisant*, *lisant*, l'idée de participe du présent, et à celle de participe passif, comme *fait*, *lu*, celle de participe du passé; en sorte que pour elles, une modification passive n'est pas autre chose qu'un mot exprimant une action passée. On voit combien des dénominations inexactes sont dangereuses, et combien des distinctions inutiles donnent lieu à des dissertations métaphysiques qui fatiguent l'esprit le plus exercé sur ces sortes de matières. Il était si naturel, si facile de s'en tenir aux dénominations d'*attributs simples*, *actifs* et *passifs* ! car ces trois divisions, qui existaient dès l'origine des langues, expriment naturellement les trois manières d'être des objets par rapport à nous; il était si naturel de regarder comme attributs actifs non seulement les mots primitifs en *ant*, comme *mangeant*, *lisant*, *étudiant*, mais encore tous ceux composés de ces mêmes mots et du verbe pur, comme *mangé*, *lu*, *étudié*, et enfin, de regarder comme attributs passifs, c'est-à-dire, comme exprimant un état résultant d'une action reçue, ces mêmes mots précédés du verbe être ou même du verbe avoir, quand ces attributs, loin d'être la forme complétive du verbe avoir, ne font que modifier l'objet direct énoncé avant ce verbe, qui est alors employé dans le sens propre de posséder, et non comme auxiliaire!

Mais pour n'avoir pas remonté à la source de nos sensations, pour n'avoir pas fait des analyses assez exactes, on a établi de fausses dénominations et des distinctions au moins inutiles qui ne font qu'entraver l'étude des langues, et retarder les progrès des lumières. Je croirai avoir beaucoup fait si je parviens à rétablir l'ordre dans les idées, et l'harmonie dans la relation des mots avec les idées.

Je reviens à la forme primitive du verbe pur ou composé, comme appartenant au mode indéfini elle exprime une idée abstraite qui peut être le sujet logique d'une proposition logique : ÊTRE *honnête homme est le premier des devoirs;* DOUTER *est d'un sage*. Mme. Deshoulières a dit en parlant de la raison :

> Et *déchirer* un cœur qui l'appelle à son aide,
> Est tout l'effet qu'elle produit.

La forme primitive est quelquefois considérée comme nom, ainsi qu'on peut le voir dans ces gallicismes : *vous avez beau* FAIRE *et beau* DIRE ; *il est sur son beau* DIRE ; *je vous montrerai mon* SAVOIR FAIRE; *il faut être modéré dans le* BOIRE *et dans le* MANGER.

Quant aux formes que nous avons vues exprimer, les unes l'action, comme *buvant*, *mangeant*, les autres l'action ou l'état suivant qu'elles sont ou non le complément du verbe avoir, comme *bu*, *mangé*, examinons d'abord si, en créant des formes semblables pour le verbe *être*, on a pu leur donner les mêmes dénominations.

Le verbe être n'exprimant ni action, ni état, puisqu'il n'est que le signe d'un rapport entre un individu et une qualité simple, active ou passive, ou ce qui est la même chose, entre un individu et une action ou un état quelconque, ne peut partiper, dans aucune de ses formes, de la qualité active ni de la qualité passive. Par quel aveuglement a-t-on donc pu assimiler les formes *étant*, *été*, aux formes *aimant* et *aimé*, en leur donnant les noms de participe actif et de participe passif? et comment avons-nous pu, depuis si long-temps, ne pas repousser de pareilles dénominations? Je dis donc qu'*étant* ne peut être qu'une forme accessoire, et *été* une forme complétive, indiquant un rapport existant dans un temps passé entre un sujet et une modification quelconque. *Piron* ÉTANT *ivre*, *rencontra*, etc., c'est-à-dire, comme il était ivre; au lieu que, dans les verbes composés, la forme en *ant* exprime toujours une action avec ellipse du verbe *être*, reconnu comme signe de rapports: *j'ai vu le soleil* DORANT *les montagnes*, c'est-à-dire: QUI ÉTAIT DORANT, etc.

Je vais maintenant tâcher d'expliquer comment on est parvenu à créer un système de conjugaisons; je vais essayer de débrouiller la naissance des formes *étant* et *été*. C'est peut-être le point le plus difficile à traiter de toute la grammaire ; et je sens qu'on doit paraître obscur toutes les fois qu'on s'enfonce trop dans la métaphysique ; mais le sujet l'exige ; je ne m'adresse d'ailleurs ici qu'aux grammairiens ou à ceux qui ont cherché à approfondir ces sortes de matières : c'est un sujet digne de leur attention.

Il faut bien se pénétrer d'une chose : c'est que ce verbe unique, le verbe être, que j'appelle verbe pur, aura long-temps été employé à cette seule forme, en sorte qu'on se sera exprimé ainsi : *moi* ÊTRE *malade*, *toi* ÊTRE *brave*, *toi* ÊTRE *partant*, *nous* ÊTRE *endormi*, etc. Cette forme n'exprimait l'affirmation qu'avec rapport à une époque présente, à moins qu'on n'accompagnât de quelques signes naturels ces accents articulés. Mais bientôt on fit subir à ce verbe différentes inflexions relatives non seulement à des idées accessoires de temps, de nombres et de personnes, mais encore relatives aux différentes manières d'envisager l'action ; ainsi le verbe être fut accru des formes *je suis*, *étais*, *fus*, *serai*, *serais*, *sois*, *que je sois*, *que je fusse*; et l'on partagea ces différentes formes en modes, suivant qu'elles exprimaient l'action d'une manière directe : *je* VAIS *à Paris*; ou indirecte : *on veut que j'*AILLE *au collège*; absolue : *j'*IRAI ; ou conditionnelle : *j'*IRAIS *si*, etc. ; ou enfin suivant qu'elles ne faisaient que disposer à l'action : VENEZ *ici*, PRÊTE-*moi cela*, PARDONNEZ-*nous*, FAITES-*moi ce plaisir*.

Il manquait cependant quelque chose à la perfection de ce tableau : en effet, comment, avec ces formes simples, exprimer un rapport existant dans un temps indéfiniment passé? car les formes *j'étais* ou *je fus* sont bien applicables à une époque passée, mais déterminée dans le passé : d'ailleurs la forme *je fus* n'est applicable qu'à une période qui n'existe plus : on ne pourrait donc pas dire : *je* FUS *malade aujourd'hui.*

Alors on dut sentir le besoin de cette forme abstraite *été*, pour exprimer, avec une des formes primitives en *ant*, le cours d'une action dans un temps indéfiniment passé, ou le terme d'une action dans un temps futur; et l'on reconnut en même-temps la nécessité de faire précéder cette forme abstraite d'une des formes du verbe avoir, qui fît connaître le point fixe de la durée d'où il fallait considérer l'état ou l'action; car si nous disions : *mon frère* ÉTÉ FINISSANT *de bonne heure son ouvrage*, on ne saurait pas si ce rapport exprimé par cette forme *été*, se rattache à une époque passée ou à une époque future, au lieu que nous pouvons exprimer ce rapport comme se rattachant à l'une ou à l'autre des deux époques, en nous servant de la forme du *présent* ou du *futur* du verbe avoir : *mon frère* A ÉTÉ *finissant* ou A FINI *de bonne heure son ouvrage*, ou *mon frère* AURA ÉTÉ *finissant* ou AURA FINI *de bonne heure son ouvrage.*

J'ai été contraint d'anticiper sur la formation des verbes composés, à laquelle je m'empresse de revenir, pour prouver que les attributs primitifs en *ant*, avec les différentes formes du verbe *être*, entrent dans toutes les formes des verbes composés, qui ne sont autre chose qu'un assemblage de la radicale du mot essentiel, et en partie des inflexions variées qu'a reçues le verbe *être*, suivant les modes, les temps, les nombres et les personnes.

Je dis donc que l'on a fait de

être aimant,	*été aimant*,	*suis aimant*,	*étais aimant*,
aim er,	é,	e,	ais,
fus aimant,	*serai aimant*,	*serais aimant*,	*sois aimant*,
aim ai,	erai,	erais,	e,

de même que de ces formes :

que je sois aimant, *que je fusse aimant*,

on a fait :

que j'aime, que j'aimasse.

Ces expressions *a fini*, *aura fini*, etc., sont donc, dans les verbes composés, des formes surcomposées, en sorte qu'on pourrait penser qu'il y a deux propositions grammaticales dans cette proposition : *mon frère* AURA FINI, puisqu'il paraît y avoir deux attributs actifs : *mon frère* AURA ou SERA AYANT FINI ou ÉTÉ FINISSANT, etc., on pourrait, par la même raison, dire qu'il en existe trois dans *mon frère* A EU FINI ; mais il faut considérer qu'ici le verbe avoir n'est employé que par similitude, par métaphore, et d'une manière abstraite, pour exprimer des idées purement accessoires, en sorte que ces expressions composées ne doivent être considérées que comme concourant à l'expression d'une seule idée.

Les formes du verbe *avoir* précédant ce que j'appelle les formes complétives des verbes, peuvent donc être considérées comme purement auxiliaires. Pour nous en convaincre, observons bien la gradation de ces expressions :

Je dîne
J'ai dîné il y a une heure, ou hier à 5 heures.
J'ai dîné actuellement.
J'ai eu dîné hier et aujourd'hui à 5 heures.

Nous remarquerons que l'action qui est simultanée dans son cours avec l'acte de la parole, comme *je dîne*, n'emprunte aucune forme du verbe avoir.

Que l'action qui se rapporte dans son cours à une époque antérieure à l'acte de la parole, comme dans le second exemple, peut bien aussi n'être considérée que relativement à son terme, en rapport avec l'acte de la parole, comme dans le troisième exemple, et n'emprunte que la forme simplement composée du verbe avoir : *j'ai*.

Enfin, que l'action qui est considérée par rapport à son terme, en rapport avec un temps passé, emprunte la forme doublement composée du verbe avoir : *j'ai eu*.

Je dis donc que, *j'ai* ou *j'ai eu*, *j'aurai* ou *j'aurai eu*, etc., ne font autre chose que suppléer les inflexions qui nous manquent pour exprimer le cours ou le terme de l'action appliqués, soit à une époque coïncidente avec l'acte de la parole, soit à une époque antérieure ou postérieure; car quand je dis : J'AI DÎNÉ *à cinq heures*, je regarde la forme *ai* comme ne faisant qu'indiquer l'époque présente, d'où je considère un rapport existant dans un temps passé entre moi et le cours d'action; et quand je dis : J'AI EU DÎNÉ *hier à cinq heures*, je regarde la forme *ai* comme indiquant ma perception rapportée à une époque présente, d'un rapport existant dans un temps passé, entre moi et le terme de l'action de dîné, exprimé par la forme *eu*.

D'après ces considérations et ce que j'ai dit de ces formes primitivement actives en *ant*, réunies au verbe être et faisant partie essentielle des conjugaisons, comme *lu*, *étudié*, *promis*, *exclus*, *senti*, *craint*, *clos*, *proscrit*, etc., on voit que je suis loin de partager l'opinion de Dumarsais, qui prétend que dans *j'ai aimé*, *ai* est le seul verbe, et *aimé* un nom abstrait et métaphysique.

Les formes simplement composées du verbe avoir, jointe à une forme complétive, expriment donc le cours ou le terme d'une action : elles expriment le cours, rapportées à une époque antérieure à l'acte de la parole, si ce n'est lorsque la forme du verbe avoir est au passé simultané : *j'avais*, ou au passé défini : *j'eus*. Elles expriment le terme dans ces deux derniers cas, et dans celui où elles se rapportent à une époque simultanée avec l'acte de la parole : *j'ai dîné*, ou postérieure à l'acte de la parole : *j'aurai dîné*.

Ainsi, elles expriment le cours d'action dans les propositions suivantes : *mon oncle* A DÎNÉ *en ville hier et aujourd'hui; si* J'AVAIS DÎNÉ *plutôt, vous ne m'auriez pas trouvé; mon oncle* AURA *peut-être* DÎNÉ *hier à la campagne;* J'AURAIS DÎNÉ *hier à quatre heures, si l'on eût été prêt; je ne crois pas que mon oncle* AIT DÎNÉ *hier chez lui; je ne croyais pas qu'il* EÛT DÎNÉ *hier en ville*.

Elles expriment le terme dans les propositions suivantes : *mon oncle* A DÎNÉ ; *il* AVAIT DÎNÉ *hier à l'heure qu'il est; s'il* AVAIT DÎNÉ *actuellement, vous pourriez lui parler; il* EUT DÎNÉ *hier avant cinq heures; il* AURA DÎNÉ *dans une heure; il* AURAIT DÎNÉ *actuellement, s'il n'eût été retardé par des importuns;* AYEZ DÎNÉ *aussitôt que moi; attendez que* J'AIE DÎNÉ; *vous êtes venu hier avant que* J'EUSSE DÎNÉ. Sur quoi il faut remarquer que la conjonction hypothétique *si* apporte du changement dans le rapport au cours ou au terme de l'action.

Quant aux formes surcomposées, elles n'expriment que le terme d'action : J'AI EU DÎNÉ *hier et aujourd'hui avant vous; si* J'AVAIS EU DÎNÉ *hier quand vous êtes venu, je vous aurais accompagné;* J'AURAIS EU DÎNÉ *plutôt, si je n'avais été interrompu; il est venu avant que* J'AIE EU DÎNÉ.

Je dois dire maintenant comment la forme du verbe être *étant* a été ajoutée à ses autres formes. J'ai déjà fait remarquer que la forme *été* fut imaginée pour perfectionner le système des conjugaisons, et qu'elle a fourni une forme de plus aux verbes composés, puisque de ces formes simples et primitives comme :

été mangeant, été lisant, été offrant, été promettant, etc., nous avons fait

mangé, lu, offert, promis.

Remarquez cependant qu'on a conservé cette forme primitive, comme : *mangeant*, *lisant*, *offrant*, etc., pour exprimer une idée accessoire ou complétive.

Exemples :

Le vainqueur, MODÉRANT *l'ardeur de ses troupes, fit cesser le carnage.*

J'ai vu l'aigle PLANANT *au haut des airs.*

Robinson, CÔTOYANT *un jour son île*, etc.

Eh bien ! comme si le verbe pur et les verbes attributifs eussent dû se prêter un mutuel secours, ces formes en *ant* firent naître l'idée d'ajouter une pareille forme au verbe être, pour exprimer accessoirement un rapport entre un sujet et un attribut simple ou passif.

Exemples.

Le temps ÉTANT *orageux, nous rentrâmes dans le port.*

La neige ÉTANT *amoncelée par les vents, au pied des montagnes, nous fûmes contraints de rétrograder.*

On n'a donc fait qu'ajouter au verbe être une forme qui répondît à celle qui existait pour les attributs actifs; et l'on a dit : *étant*, pour *qui est*, *qui était*, comme *il était* ou *parce qu'il était*.

Je crois avoir suffisamment démontré qu'il n'y a point de participes; que les attributs passifs sont des éléments primitifs qu'il ne faut point confondre avec la forme complétive des verbes attributifs, qui se compose de la forme *été* et des formes primitivement actives en *ant*. Les vices que j'ai signalés sont d'autant plus dangereux, qu'ils se rattachent à des idées de premier ordre.

Plusieurs grammairiens ont encore prétendu que ces formes en *ant* se divisent en participes actifs et en gérondifs : « Ce sont, disent-ils, des gérondifs » toutes les fois que la préposition *en* les précède. » Ainsi *en riant*, *en passant*, seraient des gérondifs. Condillac n'admet pas de gérondifs; mais il donne dans une autre erreur : il pense que, dans ce cas, ces deux formes *riant* et *passant* sont des substantifs. Il prétend même que dans cette phrase : *les hommes* JUGEANT *sur l'apparence*, *sont sujets à se tromper*, *jugeant* est un substantif ou un adjectif, suivant qu'on analysera ainsi : *les hommes qui sont* JUGEANT ou *les hommes parce qu'ils sont* JUGEANT *sur l'apparence*. J'avoue que cette distinction me paraît dénuée de tout fondement; et je ne vois pas pourquoi les verbes perdraient leur vertu active, employés à cette forme plutôt qu'à toute autre, car on ne peut pas douter que ce ne soit leur forme primitive simple que nous employons aujourd'hui avec ellipse du verbe être, comme je l'ai établi tout à l'heure, en parlant des formes du mode indéfini. Or, que je dise : *les hommes* LORSQUE ou PARCE QU'*ils préfèrent*, ou LORSQUE ou PARCE QU'*ils sont préférant*, cela revient au même : je ne fais que ramener les expressions composées à leurs éléments. La nature des mots ellipsés peut changer, il est vrai, la nature des idées, mais non la valeur des mots. Je vais plus loin : n'est-il pas évident que ces phrases : *on dit souvent la vérité* EN *riant; j'ai été reconnu par un de mes amis* EN *passant au palais*, reviennent à celle-ci : *on dit souvent la vérité* EN *même temps qu'on est* RIANT ou EN *même temps qu'on* RIT ; *j'ai été reconnu par un de mes amis* EN *même temps que j'étais passant* ou *que je passais au palais;* car dans cette dernière phrase surtout on n'emploie la préposition *en* que pour éviter l'équivoque; cela est si vrai, que je pourrais dire : *un de mes anciens camarades m'a reconnu* PASSANT *au palais*, c'est-à-dire, comme *j'étais passant* ou comme *je passais*. Mais je soutiens que cette phrase, citée par Condillac : *les hommes* JUGEANT *sur l'apparence sont sujets à se tromper*, ne peut pas être interprétée de deux manières, ce qui au surplus en prouverait l'obscurité; et je fonde mon opinion sur ce que, malgré toutes mes recherches, je n'ai pas trouvé un seul exemple où cette forme en *ant* puisse jamais former une proposition incidente, en ce sens, qu'elle restreindrait le sujet d'une proposition principale. On ne dit pas plus, dans un sens restreint : *les hommes jugeant* pour *les hommes qui jugent*, qu'on ne dirait dans le même sens : *les maîtres exigeant trop de leurs élèves*, pour *les maîtres qui exigent trop*, etc. Je le répète, cette forme n'est plus employée que comme une forme elliptique conjonctive, exprimant une idée accessoire, telle que la cause, le motif, l'intention, le moyen d'une action principale. (*Voyez* page 117.) Enfin, on l'emploie comme elliptique conjonctive : *j'ai vu le soleil* DORANT, etc.

Quant à cette même forme précédée de la préposition *en*, je viens de faire voir qu'elle exprime également toujours une action. Je vais encore essayer la même analyse sur quelques propositions.

Robinson ALLANT *à la chasse, rencontra une troupe de sauvages.*

Robinson rencontra un jour une troupe de sauvages ALLANT *à la chasse.*

En faisant l'analyse grammaticale, et en suppléant les mots ellipsés, je vois qu'*allant* est toujours un attribut actif et que la préposition *en* ne se met avant ces sortes de mots, suivant la tournure de phrase qu'on a prise, que pour empêcher l'équivoque qui pourrait résulter de son absence, comme dans le second exemple, où l'absence de la préposition *en*, entre *sauvages* et *allant*, donne lieu à cette analyse : *une troupe de sauvages qui étaient* ALLANT *à la chasse*, au lieu qu'avec la préposition *en*, nous dirions : *Robinson rencontra un jour une troupe de sauvages* EN MÊME TEMPS *qu'il était* ALLANT *à la chasse*. Je conclus de tout ceci que le mot de gérondif ne convient point à notre langue.

Je ne saurais trop répéter qu'il n'y a point de participes; que ce sont des attributs actifs ou passifs : *soyez* AIMANT *la justice si vous voulez être* AIMÉ, voilà les formes simples et primitives; *on vous bénira si vous avez* OBSERVÉ *la justice*, voilà l'attribut actif composé.

Les grammairiens ont confondu avec les attributs actifs en *ant* quelques mots qui n'expriment qu'un penchant à faire telle ou telle action; et comme ce sont les mêmes mots en apparence, ils ont nommé participe cette forme du verbe en *ant*; mais tout cela part d'un faux raisonnement; car toutes les formes en *ant*, considérées comme partie du verbe, c'est-à-dire comme attributs actifs, ne participent point de diverses qualités, et ne peuvent avoir qu'une vertu active; ce ne sont donc point, dans ce cas, des participes. Ainsi, il ne faut pas confondre les attributs actifs en *ant*, que j'appelle formes accessoires ou conjonctives elliptiques, avec les attributs simples en *ant*, qui indiquent seulement une inclination à agir de telle ou telle sorte, ou même qui sont pris dans une acception toute différente, comme on va le voir par les exemples qui suivront.

Les attributs actifs, employés avec ellipse du

verbe pur, expriment la manière d'être d'un corps considéré comme agissant : *un grenadier* ENLEVANT *un drapeau*, MONTANT *à l'assaut; le Vésuve* VOMISSANT *des flammes.* C'est un mot qui, ne perdant jamais rien du caractère du verbe, suppose toujours un sujet, un objet ou un terme d'action, bien différent en cela de l'attribut que quelques grammairiens ont appelé adjectif verbal, qui ne s'emploie qu'à la manière des attributs simples; ainsi l'on dira :

DANS UN SENS NEUTRE. (j'entends qui n'est ni actif ni passif.)	DANS UN SENS ACTIF.
Une femme *obligeante.*	On est heureux en *obligeant* ses semblables.
Une voix *perçante.*	Une voix *perçant* les ténèbres.
Une campagne, une figure *riante.*	Des gens *riant* à tout propos.
Une imagination *brûlante.*	Les feux du midi *brûlant* les campagnes.
Des femmes *caressantes.*	Vénus *caressant* l'Amour.
L'onde *blanchissante.*	La neige *blanchissant* nos toits.
Des propos *outrageants.*	Le vice *outrageant* la vertu.

L'attribut actif, quoique s'appliquant à des individus des deux genres et des deux nombres, n'est donc pas susceptible de varier sa forme comme l'attribut simple, et l'on n'écrira pas : *les feux du midi* BRULANTS *les campagnes; les hommes* OBLIGEANTS *leurs semblables*, quoiqu'on dise : *des hommes* OBLIGEANTS; *les feux* BRULANTS *du midi;* car, dans le premier cas, ces mots sont employés dans un sens actif transitif, puisqu'ils ont un objet d'action, tandis qu'on dira dans un sens neutre : *la mer* ÉCUMANTE; *les forêts* RETENTISSANTES; *les écailles* JAUNISSANTES; *une voix* MUGISSANTE, EFFRAYANTE, TREMBLANTE; *une chaleur, une soif* DÉVORANTE; *des soucis* DÉVORANTS; mais on ferait une faute si l'on employait comme attributs simples ces attributs actifs, n'eussent-ils qu'un objet indirect d'action, et fussent-ils même intransitifs. C'est au génie seul à se frayer une nouvelle route; encore faut-il que le temps vienne consacrer ces écarts du génie, comme dans l'exemple suivant :

Des astres même en silence *roulants*,
Il rend plus vifs les feux *étincelants*.

MALFILATRE.

Je crois que M. Daru a dit aussi :

Sur les monts Apennins nos soldats *gravissants*.

Il est vrai qu'on écrivait autrefois, comme il est aisé de le remarquer dans quelques formules de style du palais : LES GENS TENANTS *notre cour*, LA RENDANTE *compte;* mais cela ne serait pas supportable aujourd'hui que la valeur des mots est mieux connue.

Nos meilleurs auteurs du siècle de Louis XIV n'ont pas évité ces fautes qui déparent leurs ouvrages. On lit dans La Fontaine :

Un appui de roseau soulageait leurs vieux ans :
Moitié secours des dieux, moitié peur se *hâtants*,
Sur un mont assez proche enfin ils arrivèrent.

Philémon et Baucis

Et les petits en même temps
Voletants, se *culbutants*.

L'alouette et ses petits avec le maître d'un champ.

D'un certain magister le rat tenait ces choses
Et les disait à travers champs,
N'étant pas de ces rats qui les livres *rongeants*
Se font savants jusques aux dents.

Le rat et l'huître.

Boileau le critique n'en est pas exempt; car dans la satire où il décrit les embarras de Paris, il dit :

Et plus loin, des laquais, l'un l'autre s'*agaçants*,
Font aboyer les chiens et jurer les passants.

Les grammairiens ont également confondu l'attribut passif *aimé*, comme dans *je suis* AIMÉ, avec l'attribut actif composé *aimé*, comme dans *j'ai* AIMÉ qui se forme de *aim* radicale de *aimant*, et de *é* finale de *été*; et ils ont nommé ce dernier participe passif, ce qui n'est pas moins ridicule; car ici, le faisant figurer parmi les formes du verbe au mode indéfini, il est impossible de justifier cette dénomination de participe passif, puisque ce doit être le mot composé, et que figurant comme forme des verbes, il doit toujours nécessairement conserver comme tel un caractère actif.

Je dis donc qu'il n'y a point de participes, c'est-à-dire, que le même mot ne peut exprimer tantôt une qualité active, tantôt une qualité passive; car il faut être conséquent. Je sais qu'il n'est pas toujours aisé de se rendre raison du motif qui

nous fait employer tantôt le sens actif, tantôt le sens passif; mais cette difficulté est étrangère au systême des conjugaisons, et ne doit point nous faire dénaturer les formes du verbe.

DU MODE ABSOLU.

J'ai substitué la dénomination de mode *absolu* à celle de mode *indicatif*, qui m'a toujours paru plus qu'insignifiante; car tous les modes possibles doivent indiquer quelque chose, et cette chose est certainement une modification de l'action. Le mot *indicatif* n'exprime point une modification particulière; donc il ne convient pas plus à ce mode qu'à tout autre, chacun devant être distingué par une dénomination qui le caractérise.

Or, il est certain que les formes qu'on a comprises sous ce mode, affirment d'une manière *absolue*, c'est-à-dire indépendante d'aucune circonstance accessoire, à moins qu'elles ne soient précédées d'une conjonction hypothétique ou dubitative, parce qu'avec cela, il n'est pas de forme dont on ne puisse changer le caractère absolu.

Exemples :

Si je la *haissais*, je ne la fuirais pas.

HIPPOLYTE dans *Phèdre*

Qui sait même, qui sait *si* le Roi votre père
Veut que de son absence on sache le mystère?

THÉRAMÈNE dans *Phèdre*

Les formes de ce mode sont simples ou composées.

J'appelle formes simples celles-ci : *je suis*, *je fais*, *j'étais*, *je faisais*, *je fus*, *je fis*, *je serai*, *je ferai*, quoique nous ayons reconnu qu'elles sont véritablement composées, puisqu'elles se forment (je parle seulement du verbe faire) de *je suis faisant*, *j'étais faisant*, *je fus faisant*, *je serai faisant*; mais comme ces éléments combinés ne forment plus qu'un seul mot, je crois pouvoir dire que ces formes sont simples par rapport à celles-ci : *j'ai fait*, *j'avais fait*, *j'eus fait*, *j'aurai fait*.

Si l'état est passager ou l'action passagère, ces formes sont en rapport avec l'instant précis de l'acte de la parole : *je* SUIS *malade*, *je* FAIS *mon testament*.

Si quelque chose indique que l'un ou l'autre sont continus, ils peuvent embrasser une période plus ou moins longue : *je* SUIS *malade depuis huit jours*; *je* FAIS, *pendant tout ce mois-ci*, *mon inventaire*.

Cette forme s'emploie encore avec une modification qui exprime la fréquence ou l'habitude d'une chose : *je* SUIS *souvent malade*; *je* FAIS *ordinairement ma résidence à la campagne*.

Avec la conjonction hypothétique, elle peut exprimer un futur incertain : *si je* SUIS *libre demain*, *j'irai vous voir*; *si je* FAIS *cela*, *vous me blâmerez*.

Avec cette même conjonction ou certains adjoints conjonctifs, elle exprime un présent indéfini : *si*, *quand*, *lorsque*, *dès que je* FAIS *le moindre excès*, *je* SUIS *malade*.

Enfin il arrive souvent que nous employons

cette forme pour exprimer une action passée ou future, soit que l'image de cette chose passée nous paraisse tellement présente qu'elle nous la fasse regarder comme telle, et que, par une vivacité naturelle d'esprit, nous fassions alors une peinture de ce que nous croyons voir ou sentir, plutôt qu'un récit de ce que nous avons senti ou vu; soit que, impatients de faire une chose, nous volions au devant de l'époque où elle doit se faire, et la regardions déjà comme présente, ce qui donne au style beaucoup de rapidité, de grâce et d'intérêt.

Hier je le *rencontre*; et, me serrant la main,
Ah! monsieur, m'a-t-il dit, je vous *attends* demain.

BOILEAU.

Demain, j'*attends* la haine ou la faveur des hommes.

CORNEILLE.

J'appelle formes composées par rapport à *je suis*, *je fais*, celles-ci : *j'ai été*, *j'ai fait*. Elles expriment l'impression conservée au moment de l'acte de la parole, d'un rapport existant entre un sujet et un état passé ou une action passée, soit dans une période entièrement écoulée, soit dans une période encore existante, sans relation nécessaire à une époque déterminée. Car, quand je dis : J'AI ÉTÉ *malade*, ou J'AI CHANTÉ, qui se décompose ainsi : J'AI ÉTÉ CHANTANT, *été* marque le rapport qui a existé dans un temps passé entre l'état de malade et moi; *j'ai* exprime l'impression qui me reste actuellement de cet état passé ou de cette action passée; ou plutôt *j'ai* ne fait qu'indiquer l'époque présente d'où je considère mon état passé. Si je dis : J'AI FAIT *mon inventaire*, je ne fais que considérer d'un point de la durée que je regarde comme présent par rapport à l'instant de la parole, le *moi faisant* dans un temps passé, ou pour m'exprimer moins métaphysiquement, je considère d'un point de la durée que je regarde comme présent, mon inventaire *fait* dans un temps passé; et il peut être supposé fait dans une période indéterminée, présente ou passée, suivant que je ne fixe aucune époque, ou que j'ajoute quelque circonstance de temps, comme : *cette année*, *l'année dernière*.

Il était donc inutile de surcharger les conjugaisons des formes composées de chaque mode, puisque la forme complétive composée de tous les verbes jointe aux formes simples du verbe *avoir*, nous donne les formes composées de tous les temps, à tous les modes.

Avoir Ayant J'ai J'avais J'eus J'aurai J'aurais Aie Que j'aie Que j'eusse	fait, dit, lu, écrit, enjoint, bâti, offert, conquis, pris, ouvert, etc., etc.

On voit par là que la forme composée s'applique, soit à une époque tout à fait indéterminée, soit à une époque passée dans une période présente, ou dans une période dont il ne reste plus rien à écouler.

L'époque d'où l'on considère un état passé ou une action passée, peut également appartenir à une période passée ou à une période future, et alors la forme complétive active est précédée des formes du verbe avoir qui expriment le passé ou le futur. *j'*AVAIS DÎNÉ *hier avant vous; aujourd'hui j'*AURAI DÎNÉ *quand vous vous mettrez à table.*

Mais revenons à la forme *j'ai*, jointe à la forme complétive d'un autre verbe, et remarquons que cette forme du verbe avoir nous fait souvent considérer l'époque d'où nous envisageons l'action ou l'état, comme indéfiniment présente : *quand j'*AI DÎNÉ, *je prends habituellement mon café; quand je n'*AI *pas* PRIS *mon café, je suis malade;* parce qu'il s'agit de rapports habituels ou naturels entre deux états ou deux actions qui se succèdent à des époques périodiques; ou seulement comme censée présente, soit qu'il s'agisse d'une action future, mais certaine : *j'*AI FAIT *dans l'instant, j'*AI DÎNÉ *dans la minute;* soit qu'il s'agisse d'une action future mais incertaine : *si j'*AI FAIT *cela avant votre retour, j'irai au devant de vous; si nous* AVONS *bientôt* TERMINÉ *nos affaires, nous irons passer l'hiver à Paris.*

Les formes *j'étais, je faisais*, appartiennent au

passé simultané : elles expriment en effet une action passée, mais considérée comme présente relativement à une autre action avec laquelle elles ont un rapport de simultanéité.

Ces formes, quand elles ne sont pas précédées de la conjonction hypothétique, expriment toujours un rapport ou une action existant dans un temps passé, appartenant soit à une période qui n'est plus, soit à une période encore existante; et pour écarter d'abord tout ce qui pourrait jeter du doute et de l'incertitude sur l'étendue de signification de ces formes, je dois dire que je ne partage pas du tout l'opinion de Condillac, qui regarde comme un temps présent la forme *allais* dans cette phrase : *j'*ALLAIS *chez vous*. Il est constant que lorsque nous rencontrons un ami, et que nous lui disons : *j'*ALLAIS *chez vous!* c'est que nous nous sommes arrêtés pour lui parler, dans l'intention de lui dire ce qui nous conduisait chez lui, et qu'alors nous avons réellement suspendu, au moins pour un moment, le cours de notre action; autrement nous lui dirions sans nous arrêter : *je* VAIS *chez vous*, ou même encore en nous arrêtant : *je* VAIS *chez vous*, si nous n'avions directement aucun besoin de le trouver chez lui; et alors cette expression, *je vais*, deviendrait un futur. Si, dis-je, nous nous sommes arrêtés en disant : *j'*ALLAIS *chez vous*, c'est que nous avons suspendu notre action : alors *j'allais* est rigoureusement et grammaticalement un passé, puisqu'il exprime une action immédiatement antérieure au moment précis de l'acte de la parole. Cette forme ne peut jamais exprimer un présent, à moins qu'elle ne soit précédée de la conjonction hypothétique : SI J'ÉTAIS ROI, *je voudrais être juste*; mais elle peut exprimer un futur, car si un ami vient me voir au moment où je me disposais à aller chez lui, je lui dirai : *J'ALLAIS chez vous*.

Les étrangers se trouvent tellement embarrassés dans l'emploi du passé imparfait *j'étais*, *je faisais*, qu'ils confondent avec le passé parfait défini *je fus*, *je fis*, que je ne saurais trop m'appliquer à faire sentir la différence de ces expressions et le choix qu'on en doit faire.

Il faut distinguer dans un récit les événements qui en font la base d'avec les circonstances qui les accompagnent, les idées accessoires qui les modifient, qui répandent quelque jour sur ces événements, qui délassent le lecteur par la variété des tableaux, et servent d'ombre en quelque sorte au tableau principal.

Tous les événements principaux empruntent le passé parfait défini *je fus*, *je fis*; tous ceux qui, leur étant subordonnés, ne font que caractériser un événement principal avec lequel ils ont une simultanéité d'existence; tout ce qui nuance les faits principaux dans une histoire, les différents caractères des personnages qu'on y représente, leurs inclinations, leurs habitudes, tout cela exige le passé imparfait. Il y a donc cette différence entre le passé parfait défini et le passé imparfait, que le premier exprime un événement important avec rapport à une époque déterminée, tandis que l'autre n'exprime qu'un état de choses ou un événement dont l'existence n'est considérée que relativement à ce fait principal, quoiqu'elle lui soit bien souvent antérieure.

On emploie le passé imparfait :

1°. Pour établir des faits qui précédaient l'événement qu'on se propose de raconter, et qui doivent y répandre quelque intérêt :

> Deux pigeons s'*aimaient* d'amour tendre :
> L'un d'eux, s'ennuyant au logis,
> Fut assez fou pour entreprendre
> Un voyage en lointain pays.
>
> LA FONTAINE.

2°. Pour développer le sujet d'une proposition principale :

> Un loup, qui *commençait* d'avoir petite part
> Aux brebis de son voisinage,
> Crut qu'il *fallait* s'aider de la peau du renard, etc.
>
> LA FONTAINE.

3°. Pour établir une proposition qui est le complément d'une autre :

Crut qu'il *fallait*, etc.

4°. Pour développer l'objet d'action d'une proposition principale :

> Il reconnut le bras qui *combattait* pour lui.
>
> *Henriade*

5°. Pour annoncer quelque réflexion de l'écrivain :

Mes chers enfants, dit-il, (à ses fils il *parlait.*)

LA FONTAINE

Enfin, *je faisais*, exprime le cours d'une action dans un temps passé, mais dont l'époque n'est déterminée que par la coïncidence d'une autre action : *Je* FAISAIS *un cours de botanique, lorsque vous faisiez un cours de médecine, ou lorsque vous vîntes à Paris. Je* PARTAIS *pour la campagne, quand j'appris la mort de mon oncle.* Si au contraire je dis : *je* PARTIS *pour la campagne, quand j'*APPRIS *la mort de mon oncle*, ce n'est plus ici un fait accessoire, il n'y a plus de coïncidence ; c'est une action principale qui, déterminée par la circonstance d'un événement particulier, a un principe d'existence postérieure à cet événement, et porte un caractère d'intérêt qui commande la forme du passé parfait défini.

Ce que j'ai dit par rapport aux formes composées du présent, il faut l'appliquer aux formes composées des autres temps qui conservent toujours entre eux les mêmes rapports.

Le passé parfait défini exprime le principe d'une action avec rapport non seulement à un temps passé, mais à une période passée, en sorte qu'on ne peut s'en servir pour exprimer une action faite dans une portion de temps dont il resterait quelque chose à écouler ; et voilà d'abord en quoi il diffère essentiellement du présent composé, que nous avons vu être applicable à une période passée, comme à une période présente, ou n'exiger même aucune détermination de temps.

Cette forme est principalement consacrée à la narration; et c'est sans doute pour cela que quelques grammairiens l'appellent passé historique: elle retrace une série de faits et d'événements avec le signe caractéristique du temps auquel ils doivent être rapportés :

> Le pigeon *profita* du conflit des voleurs,
> S'*envola*, s'*abattit* auprès d'une masure;
> *Crut* pour le coup que ses malheurs
> Finiraient par cette aventure:
> Mais un fripon d'enfant (cet âge est sans pitié)
> *Prit* sa fronde, et du coup *tua* plus d'à-moitié
> La volatille malheureuse,
> Qui, maudissant sa curiosité,
> Traînant l'aîle et tirant le pié,
> Demi-morte et demi-boîteuse,
> Droit au logis s'en *retourna*:
> Que bien que mal, elle *arriva*
> Sans autre aventure fâcheuse.
>
> La Fontaine.

Pour répandre un plus grand jour sur l'emploi de ces deux formes : *je faisais*, *je fis*, je transcrirai ici un passage du beau récit de Théramène dans *Phèdre*, et un épisode du poeme de *Psyché*, par La Fontaine. Je tâcherai de faire distinguer parmi les formes des verbes, celles qui font image, de celles qui appartiennent à la narration, et de démêler pourquoi, dans celles-ci, les unes appartiennent au passé parfait, et les autres au passé imparfait :

> A peine nous *sortions* des portes de Trézène,
> Il *était* sur son char; ses gardes affligés
> *Imitaient* son silence, autour de lui rangés.
> Il *suivait* tout pensif le chemin de Micènes;
> Sa main sur les chevaux *laissait* flotter les rênes.
> Ces superbes coursiers qu'on *voyait* autrefois
> Pleins d'une ardeur si noble obéir à sa voix,
> L'œil morne maintenant et la tête baissée,
> *Semblaient* se conformer à sa triste pensée.

Dans toute cette tirade, on voit, comme je l'ai établi en principe, que l'auteur emploie le passé imparfait pour préparer à l'action principale. Cette forme appartient également à la narration; mais elle établit des faits qui ne sont considérés que relativement à d'autres événements d'une plus haute importance :

> Un effroyable cri, sorti du fond des flots,
> Des airs en ce moment a *troublé* le repos;
> Et, du sein de la terre, une voix formidable
> *Répond* en gémissant à ce cri redoutable.
> Jusqu'au fond de nos cœurs notre sang *s'est glacé*;
> Des coursiers attentifs le crin s'*est hérissé*.

Ces formes *a troublé*, *s'est glacé*, *s'est hérissé*, appartiennent encore à la narration; elles expriment l'impression existant au moment de l'acte de la parole d'une action passée, mais appartenant à une période encore existante. La forme *répond* n'appartient plus à la narration, elle fait image :

> Cependant, sur le dos de la plaine liquide,
> S'*élève* à gros bouillons une montagne humide;

L'onde *approche*, se *brise*, et *vomit* à nos yeux
Parmi des flots d'écume un monstre furieux.
Son front large *est* armé de cornes menaçantes;
Tout son corps *est* couvert d'écailles jaunissantes;
Indomptable taureau, dragon impétueux,
Sa croupe se *recourbe* en replis tortueux :
Ses longs mugissements *font* trembler le rivage.
Le ciel avec horreur *voit* ce monstre sauvage;
La terre s'en *émeut*, l'air en *est* infecté,

Il est aisé de voir que tout ceci n'est qu'un riche tableau substitué à un récit:

Le flot qui l'*apporta recule* épouvanté.
Tout *fuit*; et sans s'armer d'un courage inutile,
Dans le temple voisin chacun *cherche* un asyle.
Hippolyte lui seul, digne fils d'un héros,
Arrête ses coursiers, *saisit* ses javelots,
Pousse au monstre, et d'un dard lancé d'une main sûre,
Il lui *fait* dans le flanc une large blessure.
De rage et de douleur le monstre bondissant,
Vient aux pieds des chevaux tomber en mugissant,
Se *roule* et leur *présente* une gueule enflammée
Qui les *couvre* de feu, de sang et de fumée.
La frayeur les *emporte*; et, sourds à cette fois,
Ils ne *connaissent* plus ni le frein ni la voix :
En efforts impuissants leur maître se *consume*;
Ils *rougissent* le mords d'une sanglante écume :
On dit qu'on *a vu* même, en ce désordre affreux,
Un dieu qui d'aiguillons *pressait* leur flanc poudreux.

Voici encore une brillante image : il n'y a que les trois formes *apporta*, *a vu*, *pressait*, qui ne peignent pas. Je ne sais si le poete pouvait employer la forme du passé parfait défini, qui ne doit servir, dans la narration, qu'à décrire des événements principaux et antérieurs à une période présente; je ne sais, dis-je, s'il pouvait l'employer pour exprimer une idée purement accessoire; enfin, pour renouveler l'idée d'une action qui a eu lieu dans le jour même, puisque l'événement s'est passé aux portes de la ville; car *apporta* ne fait que modifier le sujet de la proposition principale : *le flot recule épouvanté*, et l'on a déjà dit qu'il a vomi le monstre. Mais le poete rappelait une action antérieure à l'action principale, qui l'est elle-même à l'acte de la parole; et dans le feu de la composition, il a pu se croire autorisé à substituer cette forme *apporta* à la forme composée du présent indéfini *a apporté*, qui n'étant pas assez rapide au gré de son imagination, ne peut d'ailleurs entrer en poésie.

Il emploie la forme composée du présent indéfini *a vu*, parce qu'il s'agit d'une action qui sert à compléter le sens logique d'une première proposition où le verbe *dire* est employé au présent, (*on dit*), non pour faire image, mais comme exprimant simplement une action simultanée avec l'acte de la parole. Cette forme *a vu* exprime la possession rapportée à un temps présent, d'une action faite antérieurement, mais dans la même période.

Enfin, la forme *pressait* est la seule qu'il pût employer pour développer l'objet d'action d'un verbe à la forme composée du présent indéfini, et pour désigner une action passée relativement à l'époque actuelle, mais simultanée avec le désordre occasionné par la terreur que le monstre avait répandue.

ÉPISODE DE PSYCHÉ.

La Vieillesse, en propre personne, lui *apparut* (à Psyché) chargée de filets et en habits de pêcheur. Ses cheveux lui *pendaient* sur les épaules, et la barbe sur la ceinture. Un très-beau vieillard et blanc comme un lis, mais non pas si frais, se *disposait* à passer la ravine. Son front *était* plein de rides dont la plus jeune *était* presque aussi ancienne que le déluge : aussi Psyché le *prit* pour Deucalion; et se mettant à genoux : « Père des » humains, lui *dit*-elle, protégez-moi contre des » ennemis qui me cherchent. »

Le vieillard ne *répondit* rien : la force de l'enchantement le *rendit* muet. Il *laissa* tomber ses filets, s'oubliant lui-même, aussi bien que s'il eût été dans son plus bel âge, oubliant aussi le danger où il se *mettait* d'être rencontré par les ennemis de la belle, s'il *allait* la prendre sur le bord.

Il me semble que je vois les vieillards de Troie qui se préparent à la guerre, en voyant Hélène. Celui-ci se *souciait* peu de périr, pourvu qu'il contribuât à la sûreté d'une malheureuse comme la nôtre. Le pressant besoin qu'on *avait* de son assistance lui *fit* remettre au premier loisir les exclamations ordinaires dans ces rencontres. Il *passa* du côté où *était* Psyché, et l'abordant de fort bonne grâce, et avec respect, comme un homm qui *savait* faire autre chose que de tromper des poissons : « Belle princesse ! *dit*-il, car à vos habits, » c'est le moins que vous puissiez être ; réservez » vos adorations pour les dieux : je suis un mortel » qui ne possède que ces filets et quelques petites » commodités dont j'ai meublé deux ou trois ro- » chers sur le penchant de ce mont. Cette retraite » est à vous aussi bien qu'à moi ; je ne l'ai point » achetée ; c'est la nature qui l'a bâtie ; et ne crai- » gnez pas que vos ennemis vous y cherchent : s'il » y a sur terre un lieu où l'on soit en sûreté contre » les poursuites des hommes, c'est celui-là ; je l'é- » prouve depuis long-temps. » Psyché *accepta* l'asyle. Le vieillard la *fit* descendre dans la ravine, marchant devant elle, et lui enseignant à poser le pied tantôt sur cet endroit-là, tantôt sur cet autre, non sans péril ; mais la crainte donne du courage. Si Psyché n'eût point fui Vénus, elle n'aurait jamais osé faire ce qu'elle *fit*. La difficulté *fut* de traverser le torrent qui *coulait* au fond : il *était* large, creux et rapide :

« Où es-tu, Zéphire, s'*écria* Psyché? mais plus » de Zéphire. » Un pont portatif que le vieillard *tirait* après lui sitôt qu'il *était* passé, *suppléa* à ce défaut. *C'était* un tronc d'arbre à demi pourri, avec deux bâtons de saule pour garde-fou. Ce tronc se *posait* sur deux gros cailloux qui *bordaient* le torrent en cet endroit.

Veut-on séparer tous les traits principaux qui

font la base de ce récit, nous n'avons qu'à en prendre tout ce qui est exprimé avec les formes du *pass épériodique*.

La Vieillesse personnifiée *apparut* à Psyché; elle *prit* le vieillard pour Deucalion, et elle lui *dit* de la protéger. Le vieillard ne *répondit* rien : la force de l'enchantement le *rendit* muet. Il *laissa* tomber ses filets. Le danger de la belle lui *fit* supprimer les exclamations ordinaires en pareil cas. Il *passa* de son côté, et lui *dit* des choses propres à lui inspirer de la confiance, et à lui faire accepter son asyle. Psyché l'*accepta*. Il la *fit* descendre dans la ravine. Elle *fit* des choses qu'elle n'aurait pas osé faire dans un autre temps. La difficulté *fut* de traverser le torrent. Psyché s'*écria* : ZÉPHIRE, où es-tu? un pont portatif *suppléa* à l'absence de ZÉPHIRE.

DU MODE HYPOTHÉTIQUE.

Le mode hypothétique ajoute à l'idée fondamentale du verbe l'idée accessoire d'une supposition préalable. Les formes de ce mode n'établissent jamais par elles-mêmes une hypothèse; elles n'expriment que la conséquence d'une hypothèse *exprimée* ou *sous-entendue*. Je dis exprimée ou sous-entendue; car il arrive souvent qu'une forme hypothétique exprime la conséquence d'une proposition hypothétique ellipsée, comme dans ces exemples : *J'ai cru qu'il viendrait; je voudrais aller à la campagne.*

Je *voudrais* qu'à cet âge,
On sortît de la vie ainsi que d'un banquet,
Remerciant son hôte, et qu'on fît son paquet.

LA FONTAINE.

Il faut bien remarquer que toutes ces propositions ne se soutiennent qu'à l'aide de quelque proposition ellipsée.

J'ai cru qu'il viendrait *si le temps ou ses affaires le lui permettaient.*

Je voudrais aller à la campagne *si rien ne s'y opposait, si je trouvais quelqu'un qui vînt avec moi.*

Je voudrais qu'à cet âge on sortît de la vie comme d'un banquet, *si l'espèce humaine était parvenue à ce degré de philosophie, et que mon vœu ne fût pas impuissant.*

Lorsque la proposition hypothétique n'est pas ellipsée, elle peut précéder ou suivre la conséquence.

Si j'étais Roi, je *voudrais* être juste.

VOLTAIRE.

Que *deviendrais*-je hélas! si le sort rigoureux
Me privait pour jamais de l'objet de mes vœux!

LA FONTAINE.

Je dis que les formes de ce mode n'établissent jamais par elles-mêmes une hypothèse; ainsi, dans cette réponse de l'abbé Maury au peuple qui criait autour de lui : *à la lanterne! à la lanterne!* « Eh! mes amis, *quand* vous me mettriez à la lanterne, en verriez-vous plus clair? » c'est le mot *quand* qui établit l'hypothèse.

Racine nous en fournit un autre exemple :

Quand vous me *hairiez*, je ne m'en *plaindrais* pas.

Car c'est comme si nous disions : vous n'en verriez pas plus clair, ou croyez-vous que vous y verriez plus clair, si vous me mettiez à la lanterne. Si vous me haïssiez, je ne m'en plaindrais pas.

Je n'admets point pour les formes composées de ce mode la concurrence des formes *j'eusse été*, *j'eusse eu*, *j'eusse fait*, avec celles *j'aurais été*, *j'aurais eu*, *j'aurais fait*, parce que je suis convaincu qu'elles ne sont qu'un démembrement du mode subjonctif, et qu'il y a ellipse toutes les fois qu'on les emploie directement.

DU MODE DISPOSITIF.

Il ne s'agit dans ce mode que de préparer, de disposer à une action. Que ce soit d'une manière impérative, que ce soit d'une manière engageante ou même suppliante, il suffit que le caractère général de ce mode soit de disposer à l'action, pour que je me croie autorisé à l'appeler *mode dispositif*. Par là, j'embrasse toutes les modifications accessoires du verbe à ce mode, tandis que la dénomination d'*impératif* adoptée par la plupart des grammairiens, et celle d'*optatif* par quelques-uns seulement, ne modifient l'action que comme *subordonnée à notre volonté absolue* ou *à notre desir*.

Comme on ne peut disposer à une chose une personne absente, les formes de ce mode ne peuvent embrasser que trois personnes grammaticales; car on ne s'adresse pas non plus la parole pour s'exciter soi-même à faire une chose; et si cela arrive quelquefois, c'est qu'on se regarde comme seconde personne, c'est-à-dire que c'est l'être moral qui s'adresse à l'être physique, comme quand Pygmalion se dit à lui-même : *Insensé ! ose fixer une statue*. Quand je dis que les formes de ce mode embrassent trois personnes grammaticales, c'est que j'y comprends la première personne du pluriel, parce qu'alors on s'adresse principalement à des individus de la seconde personne avec lesquels on est censé faire corps pour exécuter l'action exprimée par le verbe, comme quand on dit : *marchons*, *partons*, etc. Les formes de ce mode ne peuvent jamais s'appliquer aux troisièmes personnes; et quand on dit :

Périsse le Troyen auteur de nos allarmes.

Si l'infâme Robespierre a dit : *périssent les Colonies plutôt que de sacrifier un principe*, il faut sous-entendre une proposition dont celles-ci dépendent : *Je souhaite que le troyen, auteur de nos allarmes, périsse; il faut que les Colonies périssent plutôt que*, etc.

DU MODE SUBJONCTIF.

J'avais d'abord penché pour l'adoption de mode *complétif*, à l'imitation de Domergue; mais, après avoir mûrement réfléchi, j'ai cru que la dénomination de *subjonctif* exprimait mieux le caractère distinctif de ce mode. En effet, c'est le seul qui ne puisse exprimer *directement* ou *immédiatement* la pensée, puisque nous ne pourrions pas dire à quelqu'un : *vous vinssiez me voir;* car cette idée n'est qu'une idée *secondaire*, subordonnée à une autre dont elle n'est que le complément : *je voudrais, je serais enchanté que vous vinssiez me voir*. Or, par ce mot *subordonné*, il faut entendre *en sous-ordre*. *Complétif* exprime une idée plus générale, et qui, pouvant s'appliquer à tous les modes, ne m'a pas paru propre à en caractériser un particulièrement; car je puis dire : chaque homme désire s'enrichir; on dit que la paix est, a été, sera signée; j'ai cru que cette nouvelle vous flatterait. Or, dans toutes ces propositions logiques, composées chacune de deux propositions grammaticales, la seconde sert à compléter le sens de la première dont elle est comme l'objet direct. Mais remarquez que ces secondes propositions qui appartiennent aux modes *indéfini*, *absolu* ou *hypothétique*, diffèrent essentiellement de celles qui appartiennent au mode *subjonctif*, en ce qu'elles n'ont aucun caractère de subordination, et qu'elles peuvent devenir absolues : la paix a été ou sera signée; cela est certain, on le dit publiquement, etc.

Les formes du mode *subjonctif* expriment un *présent* ou un *futur relatif*, d'une manière *absolue* ou d'une manière *hypothétique*. Quand je dis : *est-il possible, faut-il bien que je sois malade?*

j'exprime un *présent*; mais si je dis : *on veut que* J'AILLE *demain à la campagne*, j'exprime un *futur* relativement à la volonté et au temps déterminé pour l'action. Quand je dis : *on voudrait que je* FISSE *cela actuellement*, j'exprime un *présent*; mais je puis dire : *on voudrait que je me* FISSE *soldat*, de même qu'*on aurait voulu que je me* FISSE *soldat*. Or, cette dernière forme *je fisse*, que nous prenons pour un passé, n'est réellement qu'un futur relativement à la volonté exprimée antérieurement; ce futur est donc relatif à une force déterminante qui est considérée d'une époque présente ou d'une époque passée, d'une époque simultanée avec l'acte de la parole ou d'une époque antérieure.

Comme j'ai observé que les verbes admettent des différences entre eux pour la concordance des temps d'un mode à un autre (1), suivant la nature du verbe de la première proposition, ou suivant que ce verbe de la première proposition est pris dans un sens *affirmatif*, *interrogatif*, *négatif* ou *hypothétique*, je partage, pour la concordance des temps, les verbes en trois classes que je range successivement par ordre alphabétique; ensuite j'établis la concordance dans les quatre hypothèses.

(1) Vous ne direz pas *j'ai espéré et souhaité que vous y fussiez*, parce qu'on espère qu'une chose sera et qu'on souhaite qu'une chose soit ou l'on a espéré qu'une chose serait ou souhaité qu'elle fût, ce qui diffère en ce que *espérer* est suivi du mode *absolu*, et *souhaiter* du mode *subjonctif*.

PREMIÈRE CLASSE.

Admettre, *aimer*, *appréhender*, *approuver*, *attendre*, *commander*, *consentir*, *craindre*, *défendre*, *défier*, *demander*, *désespérer*, *desirer*, *détester*, *douter*, *empêcher*, *endurer*, *s'étonner*, *éviter*, *exiger*, *falloir*, *importer* (dans le sens d'être important), *nier*, *obtenir*, *ordonner*, *permettre*, *prétendre*, *proposer*, *prier*, *recommander*, *regretter*, *souffrir*, *solliciter*, *souhaiter*, *supposer*, *supporter*, *tâcher*, *trembler*, *tolérer*, *vouloir*, et les formes verbales *être d'avis* : il est *essentiel*, *urgent*, *possible*, *impossible*, *nécessaire*, *important*, *indispensable*.

Tous ces verbes, de quelque manière qu'ils soient employés, lorsqu'ils forment une proposition principale, commandent impérieusement au verbe de la proposition qui suit la forme d'un des temps du subjonctif. L'application que je vais faire de ce principe au verbe *vouloir*, peut se faire à tous les verbes rangés dans cette première classe ; car remarquez bien que le verbe de la seconde proposition n'est que l'attribut de la première, et qu'il ne fait que développer l'objet de *crainte*, de *doute*, de *desir*, ou de tout autre sentiment exprimé par le verbe de la première proposition. Vous direz donc :

AFFIRMATIVEMENT	INTERROGATIVEMENT.	NÉGATIVEMENT.	HYPOTHÉTIQUEMENT OU DUBITATIVEMENT.		
Vous voulez.	Voulez-vous?	Vous ne voulez pas.	Si vous voulez.	qu'il vienne	
Vous avez voulu.	Avez-vous voulu?	Vous n'avez pas voulu.	Si vous avez voulu.	qu'il vienne.	qu'il vint.
Vous vouliez.	Vouliez-vous?	Vous ne vouliez pas.	Si vous vouliez.		qu'il vint.
Vous aviez voulu.	Aviez-vous voulu?	Vous n'aviez pas voulu.	Si vous aviez voulu.		qu'il vint.
Vous voulûtes.	Voulûtes-vous?	Vous ne voulûtes pas.	J'ignore { Si vous voulûtes.		qu'il vint.
Vous voudrez.	Voudrez-vous?	Vous ne voudrez pas.	Si vous voudrez.	qu'il vienne.	
Vous voudriez.	Voudriez-vous?	Vous ne voudriez pas.	Si vous voudriez.		qu'il vint.
Vous auriez voulu.	Auriez-vous voulu?	Vous n'auriez pas voulu.	Si vous auriez voulu.		qu'il vint.

2me. CLASSE.

Croire, *espérer*, *se flatter*, *juger*, *présumer*, *penser*, *prévoir*, *répondre*, *soupçonner*, *soutenir*, *voir*, et les formes verbales, *il est croyable*, *il est présumable*.

Tous ces verbes employés affirmativement commandent la forme d'un des temps du mode *absolu*, ou du mode *hypothétique*. Employés des trois autres manières, ils commandent le plus souvent la forme d'un des temps du subjonctif; je dis le plus souvent, parce que le verbe qui les suit n'exprime pas toujours une action dépendante de la première. Car je puis dire : *n'as-tu pas vu que mon cœur démentait ma bouche ? as-tu vu que ma bouche ait décélé* ou *décélât mon cœur ?* Vous direz donc :

AFFIRMATIVEMENT. Je crois qu'il vient, qu'il venait, qu'il viendra, qu'il viendrait si;... j'ai cru qu'il venait, qu'il viendrait; je croyais, j'avais cru qu'il venait, qu'il viendrait; je crus qu'il venait, qu'il viendrait; je croirai qu'il vient, qu'il venait, qu'il viendra quand j'en aurai la preuve; je croirais volontiers qu'il vient, qu'il venait, qu'il viendra; j'aurais cru qu'il venait, qu'il viendrait.

INTERROGATIVEMENT. Crois-tu qu'il venait, qu'il viendra, qu'il viendrait si... qu'il vienne? avez-vous cru qu'il venait, qu'il viendrait, qu'il vînt? croiriez-vous, aviez-vous cru

INTERROGATIVEMENT.	qu'il venait, qu'il viendrait, qu'il vînt? crûtes-vous qu'il venait, qu'il viendrait? croira-t-on, qui croira qu'il vient, qu'il vienne? croiriez-vous qu'il vient, qu'il venait, qu'il viendra, qu'il viendrait si...? aurait-on cru qu'il venait, qu'il viendrait, qu'il vînt?
NÉGATIVEMENT.	Je ne crois pas qu'il vienne, qu'il vînt si vous l'engagiez; je n'ai pas cru qu'il venait, qu'il viendrait, qu'il vînt; véritablement nous ne crûmes pas qu'il venait, qu'il viendrait; on ne croira jamais qu'il est venu, qu'il soit venu; vous ne croiriez pas qu'il vient, qu'il venait, qu'il viendra, qu'il viendrait si.... je n'aurais pas cru qu'il vînt.
HYPOTHÉTIQUEMENT ou DUBITATIVEMENT	Vous vous trompez si vous croyez qu'il vient, qu'il viendra, qu'il viendrait dans ce cas là; vous vous êtes trompé si vous avez cru qu'il venait, qu'il viendrait; si je croyais, si j'avais cru qu'il vînt. Je ne saurais vous assurer si je croyais qu'il viendrait; je ne sais si vous crûtes qu'il venait, qu'il viendrait; j'ignore si l'on croira qu'il vient, qu'il vienne; je ne sais si, en 1815, vous auriez cru que votre frère reviendrait, revînt de l'armée.

3me. CLASSE.

Affirmer, *assurer*, *convenir*, *certifier*, *garantir*, *promettre*, *sentir*, *se souvenir*, et les formes verbales : *il est certain*, *il est constant*, *il est convenu*, *il est reconnu*.

Tous ces verbes ne commandent le subjonctif qu'employés dans un sens *négatif* ou *interrogatif*, encore emploie-t-on souvent les temps du mode absolu dans la proposition qui suit, lorsque le verbe n'y exprime pas une action dépendante de la première, comme dans cet exemple : *je n'ai pas senti qu'on me touchait*, au lieu que si l'on doute de l'action, on dira : *je n'ai pas senti qu'on me touchât*. Je ferai remarquer aussi, pour la concordance des temps, que le verbe de la proposition subordonnée doit se mettre au présent, quoique le verbe de la proposition qui précède exprime un passé, lorsque ce verbe de la proposition subordonnée exprime des vérités immuables et qui sont de tous les temps ; ainsi vous direz bien : *il a été reconnu que cet homme* ÉTAIT *innocent, qu'il* ÉTAIT *malade*; mais on ne dira pas : *il a été reconnu que Dieu* ÉTAIT *bon*, *que l'Angleterre* ÉTAIT *au nord de la France*, parce que ce sont des vérités éternelles qui n'appartiennent pas plus à une époque passée qu'à une époque présente. La Fontaine nous montre l'exemple qu'il faut suivre, dans sa fable de *l'Ours et les deux Chasseurs* :

Il m'*a dit* qu'il ne *faut* jamais
Vendre la peau de l'ours qu'on ne l'ait mis par terre.

Vous direz donc affirmativement :

J'assure, *j'ai assuré qu'il vient*, *qu'il venait*, *qu'il viendra*, *qu'il viendrait si..*; *j'assurais*, *j'avais assuré qu'il venait*, *qu'il viendrait*; *j'assurai qu'il venait*, *qu'il viendrait*; *j'assurerai qu'il vient*, *qu'il viendra*, *quand j'en aurai la conviction; j'assurerais qu'il vient, qu'il venait, qu'il viendra, qu'il viendrait si...*

INTERROGATIVEMENT.

Assurez-vous, avez-vous assuré qu'il vient, qu'il venait, qu'il viendra, qu'il viendrait si....? assuriez-vous, aviez-vous assuré qu'il venait, qu'il viendrait, qu'il vînt; assurâtes-vous qu'il venait, qu'il viendrait; qui nous assurera qu'il vient, qu'il venait, qu'il viendrait si.... qu'il vienne? assureriez-vous qu'il vient, qu'il venait, qu'il viendra, qu'il viendrait si... qu'il vînt?

NÉGATIVEMENT.

Je n'assure pas qu'il vient; je n'assure pas, je n'ai pas assuré qu'il venait, qu'il viendra, qu'il viendrait si.... qu'il vienne; je n'assurais pas, je n'avais pas assuré qu'il venait, qu'il viendrait, qu'il vînt; je n'assurai pas qu'il venait, qu'il viendrait, qu'il vînt; je n'assurerais pas qu'il vient, qu'il venait, qu'il viendra, qu'il vienne, qu'il vînt; je n'assurerai pas qu'il vient, qu'il venait, qu'il viendra, qu'il viendrait, qu'il vienne.

HYPOTHÉTIQUEMENT OU DUBITATIVEMENT.

J'ignore si l'on assure, si l'on a assuré qu'il venait, qu'il viendra, qu'il viendrait; si vous assuriez, si vous aviez assuré qu'il venait, qu'il viendrait; je ne sais si j'assurai qu'il venait, qu'il viendrait; assurera-t-on qu'il vient, qu'il venait hier de Paris; je ne sais si j'assurerais qu'il vient, qu'il venait, qu'il viendra.

Puisque nous cherchons à déterminer le mode

qu'impose à la proposition complétive celui de la proposition principale, il me semble naturel de bien nous appliquer à définir la proposition *complétive*.

Il faut distinguer deux sortes de propositions *complétives* : l'une *absolue*, l'autre *subordonnée*. Quand je dis : *je pense*, *je présume*, *j'espère*, *je sais*, *je crois*, *je réponds*, *je promets qu'il* VIENDRA, cette proposition, *il viendra*, est le complément de chacune de ces propositions : *je pense*, *je présume*, *j'espère*, etc. ; c'est pourquoi je l'appelle *complétive*. Je dis ensuite qu'elle est *absolue*, parce qu'elle exprime une action qui peut être considérée comme ayant eu lieu, comme ayant lieu, ou comme devant avoir lieu dans l'opinion de celui qui est le sujet de la première proposition, en telle sorte que la seconde proposition peut prendre la place de la première, et *vice versâ*, IL VIENDRA, *je le pense*, *je présume*, *j'espère*, *je crois cela*.

Mais quand je dis : *j'ai le desir*, *je souhaite*, *je demande*, *je veux que vous* RESTIEZ ; *j'aime*, *je suis surpris*, *je suis enchanté qu'on me* PRÉVIENNE ; *il est peu sûr*, *il est douteux*, ou *je doute qu'*IL RÉUSSISSE ; *craignez*, *appréhendez*, *redoutez*, *empêchez qu'*IL NE SORTE ; *je ne pense pas*, *je ne crois pas*, *je ne présume pas qu'*IL VIENNE ; *croyez-vous*, *pensez-vous*, *présumez-vous qu'*IL PRENNE GOÛT A L'ÉTUDE ? *Si je croyais*, *si je pensais*, *si je savais*, *si j'étais sûr qu'*IL Y PRÎT GOÛT. Ces secondes propositions ne sont que des propositions *complétives subordonnées*, parce qu'elles n'expriment l'action que comme incertaine même dans l'opinion de celui qui est le sujet de la première proposition ; qu'enfin cette action n'est considérée que comme objet de réflexion de ses différentes sensations.

Cela est si vrai, que je puis employer la même forme interrogative avec une proposition *complétive absolue*, comme avec une proposition *complétive subordonnée* : *croyez-vous que mon fils* A OU AIT *remporté un prix?* car si je regarde la première proposition comme vraie, c'est comme si je disais : *mon fils* A *remporté un prix ; le croyez-vous ?* si je la regarde comme douteuse, je ne puis plus faire la transposition. Il faut donc examiner si la personne qui fait la question est dans le doute sur le fait dont il s'agit, ou si elle cherche à pénétrer la pensée de celui qu'elle interroge relativement à ce même fait.

Je le répète, la proposition *complétive*, lorsqu'elle est indépendante de la proposition principale, c'est-à-dire lorsqu'elle peut s'énoncer avant comme après, doit être employée à tout autre mode que le mode subjonctif. En effet, je puis dire : *je crois, je pense, je présume, je me flatte, je soupçonne, je prévois, je soutiens, je gage que les juges d'appel nous seront plus favorables ;* ou bien : *les juges d'appel nous seront plus favorables ; je le pense, je le présume*, etc. Voilà ce qu'on appelle une proposition *complétive absolue*.

La même chose ne peut avoir lieu avec la proposition *complétive subordonnée*, qui exige toujours le *mode subjonctif*; aussi ai-je dit, en parlant des formes de ce mode, qu'elles ne peuvent exprimer *immédiatement* la pensée. La même inversion ne pourrait donc se faire, et nous ne verrons jamais une phrase commencer ainsi : *nos seconds juges nous* SOIENT *plus favorables*. Nous disons : *je* DOUTE *que nos seconds juges nous* SOIENT *plus favorables*.

Il n'est donc pas nécessaire, comme on le voit, pour l'essence de la proposition *complétive absolue*, qu'elle exprime une action comme devant avoir lieu, mais seulement comme devant avoir lieu dans l'opinion de celui qui est le sujet de la proposition principale; et qu'enfin on puisse mettre cette proposition à la place de la première, ce qui ne peut s'appliquer à la proposition complétive subordonnée.

Par suite de ces mêmes principes, vous emploîrez le mode subjonctif après les seules formes adverbiales conjonctives ci-après : *afin que*, *à moins que*, *avant que*, *au cas que*, *en cas que*, *bien que*, *encore que*, *de peur que*, *loin que*, *malgré que*, *pour que*, *pourvu que*, *quoi que*, *sans que*, *supposé que*.

Il faut bien remarquer que si une proposition subordonnée ne paraît pas toujours précédée de la conjonction *que*, c'est que notre langue est pleine d'ellipses, ce qui offre, relativement à l'analyse, quelques difficultés qu'il est bon d'applanir. Par exemple, quand on dit : *j'aime une femme qui* EST DOUCE, MODESTE, SAGE, LABORIEUSE, etc., on ne fait que dépeindre la femme qu'on aime; cette dernière proposition ne fait que développer l'objet d'action de la première ; c'est donc une proposition *complétive absolue* ; mais si au contraire on voulait exprimer qu'on exige, en aimant, ces qualités dans une femme, et qu'on dit : *j'aime une femme* QUI SOIT DOUCE, MODESTE, SAGE, LABORIEUSE, cette proposition serait une proposition *complétive subordonnée* à une autre idée qu'on a dans l'esprit ; et c'est comme si vous disiez : *j'aime un femme* POURVU QUE, QUI OU LAQUELLE, OU ENFIN *cette femme soit* DOUCE, MODESTE, etc. C'est ainsi qu'on dirait : *Est-il possible de manger un fruit qui* SOIT *meilleur* ; car il y a ellipse ; et c'est comme si l'on disait : *est-il possible de manger un fruit meilleur? il n'est pas possible* QUE, QUI OU LEQUEL, ou enfin CE FRUIT *soit meilleur*. Quelquefois la proposition complétive subordonnée se joint directement et sans ellipse à une proposition négative, comme celle-ci : *il n'existe aucun pays qui soit aussi fertile* ; car la première proposition étant négative universelle, on ne peut pas dire : *il n'existe aucun pays qui* EST ; ce serait affirmer quelque chose de ce qui n'existe pas.

Il en sera de même de cet exemple : *je veux une femme dont le caractère* SOIT *souple*, *dont les mœurs* SOIENT *pures* ; car c'est comme si je disais : *je veux une femme dont je suppose* QUE *le caractère* SOIT *souple... une femme je suppose* QUE *les mœurs* DE LAQUELLLE SOIENT *pures*. Vous direz également : *ne jouez jamais un jeu où vous* SOYEZ *exposé à perdre beaucoup d'argent* ; car c'est comme si vous disiez :

où il est possible QUE *vous* SOYEZ *exposé à perdre*, etc. On dit aussi : *si elle* EÛT *su cela*, pour : *si il était arrivé qu'elle* EÛT *su cela*. La conjonction *que* s'emploie aussi quelquefois avec ellipse de son antécédent : NE PARTEZ *pas* QUE *je ne vous le dise*, pour AVANT QUE *je ne vous le dise*. Il est encore bien constant qu'une proposition complétive subordonnée s'unit directement et sans ellipse à une proposition absolue où le verbe est employé dans un sens négatif ou interrogatif, exemple : *on ne croit pas qu'il vienne : pensez-vous* QUE *nous ayons la paix ?*

Enfin, il faut bien remarquer que le verbe qui ne constitue qu'une proposition subordonnée, doit exprimer les mêmes rapports de temps que le verbe de la proposition absolue.

PREMIER EXEMPLE.

Je ne m'*attendais* pas *que*, pour le commencer,
Mon sang *fût* le premier que vous *dussiez* verser.

IPHIGÉNIE.

DEUXIÈME EXEMPLE.

Croit-on *que* dans ses flancs un monstre m'*ait* porté?

HYPPOLITE, dans *Phèdre*.

Mais Racine ne me paraît pas avoir toujours été fidèle observateur de la règle ; et je crois qu'il y a disconvenance de temps dans les exemples suivants :

PREMIER EXEMPLE.

Vous *pensez* qu'approuvant vos desseins odieux,
Je vous *laisse* immoler votre fille à mes yeux?
Que ma foi, mon amour, mon honneur y *consente*?

ACHILLE, dans *Iphigénie*.

DEUXIÈME EXEMPLE.

Je *pensais* qu'à l'amour son cœur toujours fermé,
Fût contre tout mon sexe également armé.

PHÈDRE.

TROISIÈME EXEMPLE.

Vous *croyez* qu'un amant *vienne* vous insulter.

CLÉONE, dans *Andromaque*, acte II, scène Ire

QUATRIÈME EXEMPLE.

Hélas! on ne craint point qu'il *venge* un jour son père,
On craint qu'il n'*essuyât* les larmes de sa mère.

ANDROMAQUE.

Dans le premier exemple, il fallait : PENSEZ-VOUS *que je vous* LAISSE, ou VOUS PENSEZ *que je vous* LAISSERAI, *et que mon honneur y consentira*. (Voyez ce que j'ai dit pour la concordance des temps et des modes, relativement aux verbes que je range dans la seconde classe, page 255.)

Dans le second exemple, il fallait : *je* PENSAIS *que son cœur toujours fermé à l'amour* ÉTAIT *également armé contre tout mon sexe*.

Dans le troisième, il fallait : CROYEZ-VOUS *qu'un amant* VIENNE, ou VOUS CROYEZ *qu'un amant* VIENDRAIT *vous insulter*.

Enfin, ces deux propositions *on craint*, *on ne craint point* (4me. exemple), me paraissent devoir gouverner le verbe de la seconde proposition au même temps du mode subjonctif; *venge* et *essuyât* forment, selon moi, un contraste désagréable.

Jusqu'ici nous n'avons considéré la proposition subordonnée que comme se rattachant à la proposition principale par la conjonction *que*; mais, comme nous ne pouvons nous dissimuler qu'elle paraît se lier souvent à une proposition par les pronoms conjonctifs *qui* ou *que*, ou même par les pronoms conjonctifs composés *dont* et *où*, nous allons expliquer comment et dans quel cas cela arrive, en mettant sous les yeux des exemples où le même verbe produise un sens tout différent, suivant le mode dans lequel il se trouve employé. Vous direz donc :

AVEC LE MODE ABSOLU.	AVEC LE MODE SUBJONCTIF.
Ce sont les dernières nouvelles qu'on *a* reçues.	Ce sont les dernières nouvelles qu'on *ait* reçues.
Ce sont les meilleurs livres que j'*ai* dans ma bibliothèque.	Ce sont les meilleurs livres que j'*aie* dans ma bibliothèque.
C'est le vin le plus délicat de ma cave que vous *buvez*.	C'est le vin le plus délicat qu'on *ait* récolté.
C'est le meilleur de mes amis que je vous *présente*.	C'est le meilleur ami que je *connaisse*.
Ce sont les ouvrages en vers que je *lis* avec le plus de plaisir.	Ce sont les seuls ouvrages que je *lise* avec plaisir.
Ce sont les plus sages avis que vous *suivez* le moins.	Ce sont les plus sages avis qu'on *puisse* vous donner.
Quelques succès qu'il *a* obtenus l'ont enivré.	Quelques succès qu'il *ait* obtenus, il n'en est que plus modeste.
C'est l'aînée de vos sœurs qui *a* su me plaire.	C'est la première femme qui *ait* su me plaire.
L'histoire signale les hommes qui *ont* fait les plus belles actions.	L'histoire nous montre peu d'hommes qui *aient* fait d'aussi belles actions.
J'ai des amis dont la probité *est* à l'épreuve.	Choisissez des amis dont la probité *soit* à l'épreuve.
C'est une maison où se *réunit* la bonne société.	C'est la seule maison où se *réunisse* la bonne société.

Si l'on veut se donner la peine d'analyser ces sortes de phrases dans les deux modes, on reconnaîtra pourquoi le sens en est si différent. Quand on dit : CE SONT *les dernières nouvelles qu'on* A *reçues*, on exclut toute idée de nouvelles émises postérieurement à celles reçues ; c'est comme si l'on disait : *ces nouvelles qu'on a reçues* SONT *les dernières nouvelles*. Voilà une proposition affirmative absolue, car l'affirmation porte sur dernières mises en émission, comme sur dernières reçues. Au contraire, si l'on dit : CE SONT *les dernières nouvelles qu'on* AIT *reçues*, on ne pourra plus analyser de la même manière ; car *les nouvelles qu'on* AIT *reçues sont les dernières nouvelles*, ne présenterait aucun sens : c'est donc qu'ici l'affirmation ne porte que sur une partie de la proposition, et qu'il y a doute sur l'autre. *Ce sont les dernières nouvelles*, voilà l'affirmation ; la proposition qui exprime le doute est ellipsée ; c'est comme s'il y avait : *je suppose qu'on* AIT LESQUELLES DERNIÈRES NOUVELLES REÇUES. Il y a donc ellipse de cette proposition : *je suppose*, et de la conjonction *que*, ce qui rentre absolument dans les principes précédemment développés. Vous pouvez faire l'application de la même analyse sur toutes les autres propositions, excepté une seule, qui, tout en se prêtant à l'ellipse, admet quelque différence dans l'analyse. *Quelques succès qu'il* AIT *obtenus, il n'en est pas moins modeste ;* analysez ainsi : *j'admets qu'il* AIT *maints beaux succès obtenus, il n'en est pas moins modeste.*

J'appelle transitifs, les verbes exprimant une action qui passe du sujet d'action sur un objet quelconque. Par exemple, quand je dis :

> Je *foudroie* à discrétion
> Un lapin qui n'y pensait guère.

Certes, mon action dirigée sur le lapin arrive bien jusqu'à lui, puisqu'il se trouve foudroyé. Il en est de même de toutes les actions transitives. *Si je* FRAPPE *la table*, *la table est* FRAPPÉE; *si je* FENDS *ma plume*, *ma plume est* FENDUE; *si j'*ARROSE *une fleur*, *cette fleur est* ARROSÉE.

Quant aux verbes intransitifs, ils expriment une action concentrée dans le sujet qui la produit. *il vit*, *il dort*, *il vient*, *il arrive*, *il sort*, *il entre*, *il part*, *il marche*; *la rivière coule*, *déborde*; car vous concevez que rien n'est *vécu*, *dormi*, *venu*, *arrivé*, *sorti*, *entré*, *parti*, *marché*, *coulé*, *débordé*, par celui *qui vit*, *qui dort*, *qui vient*, *qui arrive*, ect.

Mais les uns s'emploient avec la forme complétive et le verbe avoir, et ne cessent pas d'exprimer une action : *il a vécu*, *dormi*, *marché*, *coulé*, *débordé*, *parlé*, *pleuré*, *éternué*, *baillé*, *péri*, *disparu*, *cessé*, *crû* (dans le sens de croître), *valu*, *coûté*, *expiré*, tandis que les autres ne s'emploient pas à cette forme; car on ne dit pas : *elle a venu*, *elle a arrivé*, *elle a entré*, *elle a parti*. On se sert du verbe pur et des attributs passifs; et alors, par une espèce de métonymie, on exprime, au lieu de l'action, l'état résultant de cette action intransitive, c'est-à-dire qui est restée concentrée dans le sujet : *elle est venue*, *arrivée*, *entrée*, *partie*.

Il est vrai qu'on emploie souvent ces mêmes attributs sous une forme passive avec le verbe être, quoique paraissant indiquer une action qui se rattache à une époque passée. *Elle est née à Versailles en* 1740, *partie de Paris le* 1er. *juillet* 1759, *arrivée à Bordeaux en la même année*, *morte à Londres en* 1800 : c'est qu'ici le verbe être et l'attribut passif sont substitués à la forme accessoire, avec ellipse du mot ayant, comme dans les propositions où l'action rejaillit sur le sujet. (V. p. 123.)

J'analyserai donc ainsi : *elle est ayant été naissant*, *ayant été partant*, *ayant été arrivant*, *ayant été mourant*.

Aller, c'est partir d'un lieu quelconque pour se rendre à un lieu autre que celui où se trouve la personne qui parle ; car on ne peut pas dire : *j'irai*, *tu iras*, *il ira ici*; mais on dira : *j'irai*, *ma cousine ira vous voir à Paris*.

Venir exprime un transport, soit de la part de celui qui parle, soit de la part de celui à qui l'on parle ou de personnes tierces, au domicile de la personne chez qui l'on parle ou dans un lieu désigné par la personne qui parle; exemples : *je viens*, *je viendrai*, *mes enfans viendront*, *vos amis sont venus vous voir*, *vous viendrez me voir chez moi*, *j'irai à telle heure sur la place publique*, *venez m'y trouver*.

S'il s'agit de se rendre chez la personne à qui l'on parle, mais dans un lieu autre que celui où l'on parle, on dira : *j'irai*, *vos amis iront vous voir*, cependant, si la personne qui parle suppose être avec son ami, à une certaine époque, dans cet autre lieu, elle dira : *quand nous serons à votre campagne*, *nos amis et les vôtres viendront nous voir*. *dès que vous me saurez à Paris*, *venez me voir*.

Allé, joint au présent du verbe être, ne peut jamais exprimer un transport antérieur avec relation à la personne qui parle ou à qui l'on parle : dans ce cas, on emploie simplement la forme composée du verbe être avec ellipse du mot allant ; ainsi vous direz : *j'ai été*, *vous avez été*, et non pas *je suis allé*, *vous êtes allé*, parce que l'emploi de ces formes ne suppose jamais le retour ; mais on dira bien : *j'étais allé à la métairie*, *quand vous êtes venu chez moi*; *vous étiez allé chez le notaire*, *quand je me suis présenté chez vous*; car on ne pourrait pas dire : *j'avais été*, *vous aviez été*, puisque cela supposerait le retour.

L'abbé Girard, dans son excellent ouvrage sur les synonimes français, a traité avec beaucoup de sagacité de l'emploi de ces deux expressions *être allé*, *avoir été*. Si je me permets ici quelques réflexions à ce sujet, c'est moins pour combattre l'opinion de l'auteur, relativement au choix qu'on en doit faire, que pour dégager le principe qu'il a établi de quelques idées fausses dont il me paraît étayé.

« Ces deux expressions, dit-il, *être allé*, *avoir*
» *été*, font entendre un transport local (1), mais
» la seconde le double. Qui est *allé* a quitté un lieu
» pour se rendre dans un autre, qui *a été* a, de
» plus, quitté cet autre lieu où il s'était rendu.
» *Tous ceux qui* SONT ALLÉS *à la guerre n'en revien-*
» *dront pas; tous ceux qui* ONT ÉTÉ *à Rome n'en*
» *sont pas meilleurs; Céphise* EST ALLÉE *à l'église,*
» *où elle s'est moins occupée de Dieu que de son*
» *amant; Lucinte* A ÉTÉ *au sermon, et n'en est pas*
» *devenue plus charitable pour sa voisine.*

» Il n'arrive pas qu'on dise *il a été* pour *il est*
» *allé* (2); mais souvent on dit *il est allé* pour *il*
» *a été*, ce qui est une faute assez considérable.
» Combien de gens disent : *je suis allé le voir, je*
» *suis allé lui rendre visite, pour j'ai été*. La règle
» qu'il y a à suivre en cela est que, toutes les fois
» qu'on suppose le retour du lieu, il faut dire : *il*
» *a été, j'ai été*; et, lorsqu'il n'y a point de retour,
» il faut dire : *il est allé, je suis allé* (3).

---

(1) Je ne vois pas trop comment *avoir été* exprimerait le *transport* plutôt que la *résidence* ou simplement la *présence*; *j'*AI ÉTÉ *à Paris pendant six ans, et je ne m'y suis pas ennuyé une minute; j'*AI ÉTÉ *hier à l'église pendant tout le sermon, et je n'y ai pas éprouvé de froid.*

(2) Il est constant qu'on ne dit jamais *il a été*, en parlant de quelqu'un qui n'a pas quitté le lieu où il s'est rendu.

(3) Ici l'auteur paraîtrait en contradiction avec lui-même, et l'on ne peut lui supposer l'intention d'avoir voulu dire une chose directement contraire à ses principes, car *être allé* ne s'emploie jamais avec rapport à la première personne : il ne peut se dire que d'une personne absente pour se rendre dans un lieu dont elle n'est pas encore de retour; à plus forte raison, ne pouvait-on citer cet exemple, *je suis allé*, qui au

» Nos grammairiens les plus exacts et les plus » estimés disent qu'*allé*, et *été*, appartiennent également au verbe *aller*. C'est une erreur évidente, » *aller* seul exprime le transport; *été* marque simplement l'existence (1). *Être allé* est le vrai prétérit du verbe *aller*, et *avoir été* est celui du verbe » *être*. L'existence dans un lieu où l'on n'a pas toujours existé suppose un transport antérieur; ainsi » *avoir été* suppose antérieurement *être allé*; et, » en conséquence, le premier se met pour le second, par une métonymie d'ordre qui annonce » le conséquent pour l'antécédent. D'autre part, » une existence passée dans un lieu déterminé suppose un transport local, qui l'a fait abandonner : » ainsi *avoir été* suppose le retour; et c'est ce qui, » dans l'usage, le distingue de *être allé*. » (Cette note est de Beauzée.)

Cette erreur est plus grave qu'on ne pense, et je me crois d'autant plus obligé de la relever, qu'elle est d'un écrivain distingué qui a traité l'article *grammaire* dans l'*Encyclopédie*. En effet, comment Beauzée démontrerait-il que *été* marque simplement l'existence? Dans cette phrase, par exemple : *nous* AVONS ÉTÉ *hier*, *ma fille et moi*, *à*

---

nonce non-seulement une première personne, mais une personne présente · la seule expression que puisse employer cette première personne, pour exprimer un transport sans retour, c'est *je suis venu*.

(1) *Été* n'exprime point l'existence, je l'ai démontré en traitant du verbe (page 202); il n'est là que le signe d'un rapport employé avec ellipse de la forme *allant*.

notre campagne; car, dans le système du commentateur même, nous ne pouvons pas dire : *nous sommes allés; nous* AVONS ÉTÉ, *dis-je, à notre campagne, où nous devions arriver de bonne heure; mais l'orage nous a forcés de nous arrêter en chemin, et nous n'y sommes arrivés qu'à minuit.* Faudra-t-il donc, pour se conformer à l'opinion du grammairien, analyser ainsi? *Nous avons* EXISTÉ *hier à ma campagne, et nous n'y sommes arrivés qu'à minuit*, tandis que le sens montre évidemment que le mot *allant* est ellipsé, et que le verbe *être* n'est ici, comme partout ailleurs, que le signe d'un rapport. Je le répète, *été* ne peut pas plus exprimer simplement l'existence, qu'il ne peut exprimer toujours un transport local; car je puis dire :

J'AI ÉTÉ *hier à la campagne par un temps superbe; mais il a plu aussitôt que j'ai été arrivé;* et l'on voit qu'il y a ellipse du mot *allant* dans la première proposition.

J'AI ÉTÉ *à Paris pendant six ans;* et l'on reconnaît l'ellipse du mot *résidant* ou *demeurant.*

J'AI ÉTÉ *hier à la première représentation de telle pièce, depuis le commencement jusqu'à la fin, malgré le tumulte excité par les cabales;* et l'on sous-entend les mots *présent* ou *assistant*, qui sont ellipsés.

Il faut donc dire que l'expression *être allé* s'emploie uniquement avec rapport à la troisième personne, pour exprimer un transport local, et seulement lorsqu'il n'y a point de retour.

Qu'au contraire, l'expression *être allant* s'emploie avec ellipse du mot *allant*, avec rapport aux trois personnes grammaticales, mais seulement lorsqu'il y a retour.

Ainsi, vous direz, dans la première hypothèse : *ma fille* EST ALLÉE *au spectacle*, *ils* SONT ALLÉS *au collége*.

Et dans la seconde : *j'*AI ÉTÉ *à Paris ;* AS-*tu* ÉTÉ *à la messe ? elle* A ÉTÉ *à l'assemblée ; nous* AVONS ÉTÉ, *vous* AVEZ ÉTÉ, *ils* ONT ÉTÉ *hier à Saint-Cloud*.

Il ne paraîtra pas étonnant qu'on emploie diversement l'expression pleine ou ellipsée, si l'on veut prendre garde que nous employons également le verbe être avec ellipse des formes primitivement actives en *ant*, toutes les fois qu'il s'agit d'exprimer une action dirigée sur celui-là même qui en est le sujet : *cette femme s'*EST NOYÉE, c'est-à-dire *est ayant*. (Voyez ce que je dis à ce sujet, en traitant de la distinction des *attributs* en *actifs* et *passifs*, page 123.)

Voltaire blâme ce vers de Corneille :

> Il *fut* jusques à Rome implorer le sénat.

Il prétend, avec raison, qu'on ne doit pas dire *je fus* pour *j'allai*, comme, par exemple : *je fus le voir*, *je fus lui parler*, parce que, dit-il, on *va parler*, on *va voir* : on *n'est point parler*, on *n'est point voir*. Si ce raisonnement est juste quant à la forme simple du verbe être, pourquoi ne le serait-il pas relativement à la forme composée *j'ai été*, qu'on emploie, avec ellipse du mot *allant*, pour marquer le mouvement, lorsqu'il y a retour, suivant le sentiment de l'abbé Girard? lorsqu'on dit bien : *je suis parti l'an passé; elles sont parties, au commencement de l'hiver, pour Paris*, lors même qu'il y a retour. Il y a des bizarreries que l'usage autorise contre toute espèce de raison.

DES PRÉPOSITIONS.

Il est temps de ramener le lecteur aux idées simples et naturelles que je lui ai présentées pages jx, x et xj de mon introduction à la grammaire, et de lui démontrer l'indispensable nécessité de recourir à de nouveaux signes pour exprimer de nouvelles idées. En effet, il ne suffit pas d'exprimer des objets et des qualités; nous avons reconnu que les objets sont quelquefois dépendants les uns des autres : *une chaîne* DE *montre*, *un morceau* DE *pain*; que les attributs ont souvent eux-mêmes des rapports de convenance ou de disconvenance, avec quelque modification considérée par abstraction : *danser* AVEC *grâce*, *être savant* SANS *orgueil*; qu'il existe des rapports de position ou de direction entre les attributs actifs et les objets : *on passe* ENTRE *deux écueils* POUR *arriver* A *l'île* DE *Sicile*; qu'enfin, une proposition active ou passive a souvent besoin d'être développée par quelque circonstance de lieu, de temps, d'ordre, de durée.

Il débarqua, VERS *le soir*, SUR *nos côtes*, *et marcha* PENDANT *toute la nuit*, A *la tête de sa troupe.*

Aussi, quand l'homme eut besoin d'indiquer le point de départ ou le terme d'une action transitive ou intransitive, et qu'il voulut énoncer ces idées :

Mes moutons reviennent....... les champs ; mes moutons vont.... les champs... le lever.... le soleil;

Les loups ont emporté un agneau.... les bois ;

Les hirondelles happent les moucherons... l'air;

il vit que l'action d'*aller* et *revenir* est intransitive; qu'elle ne peut agir sur les champs, puisqu'on ne peut se faire l'idée de *champs allés* ou *revenus* par *moutons;* que *champs* sont seulement désignés comme point de départ ou comme terme de la course des *moutons*. Il remarqua également dans *bois* et *air* une circonstance de lieu appartenant à l'action. Il jugea donc qu'il lui fallait un signe abstrait qui séparât l'action du point de départ ou du terme de l'action, ou même de la circonstance appartenant à l'action ; et il fit probablement cette distinction intéressante que l'objet d'action est inséparablement lié à l'action (car *agneau* et *moucherons* sont, l'un *emporté*, les autres *happés*), tandis que le point de départ ou le terme de l'action doit naturellement en être séparé de tout l'espace qu'embrasse l'action, et que la circonstance de l'action n'en est qu'un accessoire.

C'est sans doute ainsi que furent imaginées les principales prépositions, et alors furent créés les éléments *à*, *de*, *avant*, *dans*, *en*, etc.; et l'homme s'exprima ainsi :

Mes moutons reviennent DE *les champs ;*

Mes moutons vont A *les champs* AVANT *le lever* DE *le soleil;*

Les loups ont emporté un agneau DANS *les bois;*

Les hirondelles happent les moucherons EN *l'air.*

Dès lors il mit plus de régularité dans ses expressions, et il dit : *je viens* DE *la forêt*, *je vais* A *ma cabane*, *ce plomb chassé* DE *mon fusil vole* A *le but*. Il se figura la ligne tracée par ses moutons, par le plomb; et les deux extrémités de cette ligne furent pour lui le point de départ marqué par la préposition *de* et le point d'arrivée ou le terme d'action marqué par la préposition *à*.

Non-seulement il fallait à l'homme des signes abstraits pour distinguer dans son action principale le terme d'action d'avec l'objet d'action; mais, si nous parcourons cette foule d'idées accessoires qu'on ne peut exprimer qu'avec le secours des prépositions, nous serons forcés de convenir qu'il n'eût pu peindre sa pensée que d'une manière bien grossière, bien imparfaite, puisque ce tableau eût manqué de toutes les nuances délicates susceptibles de rendre fidèlement les sensations que nous font éprouver les rapports des objets entre eux ou relativement à nous.

La préposition est donc un élément de la parole invariable dans sa forme, à moins qu'elle ne s'altère en s'unissant à l'article pluriel ou à l'article masculin singulier, comme *à le*, *de le*, qu'on prononce et qu'on écrit avant un nom commençant par une consonne : *au*, *du*; *céder* AU *mérite*, *montrer* DU *courage*, pour A LE *mérite*, DE LE *courage*; ou comme *à les*, *de les*, qu'on prononce et qu'on écrit *aux*, *des*, avant un mot des deux genres commençant, soit par une voyelle, soit par une consonne : *céder* AUX *instances*, *prétendre* AUX *honneurs*, *cueillir* DES *lauriers*, pour A LES *instances*, A LES *honneurs*, DE LES *lauriers*.

Mais il faut dire : *viser* A *l'argent*, *avoir* DE *l'ordre*, parce qu'ici la préposition précède un nom qui est bien du singulier masculin, mais qui commence par une voyelle.

Les prépositions mettent toujours en rapport deux objets de nos idées : tantôt elles déterminent ce rapport, comme *sur*, *sous*, *dans*, *devant*, *derrière*, *avant*, *après*, *chez*, *contre*, *parmi*, *entre*, etc.; et tantôt ce sont des signes indéterminés, qui ne font qu'indiquer une sorte de rapport, et laissent à l'esprit le soin de le saisir. Ainsi la préposition suppose toujours deux termes, dont l'un, qui précède, est nommé *antécédent*, et l'autre, qui suit et qui achève de compléter le sens, s'appelle *conséquent* ou *complément*.

La préposition est donc le signe abstrait ou concret des rapports que nous apercevons entre deux objets de nos idées. Or, ces rapports peuvent exister :

1°. Entre deux noms : *table* DE *marbre*, *chaîne* DE *montre*.

2°. Entre une qualité simple active ou passive considérée dans les objets, et une modification considérée par abstraction : *il est* SAVANT *sans orgueil*, *elle* DESSINE *avec goût*, *il est* LOUÉ *avec modération*.

3°. Entre un attribut simple et quelque objet de nos idées, physique ou métaphysique : *il est* AFFABLE *avec ses amis*, *sa conduite est* CONFORME *à mes avis*.

4°. Entre une qualité active transitive ou intransitive et le terme de l'action, une époque ou un lieu déterminé : *il donne son établissement* A *son fils*, *part* POUR *l'Angleterre et arrive* A *Londres*; *s'il ne revient pas* AVANT *l'hiver*, *je le verrai* A *Yorck*.

Le terme antécédent est donc toujours nécessairement un nom, un attribut simple actif ou passif, ou enfin un attribut d'attribut, à cause de la qualité vague qu'il renferme quelquefois, laquelle a besoin d'être mise en rapport avec quelque objet de nos idées qui en fixe l'étendue : *il s'est conduit* CONFORMÉMENT *à mes avis*, *il a pris sa leçon de danse et de musique* INDÉPENDAMMENT *de sa leçon d'armes*.

Le terme conséquent ou le complément est un nom physique ou un pronom, ou quelque qualité abstraite énoncée par un nom ou par la forme primitive d'un verbe.

Donc une préposition ne peut jamais être le complément d'une autre préposition. Que si nous voyons deux prépositions à la suite l'une de l'autre, c'est qu'il y a ellipse d'un terme qui est complément de la première et antécédent de la seconde ; exemple :

A de plus grands honneurs un roi peut-il prétendre?

c'est-à-dire : *un roi peut-il prétendre* A *une foule* D'*honneurs plus grands;*

A de moindres fureurs je n'ai pas dû m'attendre.

c'est-à-dire : *je n'ai pas dû m'attendre* A *un débordement* DE *fureurs moindres.*

Ce cas excepté, on peut dire que le terme conséquent d'une préposition ne s'ellipse jamais; car sans lui elle ne présenterait aucun sens fini, ce qui établit entre la préposition et l'attribut d'attribut, ainsi que l'adjoint à la proposition, une démarcation bien sensible, puisque ces derniers, se formant de la préposition et de son complément, ne laissent jamais l'esprit en suspens, et doivent toujours nécessairement modifier l'action ou exprimer une circonstance de temps, de lieu, d'ordre, de durée, etc.

Je ne reconnais que quarante-quatre prépositions, qui expriment :

Les unes des rapports de *direction* physique ou métaphysique, comme *vers*, *envers*, *devers*, *à*, et ses composés. 4

Les autres, des rapports d'*extraction*, d'*appartenance*, de *dépendance*, comme *de*, et ses composés. 1

De *position*, comme *sur*, *sous*, *dans*, *hors*, *devant*, *derrière* (et leurs composés) *en*, *ès* (terme de pratique) *à travers*, *chez*, *contre*, *parmi*, *entre*, *vis-à-vis*. . . 20

D'*union* ou d'*exclusion*, comme *avec*, *sans*.	2
D'*antériorité* ou de *postériorité*, comme *avant*, *après*. .	2
De *durée* ou de *simultanéité*, comme *pendant*, *durant*.	2
De *conformité*, comme *selon*, *suivant*, *d'après*.	3
D'*exception*, comme *hormis*, *sauf*, *excepté*.	3
Les unes expriment la *cause*, comme *par; on altère sa santé* PAR *l'intempérance*.	
Le *motif; on pardonne* PAR *crainte*.	
Le *moyen; on gouverne* PAR *la force et la sagesse*. . .	1
Le *principe* d'une action, comme *dès*, *depuis*..	2
La *destination*, l'*intention*, comme *pour; on garde quelque chose* POUR *son ami; on donne* POUR *recevoir*. . .	1
D'autres expriment des rapports de *condition*, comme *moyennant*.	1
D'*opposition*, comme *nonobstant*, *malgré*.	2
TOTAL.	44

Les prépositions, qui s'emploient aujourd'hui dans le sens le plus indéterminé, avaient toujours, dans l'origine, une acception très-précise.

A exprime un rapport de *direction*, de *translation : on va* A *la campagne*, *on paie* A *chacun ce qui lui appartient*.

De marque le point de départ : *je viens* DE *Bordeaux*, *il y a loin de Paris* A *Saint-Pétersbourg*; ou elle exprime des rapports d'*extraction : morceau* DE *pain*, *jus* DE *citron*, *suc* DE *réglisse*; d'*appartenance : la maison* DE *mon père*, *les chevaux* DU *roi*, *le jardin* DES *Chartreux*; de *dépendance : les plate-bandes* D'*un jardin*, *le collet* DE *mon habit*, *la branche* DE *cet arbre*; d'*espèce*, de *sorte* ou de *classe : chien* DE *chasse*, *cheval* DE *carrosse*, *homme* DE *lettres*.

Par exprime, comme je viens de le dire, la *cause*, le *motif*, le *moyen* : *on perd sa santé* PAR *la débauche*, *sa fortune* PAR *le jeu* ; *on intrigue* PAR *ambition*, *on parvient* PAR *ruse ou* PAR *adresse*.

Pour exprime le *dessein*, l'*intention*, la *destination* : *on étudie* POUR *s'instruire*, *on se pare* POUR *plaire*, *on cueille une rose* POUR *sa sœur*. *Pour* n'exprime point un rapport de *durée*. Que si l'on dit : *je vais à la campagne* POUR *huit jours*, c'est qu'il y a ellipse : c'est comme si l'on disait : POUR *y rester* PENDANT *huit jours*. *Pour* ne détermine ici que l'*intention* ; c'est le mot *pendant* qui exprime un rapport de durée déterminé par huit jours.

J'ai dit que les prépositions *expriment* ou *indiquent* seulement quelque rapport entre deux idées, et que, dans l'origine, elles déterminaient toujours ces rapports, parce qu'on ne les appliquait qu'à des objets sensibles ; mais parce que les idées abstraites peuvent être exprimées par des noms, à la manière des choses physiques, et parce que nous avons découvert des rapports entre les choses physiques et les choses métaphysiques, nous avons eu besoin d'étendre l'usage des prépositions ; et nous avons dit par analogie : *il y a loin* DE *la haine* A *l'amitié*, comme on dit : *il y a loin* DE *Gand* A *Marseille*, ou DE *Metz* A *Brest* ; *il est* DANS *l'ignorance*, comme *il est* DANS *son lit* ; *je viens* DE *danser*, comme *je viens* DE *Vincennes*. En effet, on ne passe pas facilement *de la haine* A *l'amitié*; et l'esprit mesure la distance de l'une à l'autre, comme on mesure la distance d'un lieu à un autre lieu; de même on a cru voir quelque analogie entre *être dans l'ignorance*, et *être dans son lit*; et enfin on quitte la danse pour passer à autre chose, comme on quitte un lieu pour passer dans un autre. Mais le besoin de multiplier les prépositions ne nous a pas toujours permis de conserver cet esprit d'analogie; et nous avons, depuis, employé souvent les mêmes prépositions a des usages très-différents; enfin il semble que ce mot soit devenu pour notre esprit un signe de ralliement de deux idées dont le sens nous échapperait, s'il ne venait nous avertir qu'il existe entre elles quelque rapport.

La préposition n'exprime donc pas toujours le rapport, elle ne fait souvent que l'indiquer. Plusieurs écrivains ont dit que le rapport, lorsqu'il n'est pas déterminé par la préposition, l'est toujours par l'antécédent. Je ne crois pas du tout que cette assertion soit fondée.

Quand nous disons : *être* DE *bonne humeur*, *marcher* DE *nuit*, *chasser* DE *race*, *voir* PAR *un trou*, *couper* PAR *morceaux*, *faire des rejouissances* PAR *toute la France*, *laisser quelqu'un* POUR *mort*, *donner* POUR *certain*, *faire diète* POUR *sa santé*, *porter un habit trop chaud* POUR *la saison*, je ne vois pas que l'antécédent détermine l'espèce de rapport; je vois au contraire que l'esprit ne le saisit que par le rapprochement des deux termes; et même encore, lorsque l'antécédent est ellipsé, l'esprit découvre un rapport qui existe entre le conséquent et ce mot ellipsé, comme lorsque nous employons la préposition *de* pour indiquer des rapports quelconques. C'est ainsi que nous disons :

Recevoir de l' argent, du blé,
Pour : RECEVOIR une portion DE LE métal ARGENT, quelques sacs DE LE comestible BLÉ.

Semer de l' oseille, cueillir du raisin,
Pour : SEMER quelques graines DE LA plante OSEILLE, CUEILLIR quelques grappes DE LE fruit RAISIN.

Témoigner de la reconnaissance,
Pour : TÉMOIGNER quelques sentiments DE LA vertu RECONNAISSANCE.

On va loin avec de la santé et de l'argent,
Pour : ON VA LOIN AVEC la ressource DE LA SANTÉ et DE L'ARGENT.

De la santé et de la fortune contribuent au bonheur,
Pour : Les avantages DE LA SANTÉ et DE LA FORTUNE contribuent au bonheur.

Car il y a seulement ellipse de l'antécédent, toutes les fois que la préposition s'unissant à l'article, ou même se combinant avec lui, précède un nom qui n'est pas modifié; et ce nom commun est pris dans un sens spécifique individuel.

Il y a également ellipse de l'antécédent, toutes les fois que la préposition s'unit sans article à son complément modifié; et alors le nom et l'attribut sont pris dans un sens qualificatif de sorte déterminée dans l'espèce.

J'ai trouvé *de vrais amis, il a* *de bon tabac,*
Pour : J'AI TROUVÉ un certain nombre DE VRAIS AMIS, il a une provision de bon TABAC.

Acheter *de belles pommes, se fier à* *de fausses apparences,*
Pour : ACHETER un lot, une fourniture DE BELLES POMMES, SE FIER A une foule DE FAUSSES APPARENCES.

Il y a *d'honnêtes gens partout, recevoir* *de fausse monnaie,*
Pour : IL Y A une société D'HONNÊTES GENS partout, RECEVOIR quelques pièces DE FAUSSE MONNAIE.

Boire *de bon vin,*
Pour : BOIRE quelques verres, quelques bouteilles DE BON VIN.

Mais il y a un double rapport à suppléer, toutes les fois que la préposition se combinant avec l'article, a pour complément un nom modifié : c'est encore ici le sens qualificatif de sorte, de classe, d'espèce.

J'ai trouvé *des âmes sensibles,*
Pour : J'AI TROUVÉ certaines âmes de la trempe DES AMES SENSIBLES.

Contracter *des goûts honnêtes,*
Pour : CONTRACTER quelques goûts de l'espèce DES GOÛTS HONNÊTES.

Employer *des expressions recherchées,*
Pour : EMPLOYER une foule d'expressions de la classe DES EXPRESSIONS RECHERCHÉES.

Je ferai aussi remarquer que les mots *peu*, *beaucoup*, *trop*, *assez*, qui, ainsi que je l'ai déjà dit, doivent être regardés comme de vrais noms, quand ils sont le sujet d'une proposition, ou qu'ils servent de complément à un verbe transitif ou à une préposition, sont toujours suivis de la préposition sans article, et annoncent un sens spécifique indéfini : *il a* PEU *d'amis*, *il boit* TROP DE *vin*, *il a* BEAUCOUP D'*ambition*, *il a* ASSEZ DE *fortune*.

Le mot *bien*, au contraire, quoiqu'il puisse être considéré comme complément d'un verbe transitif, ou d'une préposition, exige toujours que la préposition qui le suit soit jointe à l'article, et prépare toujours à un sens individuel défini : *il a* BIEN *de la peine*, *il a obtenu le suffrage de* BIEN *des gens*.

Enfin, il faut bien observer que le même mot, s'il n'est pas répété, ne peut être en même temps le complément direct ou indirect, ou l'un et l'autre à la fois de plusieurs attributs qui n'admettent pas après eux les mêmes prépositions; ainsi, vous direz bien : *l'ennemi* A *attaqué et pris notre flotte ; il fut utile et cher* A *sa patrie ; il s'est acquis* LA *réputation de joueur*, *et s'est rendu digne* DU *mépris public*.

Mais vous ne direz pas : *l'ennemi a* ATTAQUÉ *et s'est* EMPARÉ *de notre flotte ; il fut de bonne heure* ENCLIN *et* PERDU *de débauche ; il s'est* ACQUIS *la réputation de joueur*, *et* RENDU *digne du mépris public* ; parce qu'on dit : *attaquer une*, et *s'emparer d'une*, *enclin à*, et *perdu de* ; parce qu'enfin *on acquiert à soi*, et qu'*on rend soi digne*, etc.

Revenons au caractère propre de la préposition. Elle n'exprime par elle-même aucuns rapports, lorsqu'elle est détournée de son usage primitif; et, puisqu'elle est employée à des usages si différents, on peut dire qu'elle nous conduit ou de l'attribut à la modification de l'attribut, ou de l'action au terme, au motif, à la cause, au moyen, au temps et au lieu de l'action. En effet, je pense que la préposition est à son antécédent et à son conséquent ce que le verbe pur est au sujet et à l'attribut. En même temps qu'elle sert à lier nos idées qui paraîtraient incohérentes sans elle, elle donne plus de rapidité et de précision à l'expression de la pensée, plus de variété et d'ensemble à la période; car c'est souvent à l'aide de la préposition et de son complément que nous évitons de donner à des idées purement accessoires la forme que nous donnons à nos idées principales. Je vais tâcher de me faire comprendre par des exemples. Nous disons :

Cet enfant travaille AVEC APPLICATION, *il cultive* AVEC SOIN *sa mémoire; il paraîtra dans le monde* AVEC DISTINCTION; par là, nous évitons cette monotonie d'expression : *cet enfant travaille*, SON TRAVAIL *est* APPLIQUÉ; *il cultive sa mémoire*, *cette* CULTURE *est* SOIGNÉE; *il paraîtra dans le monde*, *son* APPARITION *sera* DISTINGUÉE, et nous ne donnons pas à nos idées accessoires la même étendue qu'à nos idées principales.

Ce n'est pas que je prétende, comme Sicard, qu'on doive soumettre la proposition à cette décomposition grammaticale ; j'ai voulu montrer le point d'où nous sommes partis, et les progrès que nous avons faits dans l'analyse de nos idées. Je pense que nous devons voir l'ensemble de la proposition comme on voit l'ensemble d'un tableau : dans l'une comme dans l'autre, tout ce qui ne fait que caractériser l'idée principale, sans aucune division nécessaire, doit y être lié si naturellement, qu'on ne puisse voir plusieurs tableaux dans un, ni plusieurs propositions dans une.

J'ai dit que la préposition précède toujours son complément, et qu'elle ne peut s'en passer ; ainsi je regarderai *durant* comme la forme accessoire du verbe dans ces expressions : *sa vie durant ;* car il faut établir le moins possible d'exceptions, surtout lorsqu'elles sont inutiles. C'est pour cela que je regarderai comme adjoints à la proposition, *auparavant*, *dehors*, *dedans*, *dessus*, *dessous*. Cependant ces quatre dernières expressions sont considérées comme prépositions dans deux cas différents :

1°. Lorsque l'une d'elles est suivie de son opposée, comme : *la peste est* DEDANS *et* DEHORS *la ville ; j'ai cherché* DEDANS *et* DESSOUS *le lit.* Autrement, jamais on n'emploie ces mots comme prépositions ; ainsi n'imitons pas Racine, La Fontaine et Desbarreaux qui ont dit :

> Ses sacriléges mains
> *Dessous* le même joug rangent tous les humains.
>
> RACINE

> Le lièvre était gîté *dessous* un maître chou.
>
> LA FONTAINE.

Le sultan dormait lors; et *dedans* son domaine
Chacun dormait aussi.

LA FONTAINE.

C'était tout; car les précieuses
Font *dessus* tout les dédaigneuses.

LA FONTAINE.

Mais *dessus* quel endroit tombera ton tonnerre
Qui ne soit tout couvert du sang de Jésus-Christ?

DESBARREAUX

2°. Lorsqu'elle est précédée d'une préposition, exemple : *il a passé* PAR DEDANS *ou* PAR DEHORS *la ville; on l'a tiré* DE DESSOUS *des ruines; il avait de l'eau* PAR DESSUS *la tête.* Mais je crois qu'alors c'est une forme adverbiale avec ellipse d'une préposition, et que c'est par la double rencontre de la préposition que ces formes reprennent le caractère de la préposition simple; car c'est comme s'il y avait : *il a passé* PAR LE DEDANS, PAR LE DEHORS *de la ville; on l'a tiré* DE LE DESSOUS *des ruines; il avait de l'eau* PAR LE DESSUS *de la tête; la peste est* AU DEDANS *et* AU DEHORS *de la ville*, etc. Autrement, il faudrait admettre trois prépositions de suite dans *de dessous des ruines*; car *des* remplace *de les*. Il en est de même de ces prépositions composées, *à travers*, *par devant*, *par derrière*; ainsi l'on dit : A TRAVERS *les rochers*, *pour* A LE TRAVERS *de les rochers*; PAR DEVANT *l'église*, *pour* PAR LE DEVANT *de l'église*; PAR DERRIÈRE *le château*, *pour* PAR LE DERRIÈRE *de le château*.

Par la même raison que nous regardons comme

nom un attribut privé de son soutien, comme *le beau*, *l'utile*, *l'agréable*, *le sublime*, je regarde comme adjoint à la proposition toute préposition dont un terme est ellipsé. Ainsi, *dès* qui est préposition simple, suivi d'un nom, *dès l'aurore*, deviendra pour moi un adjoint conjonctif employé elliptiquement : *dès que*, c'est-à-dire, *dès le moment auquel*; c'est encore d'après ce principe que je regarderai comme adjoints les mots *près* et *loin* employés d'une manière absolue : *il demeure* LOIN; ou précédés ou suivis immédiatement d'une préposition : *de près*, *de loin*; *près de*, *loin de*. J'en exposerai plus particulièrement les motifs en traitant de l'adjoint à la proposition.

Enfin il y a des mots qui sont ou prépositions ou adjoints, suivant qu'ils ont ou n'ont point de complément : *je suis arrivé* AVANT LUI (préposition); *je me suis engagé trop* AVANT (adjoint); *si vous êtes gêné* DERRIÈRE MOI (préposition), *passez* DEVANT (adjoint). *La première pièce a fini* APRÈS *neuf heures* (préposition); *mon frère n'est arrivé qu'*APRÈS (adjoint).

Je n'ai point mis les mots *voici*, *voilà*, parmi les prépositions; je les regarde comme des fragments de proposition. En effet, c'est le verbe *voir* qui, augmenté des adjoints démonstratifs *ci* et *là*, forme avec le complément qui suit ou qui précède, si c'est un pronom, une proposition, dont le sujet, toujours ellipsé, est facile à suppléer, puisque c'est toujours la personne qui parle ou à qui l'on parle :

Les voici, c'est-à-dire, *moi vois ci eux.*
toi vois ci eux.
Vous voilà, c'est-à-dire, *moi vois là vous.*

Il n'y a d'ailleurs que le verbe qui puisse avoir pour complément un pronom qui le précède. Levizac observe à ce sujet que ces manières de parler sont de vrais gallicismes. Oui, mais quand il est si facile d'en démontrer l'origine, il n'est plus permis d'avoir de doute sur leur classement. Pour moi, je suis convaincu que les grammairiens n'ont placé ces mots parmi les prépositions que par la difficulté qu'ils ont éprouvée à les classer différemment. Cependant, je le demande à tout homme éclairé : ces tournures de phrases consacrées par l'usage ne forment-elles pas un sens complet, une proposition logique enfin ? *me voici*, *voilà un défenseur de nos droits*. Or, depuis quand prétendrait-on former une proposition logique de ces deux éléments une *préposition* et son *complément* ? Certes, avec un peu plus de réflexion, cette faute ne leur aurait pas échappé ainsi qu'à ceux qui ont traité la partie grammaticale du Dictionnaire de l'Académie.

Le même auteur observe encore très-judicieusement que *devant* signifie *en présence* ou *vis-à-vis*, et qu'on ne doit jamais l'employer pour exprimer un rapport de priorité de temps et d'ordre : *j'ai paru* DEVANT *le juge*, c'est-à-dire EN SA PRÉSENCE ; *je loge* DE-

VANT *l'église*, ou VIS-A-VIS *l'église*. Il ne faut donc pas, dit-il, suivre l'exemple de l'Académie et de quelques grammairiens qui ont dit : l'article se met *devant* le nom ; et il a certainement raison ; mais il me semble qu'il aurait dû donner au mot *devant* une troisième acception qui eût prouvé l'inexactitude de cette expression : *l'article se met* DEVANT *le nom* ; car il est constant que *devant* ne signifie pas seulement *vis-à-vis* et *en présence de* ; il signifie encore *en avant de* ou *à la tête de* : *le criminel marchait* DEVANT *les gendarmes*.

Or l'article n'est pas mis en avant du nom, mais bien au contraire avant lui. La Fontaine n'a pas été plus exact en disant :

L'âne d'un jardinier se plaignait au destin
De ce qu'on le faisait lever *devant* l'aurore.

LA FONTAINE.

car il ne s'agit ici que d'un rapport de temps, et non d'un rapport de position.

Il me reste à faire une observation importante sur les prépositions : c'est qu'elles remplacent en partie, dans notre langue, les cas des Grecs et des Latins.

On sait que ceux-ci ne faisaient pas de certaines prépositions un usage aussi fréquent que nous, et qu'ils exprimaient différents rapports par les terminaisons des mots, ou par leur chûte (*casus*), d'où est venue la dénomination de *cas*.

Ils disaient :

Singulier.	Pluriel	Singulier.	Pluriel.
Magis *ter*	magis *tri*	le *maître*,	les *maîtres*
Magis *tri*	magis *trorum*	du *maître*,	des *maîtres*
Magis *tro*	magis *tris*	au *maître*,	aux *maîtres*
Magis *trum*	magis *tros*	le *maître*,	les *maîtres*
Magis *tro*	magis *tris*	du ou par le *maître*,	des ou par les *maîtres*.

Ce tableau montre jusqu'à l'évidence que nous exprimons par des prépositions les rapports que les Latins exprimaient par leur *génitif*, leur *datif* et leur *ablatif*. Quant au *vocatif*, nous l'exprimons comme eux par l'interjection *ô*; car ils ne le distinguaient pas par une terminaison différente, puisqu'ils disaient : *ô magister*, *ô magistri*, comme au *nominatif*. Mais comment distinguons-nous les autres rapports que nous n'exprimons point par les prépositions : le *nominatif* et l'*accusatif*? Rien n'est plus simple à expliquer : l'un est toujours sujet, et l'autre toujours objet ou complément de nos propositions; et il est impossible de les méconnaître dans notre langue, puisque l'un précède toujours le verbe et que l'autre vient toujours après. Ainsi nous disons : LE *peuple aime le souverain*, ou *le souverain aime* LE *peuple*, ce qui fait deux sens bien différents, tandis que les Latins diraient indifféremment pour exprimer l'une ou l'autre proposition : *populus* AMAT *regem*, ou *regem* AMAT *populus*; *rex* AMAT *populum*, ou *populum* AMAT *rex*. Nous avons donc des signes certains pour établir les différents rapports des mots entre eux; et il serait absurde de dire qu'il existe des cas dans notre langue, puisque la chûte (*casus*) ou la terminaison des noms y est toujours la même. Les cas ne conviennent qu'aux langues transpositives; et c'est rebuter la jeunesse, que de lui parler sans cesse de déclinaisons; c'est retarder les progrès de la raison, que de prétendre enseigner les règles d'une langue par celles d'une autre.

Je terminerai le chapitre des prépositions par expliquer la différence que nous mettons entre les prépositions *en* et *dans*. *En* précède presque toujours le nom sans l'article simple; *dans* le précède toujours avec l'article et d'une manière plus déterminée. La préposition *en* et son complément peuvent presque toujours se rendre par un attribut simple ou passif; enfin les mêmes mots précédés de *en* ou de *dans* offrent un sens différent : on dit qu'*un domestique est* EN *maison*, pour dire simplement qu'*il est* PLACÉ; on dit qu'*il est placé* DANS *une bonne maison*; *on est* EN *peine* (inquiet) *d'une chose*; *on est plongé* DANS *la peine*; *un criminel est* EN *prison* (prisonnier); *le juge va* DANS *la prison pour l'interroger*; *on est* EN *chemin* (acheminé) *pour se rendre quelque part*; *on est* DANS *le chemin*; *on peut être à son aise* EN *bottes* (botté); *on se trouve gêné* DANS *ses bottes*; *un danseur reste quelque temps* EN *l'air* (suspendu); *on peut aujourd'hui voyager* DANS *l'air*. A cette exception près, je vois que *en* précède toujours le nom sans article, au lieu que *dans* ne le précède qu'avec l'article; en sorte qu'on ne dit pas plus : *je me suis mis dans eau*, que *je me suis mis* EN *l'eau*; *j'ai passé* DANS *ville*, que *j'ai passé* EN *la ville*; mais ce même mot *en*, qui ne précède pas ordinairement l'article spécifique *le*, *la les*, peut quelquefois précéder d'autres articles simples ou composés; on dit : *stipulez* EN *mon nom*; et l'on ne dirait pas : *stipuler* EN *le nom de quelqu'un*; *restons en cette ville*, et non *restons* EN *la ville*.

DES CONJONCTIONS.

Les conjonctions sont des éléments purs dont le propre est de lier, dans la proposition, plusieurs sujets ou plusieurs compléments à un attribut, ou plusieurs attributs à un sujet, ou enfin plusieurs membres d'une période entre eux, ou même plusieurs alinéa, de manière à exprimer sous quel rapport l'esprit considère cet ensemble de sujets, d'attributs, de compléments dans une même proposition, cet ensemble de propositions dans une période, cet ensemble de périodes dans un alinéa, ou enfin cet ensemble d'alinéa dans un discours.

Si nous considérons les conjonctions comme rapprochant les divers membres d'une période, nous verrons qu'elles sont elles-mêmes de véritables propositions exprimant une idée accessoire qui établit les rapports des différentes propositions entre elles. Les conjonctions sont donc évidemment l'âme du discours, comme le verbe pur est l'âme de la proposition; elles en constituent la force, le caractère et surtout l'harmonie, puisqu'elles seules fixent d'une manière précise les rapports qui lient le différentes propositions entre elles dans la période. En effet, un discours dépourvu de conjonctions n'offrirait à l'esprit que des idées vagues, isolées, décousues, insignifiantes, jusqu'à ce qu'on se fût étudié à en combiner les rapports. Ce sont les conjonctions qui nous épargnent ce travail, en nous montrant l'enchaînement et la subordination des idées partielles, en les réunissant pour ainsi dire dans un même cadre, où elles semblent se fondre dans une idée générale qui les embrasse toutes.

Presque tous les grammairiens semblent s'être égarés sur la même route : ils ont voulu donner des dénominations particulières à chaque conjonction : les uns ont regardé *ni* comme une *conjonction disjonctive*, ce qui les a conduits à nommer *et*, *conjonction copulative*, du latin *copulare* qui signifie *joindre*, *lier*, en sorte que c'est absolument comme s'ils disaient *conjonction conjonctive*. Dumarsais, profond observateur, a senti que ces deux mots *et*, *ni*, étaient également liants de leur nature, quoique dans un sens opposé; il a répugné à l'idée contradictoire de *conjonction disjonctive*, mais il n'a pas évité le pléonasme; car il a appelé *et*, de même que *ni*, *conjonctions copulatives*. Toutes ces dénominations me paraissent ou fausses ou ridicules : l'esprit repousse l'idée de *conjonction disjonctive;* et l'on est tout étonné de cette vertu *copulative* attribuée particulièrement à deux conjonctions, comme si les autres avaient une fonction différente que celle de *lier;* comme si le mot *conjonction* n'exprimait pas d'ailleurs suffisamment la destination de cette partie du discours.

Condillac, plus circonspect, plus exact dans ses expressions, plus simple dans sa marche, a su éviter ces deux fautes; et s'il s'était étendu davantage sur une matière aussi intéressante, personne n'eût donné de la conjonction une idée plus juste, plus claire et en même temps plus précise. Je tâcherai de conserver la forme sous laquelle il nous a présenté si clairement ses idées, et l'ordre dans lequel il les a développées.

Nous employons la conjonction *et* dans la proposition affirmative;

1°. Lorsque plusieurs sujets nous paraissent convenir à un même attribut:

> L'ombre *et* le jour luttaient dans les champs azurés.
>
> LA FONTAINE.

à plusieurs attributs:

> La victoire *et* la nuit, plus cruelles que nous,
> Nous excitaient au meurtre *et* confondaient nos coups.
>
> RACINE.

ou que plusieurs attributs nous paraissent convenir à un même sujet, exemple:

> Pensez-vous être juste *et* saint impunément?
>
> RACINE.

> Figure-toi Pyrrhus, les yeux étincelants,
> *Entrant* à la lueur de nos palais brûlants,
> Sur tous mes frères morts se *faisant* un passage,
> *Et*, de sang tout couvert, *échauffant* le carnage.
>
> RACINE.

La jalouse Amarille
Songeait à son Alcippe, *et* croyait de ses soins

ou plusieurs compléments à un même attribut;

N'avoir que ses moutons *et* son chien pour témoins.

LA FONTAINE.

ou enfin plusieurs propositions complétives à une proposition principale:

Un enfant malheureux qui ne sait pas encor
Que Pyrrhus est son maître *et* qu'il est fils d'Hector!

RACINE.

Il vous faudra, seigneur, courir de crime en crime,
Soutenir vos rigueurs par d'autres cruautés,
Et laver dans le sang vos bras ensanglantés.

RACINE.

2°. Lorsque plusieurs propositions expriment différentes idées qui concourent au même but:

Il sait, quand il lui plaît, faire éclater sa gloire,
Et son peuple est toujours présent à sa mémoire.

RACINE.

Nous avons à remarquer, relativement à la conjonction *et*,

1°. Qu'elle n'entre jamais en poésie suivie d'une voyelle, et que lorsqu'elle est employée en prose, avant une voyelle, le *t* final ne se fait point sentir;

2°. Qu'il suffit de la placer avant le dernier sujet, le dernier attribut, ou le dernier complément.

Sa femme, ses enfants, les soldats, les impôts,
Le créancier *et* la corvée,
Lui font d'un malheureux la peinture achevée.

LA FONTAINE

Heureux! cent fois heureux l'habitant des hameaux
Qui dort, s'éveille *et* chante à l'ombre des berceaux!

DE SAINT-LAMBERT

Chez le nègre indolent, au sauvage Iroquois,
Allez porter nos arts, notre esprit *et* nos lois.

3°. Que lorsqu'il y a plusieurs attributs ou plusieurs compléments de suite dans une proposition, elle ne s'emploie pas ordinairement, même avant le dernier attribut ou le dernier complément, si chacun d'eux est immédiatement précédé du même sujet ou du même attribut, comme dans ces vers où le même sujet est répété quatre fois, et le même attribut trois fois.

Il désire, *il* espère; *il* craint, *il* sent un mal, etc.

LA FONTAINE.

Tout, si je vous en crois,
Doit marcher, *doit* fléchir, *doit* trembler sous vos lois.

RACINE

4°. Que lorsqu'il y a plusieurs sujets, plusieurs attributs ou plusieurs compléments de suite dans une proposition, la conjonction *et* se supprime s'ils sont employés avec gradation, et si l'esprit se porte particulièrement sur celui qui est exprimé le dernier; car alors elle occasionnerait souvent un contre-sens, comme dans ces vers de l'*Andromaque* de Racine, où Oreste dit à Hermione:

Vous voulez qu'un roi meure; et pour son châtiment
Vous ne donnez qu'un jour, qu'une heure, qu'un moment!

Ici l'esprit n'embrasse que l'idée *d'un moment*

C'est comme si Oreste disait : *vous ne donnez qu'un jour; que dis-je? vous ne donnez qu'une heure.... je me trompe encore : vous ne donnez qu'un moment.*

C'est encore d'après les mêmes lois de la gradation que Racine a dit :

Pensez-vous qu'approuvant vos desseins odieux,
Je vous laisse immoler votre fille à mes yeux;
Que ma foi, mon amour, mon honneur y *consente?*

Ici Achille écoute son honneur encore plus que son amour et sa foi promise; il n'a donc pas besoin de tous ces motifs pour s'opposer aux projets d'Agamemnon; le dernier lui suffit : c'est pourquoi le poète a mis *consente* au singulier.

5°. Qu'enfin plusieurs sujets ou plusieurs compléments se rattachant à un même attribut, ou plusieurs attributs à un même sujet, ne sont pas toujours nécessairement liés par la conjonction *et.*

Au moins que les travaux,
Les dangers, les soins du voyage,
Changent un peu votre courage.

LA FONTAINE.

Après qu'il eût brouté, trotté, fait tous ses tours,
Jeannot lapin retourne aux souterrains séjours.

LA FONTAINE.

Roi, père, époux heureux, fils du puissant Atrée,
Vous possédez des Grecs la plus riche contrée.

RACINE.

Le lacs était usé, si bien que de son aile,
De ses pieds, de son bec, l'oiseau le rompt enfin.

LA FONTAINE.

La conjonction *ni* s'emploie dans une proposition négative ; elle lie :

1°. Plusieurs sujets à un attribut :

Ni l'or, *ni* la grandeur ne nous rendent heureux ;

Sur quoi il y a cette remarque à faire : vous direz bien : NI *mon fils*, NI *le vôtre ne vaudront leur oncle*, parce qu'ils auraient pu le valoir *l'un* et *l'autre*, mais il faudra dire : NI *mon fils*, NI *le vôtre ne remportera le prix ;* car un seul prix ne peut être remporté que par un seul ; cependant vous pourrez dire : *ils ne le remporteront* NI *l'un* NI *l'autre ;* parce qu'ici la pensée est rectifiée par le sens distributif qui est énoncé le dernier ; c'est comme si vous disiez : *ils ne le gagneront pas ; je veux dire que* NI *l'un* NI *l'autre ne le gagnera ;* car il est évident que cette partie de la proposition est sous-entendue ;

2°. Plusieurs attributs à un sujet :

Ne sois présomptueux, lâche, ni téméraire.

3°. Plusieurs compléments ou plusieurs propositions complétives à un même attribut.

O gens durs ! vous n'ouvrez vos logis *ni* vos cœurs.

LA FONTAINE.

Déjà je ne veux plus *ni* frapper *ni* punir.

COLARDEAU.

Ne craignez *ni* les cris *ni* la foule impuissante
D'un peuple qui se presse autour de cette tente.

RACINE.

Songez-y bien ; ce Dieu ne vous a pas choisie
Pour être un vain spectacle aux peuples de l'Asie,
Ni pour charmer les yeux des profanes humains.

RACINE.

Ne pense pas qu'au moment que je t'aime,
Innocente à mes yeux, je m'approuve moi-même,
Ni que du fol amour qui trouble ma raison
Ma lâche complaisance ait nourri le poison.

RACINE.

Quand nous voulons exprimer l'alternative, nous lions par la conjonction *ou:*

1°. Plusieurs sujets à un même attribut :

Avant l'affaire
Le roi, l'âne *ou* moi nous mourrons.

LA FONTAINE.

2°. Plusieurs attributs à un même sujet :

Selon que vous serez puissant *ou* misérable,
Les jugements de cour vous rendront blanc *ou* noir.

LA FONTAINE.

3°. Plusieurs compléments ou plusieurs propositions complétives à un même attribut :

Quant à vous, suivez Mars *ou* l'Amour *ou* le prince.

LA FONTAINE.

Mais ce n'est plus, Madame, une offre à dédaigner,
Je vous le dis ; il faut *ou* périr *ou* régner.

RACINE.

4°. Plusieurs propositions entre elles :

Non, je ne l'aurai point amenée au supplice,
Ou vous ferez aux Grecs un double sacrifice.

RACINE.

Tenez toujours divisés les méchants ;
La sûreté du reste de la terre
Dépend de là : semez entre eux la guerre,
Ou vous n'aurez avec eux nulle paix.

Je ferai observer par rapport à la conjonction *ou* qu'elle ne peut jamais être supprimée et qu'elle doit nécessairement trouver sa place avant le dernier sujet, le dernier attribut ou le dernier complément.

Quant à la conjonction *ni*, on est presque toujours obligé de la répéter avant chaque sujet, chaque attribut ou chaque complément.

On n'y voyait NI *or*, NI *argent*, NI *marbre*, NI *colonne*, NI *tableaux*, NI *statues*.

> Ne craignez *ni* les cris, *ni* la foule impuissante
> D'un peuple, etc.
>
> RACINE.

Jointe à des attributs composés, elle n'empêche pas la répétition de l'adjoint négatif.

> Ayant quelque part ouï dire
> Que l'ours s'acharne peu souvent
> Sur un corps qui *ne* vit, *ne* meut, ni *ne* respire.
>
> LA FONTAINE.

Une proposition se lie-t-elle à une précédente comme conséquence, nous employons la conjonction *donc*, que quelques grammairiens appellent *conclusive*.

> Voyez que d'arguments il fit :
> Quand ce peuple est pris, il s'enfuit ;
> *Donc* il faut le croquer aussitôt qu'on le happe.
> Tout! il est impossible, et puis, pour le besoin,
> N'en dois-je pas garder? *Donc* il faut avoir soin
> De le nourrir sans qu'il échappe.
> Mais comment? ôtons-lui les pieds. Or, trouvez-moi
> Chose par les humains à sa fin mieux conduite!
>
> LA FONTAINE.

Une proposition se lie-t-elle à une autre comme preuve ou comme motif, nous employons la conjonction *car*, que, par cette raison, on nomme *motivale*.

Je me dévoûrai donc s'il le faut; mais je pense
Qu'il est bon que chacun s'accuse ainsi que moi;
Car on doit souhaiter, selon toute justice,
Que le plus coupable périsse.

LA FONTAINE.

Une proposition se lie-t-elle à une autre comme opposée, nous employons la conjonction *mais*, qu'on appelle *adversative*.

Mon cœur, pour la sauver, vous ouvrait une voie;
Mais vous ne demandez, vous ne cherchez que Troie.

AGAMEMNON, dans *Iphigénie*

Une proposition se lie-t-elle à une autre comme hypothétique ou comme dubitative, nous employons la conjonction *si*.

HYPOTHÉTIQUE.

Fuyons!.... mais *si* l'ingrat rentrait dans son devoir;
Si la foi dans son cœur retrouvait quelque place;
S'il venait à mes pieds me demander sa grâce;
Si sous mes lois, Amour, tu pouvais l'engager;
S'il voulait.... mais l'ingrat ne veut que m'outrager.

HERMIONE, dans *Andromaque*.

DUBITATIVE.

Qui sait même, qui sait *si* le roi votre père
Veut que de son absence on sache le mystère,
Et *si*, lorsque avec vous nous tremblons pour ses jours,
Tranquille, etc.

THÉRAMÈNE, dans *Phèdre*

Une proposition se lie-t-elle à une autre comme *transitive*, nous employons la conjonction *or*.

Tout homme est mortel;
OR, *je suis homme:*
Donc je mourrai.

Cette conjonction est appelée transitive, parce qu'elle fait passer d'un principe général et avoué à une conclusion, par une proposition individuelle comprise dans l'extension de l'idée générale : c'est ce qu'on appelle un *syllogisme*.

Le mot *que*, dont je vais traiter comme *conjonction*, est employé si diversement dans notre langue, qu'il offre, dans l'analyse de la proposition, des difficultés sans cesse renaissantes, comme on pourra bientôt le voir.

Le mot *que* est conjonction toutes les fois qu'il lie une proposition complétive ou subordonnée à une proposition principale, exprimée ou sous-entendue, comme dans ces exemples :

Je vois QUE *nous abordons; je souhaite* QUE *nous abordions; il ne fait rien* QU'*il ne m'ait consulté*, c'est-à-dire, SANS QU'*il ne m'ait consulté; qu'il vienne*, c'est-à-dire : *je* CONSENS, *je n'*EMPÊCHE *pas*, *je* VEUX QU'*il vienne*.

Je conviens pourtant que, dans ce cas, on pourrait le considérer comme nom abstrait, puisqu'il n'est réellement que le signe indicateur d'une proposition qui suit immédiatement; car c'est comme si nous disions : *je vois* CELA : *nous abordons; je souhaite* CELA : *nous abordions ; il ne fait rien sans* CELA : *il ne m'ait consulté ; je n'empêche pas* CELA, *je veux, j'exige* CELA : *il vienne.*

Enfin, dans cette proposition : *ce n'est pas de moi* QU'*il s'agit ; c'est de Mathilde.* Je crois encore que l'analyse est : *ce n'est pas* QU'*il s'agit de moi, c'est* QU'*il s'agit de Mathilde ;* ce qui revient à cette autre construction : *il s'agit de moi, ce n'est pas* CELA : *il s'agit de Mathilde, c'est* CELA.

De même que dans celle-ci :

C'est à Rome, mes fils, *que* je prétends marcher.

L'analyse est : *mon dessein, mes fils, est* QUE ou *est* CELA : *je prétends,* etc.

L'emploi du mot *que* pour *cela* est fort en usage parmi le peuple, dans certaines parties de l'ancien Poitou ; non seulement on l'emploie comme signe de ralliement de deux idées ; mais comme sujet ou comme objet direct d'une proposition ; on le prononce liquide : *i crois ben* QUIEU, pour : *je crois bien* CELA ; QUIEU *est bia,* pour CELA *est beau.*

Mais comme il ne sert pas seulement ici de signe indicateur d'une proposition, mais encore de signe de ralliement de deux idées ; comme enfin il existe une foule de locutions où le *que* liant deux propositions, ne présente pas du tout le caractère du nom, je me crois autorisé à le regarder comme *conjonction* toutes les fois qu'il sert de transition d'une proposition à une autre, comme dans ces exemples :

Je ne fais cela QUE *pour vous; nul* QUE *Dieu seul et moi n'en a connaissance.* Car ici le *que* forme une espèce de proposition restrictive ; c'est comme si nous disions : *je ne fais cela pour personne, si ce n'est* QUE *ou* CELA : *je le fais pour vous ; nul n'en a connaissance, si ce n'est* QUE *ou* CELA : *Dieu seul et moi en avons connaissance.*

Dans ces exemples : *J'étais si transporté* QUE *je ne voyais pas ce qui se passait autour de moi ; je l'aime tant* QUE *je m'aveugle sur ses défauts*, etc. Le *que* n'est point le correlatif des attributs *si* et *tant ;* ceux-ci donnent à l'attribut un degré indéterminé d'extension, dont la proposition qui suit est la mesure ; et le *que* qui sépare les deux propositions est un pronom conjonctif employé comme complément d'un mot ellipsé : c'est comme si l'on disait : *j'étais transporté à* TEL *point*, *voici* QUE *ou* LEQUEL *point : je ne voyais pas*, etc. ; *je l'aime à* TEL POINT, QUE *voici ou voici* LEQUEL : *je m'aveugle sur ses défauts.*

Enfin, le plus souvent l'usage a consacré le mot *que* à des tournures de phrases qui forment des gallicismes, et qu'on chercherait vainement à ramener aux lois de l'analyse.

Il me reste à signaler quelques fautes dans l'emploi du mot *que* comme *conjonction.*

Boileau a dit :

> C'est *à vous*, mon esprit, *à qui* je veux parler.

Il ne s'est pas aperçu que *c'est à vous à qui* forme

une duplicité de rapport qui choque également l'oreille et la raison ; car l'analyse est : *cet être à* QUI *je veux parler est vous.* Il pouvait si facilement faire son vers d'une autre manière, en disant :

> C'est à vous, mon esprit, *que* je prétends parler,

ou

> Oui, c'est vous mon esprit *à qui* je veux parler.

Mme. de Staël a souvent commis la même faute dans *Delphine*, où elle dit : *ce n'est pas* DE MOI DONT *il s'agit, c'est de Mathilde*. Elle devait également dire : *ce n'est pas* DE MOI QUE, ou *ce n'est pas* MOI DONT.

La Fontaine, dans sa fable de *l'Ane portant des reliques*, a commis une faute bien plus étrange, en disant :

> Ce n'est pas vous, c'est l'idole
> *A qui* cet honneur se rend,
> Et *que* la gloire en est due.

L'analyse démontre que, dans le dernier vers, il fallait répéter *à qui* au lieu de *que* : *l'objet à* QUI *cet honneur se rend et à* QUI *la gloire en est due, n'est pas vous* ; cet objet est l'idole. Autrement il devait dire : *ce n'est pas à* VOUS, *c'est à* L'IDOLE QUE *cet honneur se rend*, *et* QUE *la gloire en est due*.

On dira bien : *c'est dans cette maison* où *il demeure habituellement*, QUE *le feu a pris dernièrement*. Voilà une phrase finie, un sens complet : l'idée principale est : *c'est dans cette maison* QUE *le feu a pris* ; où *il demeure habituellement* ne forme qu'une proposition incidente.

Mais je suppose qu'on voulût seulement indiquer le domicile de quelqu'un, la proposition n'exprimerait plus une idée accessoire, et ne pourrait plus être conçue ainsi : *c'est* DANS CETTE MAISON OÙ *il demeure habituellement;* car ce serait dire : *c'est* DANS CETTE MAISON, DANS LAQUELLE *il demeure habituellement*, ou, en termes équivalents, *c'est* DANS CETTE MAISON, *sa demeure habituelle*....

Or, le sens ne serait pas fini ; l'esprit resterait en suspens, et l'on attendrait toujours le complément de la première proposition : *c'est dans cette maison*

C'est ainsi que Malfilâtre a dit fort élégamment dans son poeme de *Narcisse :*

> C'est loin de Thèbe et dans ce nouveau monde,
> *Où* sur vos pas je viens de pénétrer,
> *Que* doit finir ma course vagabonde.

DES MOTS

QUE LES GRAMMAIRIENS ONT APPELÉS ADVERBES.

Je crois découvrir trois espèces de mots parmi ceux dont les grammairiens ont traité sous la dénomination d'*adverbes*. De ces trois espèces de mots, deux peuvent être considérées, l'une comme modifiant les attributs de toute espèce dans une proposition, l'autre comme ajoutant quelque idée accessoire à l'ensemble d'une proposition. La troisième exprime à elle seule un jugement porté sur l'exposition d'un fait contenu dans une proposition.

Il s'agit donc de fixer l'opinion sur ce qui distingue essentiellement ces trois espèces de mots. Les uns, je le répète, modifient toujours un attribut simple, actif ou passif, comme : *admirablement*, *fortement*, *élégamment*, *bien*, *violemment*, *beaucoup*, *fort*, *très*, etc., etc.

Les autres ne font qu'exprimer une idée accessoire de temps, de lieu, de position, d'ordre, de durée, de priorité, de fréquence, d'habitude, etc., etc., comme : *hier*, *aujourd'hui*, *demain*, *bientôt*, *toujours*, *jamais*, *ici*, *là*, *où*, *près*, *loin*, *devant*, *derrière*, *dehors*, *avant*, *après*, *premièrement*, *longtemps*, *souvent*, *encore*, *habituellement*, etc., etc.

Je donne donc aux premiers la dénomination d'*attributs d'attributs*, aux seconds celle d'*adjoints à la proposition*.

Si je n'ai pas adopté, pour ceux-ci, l'ancienne dénomination d'*adverbes*, c'est que ces mots me paraissent se rattacher à l'ensemble de la proposition plutôt qu'au verbe, et que d'ailleurs quand cette dénomination eût pu s'appliquer au verbe composé, elle eût toujours été fausse par rapport au verbe pur (le verbe *être*), qui n'est que le signe d'un rapport. Au surplus, les grammairiens eussent été bien embarrassés de justifier leur dénomination d'adverbes appliquée à des propositions semblables à celles-ci :

Il est arrivé avec une fièvre EXTRÊMEMENT VIOLENTE ; *il faut mettre cela dans des bouteilles* EXAC-

TEMENT BOUCHÉES; *il m'a reçu d'une manière* INFINIMENT FLATTEUSE, etc., etc.

Or, il est constant que quand je dis : *cette actrice joua* admirablement HIER; *cent personnes tiendraient* difficilement ICI; *il fut* extrêmement *saisi* D'ABORD, *mais il devint* beaucoup plus *calme* ENSUITE; *cette femme est* ENCORE très-*jolie*; *ce ménestrier joue* SOUVENT faux; *ma mère a été* LONG-TEMPS dangereusement *malade*, etc., etc.

Les seuls mots qui modifient des attributs sont *admirablement*, *difficilement*, *extrêmement*, *beaucoup*, *plus*, *très*, *faux* et *dangereusement*.

Les mots *hier*, *ici*, *d'abord*, *ensuite*, *encore*, *souvent* et *long-temps* n'expriment que des idées accessoires de temps, de lieu, d'ordre, de durée, de fréquence, etc., etc. Ils n'ajoutent aucuns traits caractéristiques à l'attribut.

Quant aux mots applicables à la troisième espèce, il est facile de les reconnaître par l'analyse, puisqu'ils expriment toujours à eux seuls une proposition entière.

En effet, si nous disons : *mon frère viendra* ASSURÉMENT OU CERTAINEMENT *nous voir*; *il restera* PEUT-ÊTRE *deux mois avec nous*; *cette jeune personne n'a* VRAISEMBLABLEMENT, OU PROBABLEMENT, OU APPAREMMENT *cultivé que la musique*; *cette pièce réussira* INCONTESTABLEMENT. N'est-ce pas comme si nous disions :

Mon frère viendra nous voir, *cela est* ASSURÉ OU CERTAIN; *il restera*, *cela* PEUT ÊTRE, *deux mois avec nous; cette jeune personne n'a cultivé* QUE *la musique, cela est* VRAISEMBLABLE, OU PROBABLE, OU APPARENT; *cette pièce réussira, cela est* INCONTESTABLE.

Ce n'est donc ni un mot qui modifie les attributs, ni un mot qui exprime une circonstance ou toute autre idée accessoire dépendante d'une proposition; car quand je dis : *mon frère viendra* ASSURÉMENT *nous voir*, ce mot *assurément* ne signifie pas *avec assurance*; ce n'est pas *mon frère* qui joindra l'*assurance* à son action de *venir*, c'est *nous* qui *avons l'assurance* qu'il *viendra*; c'est notre propre sentiment, c'est notre propre conviction que nous exprimons; c'est donc un mot qui exprime à lui seul un jugement porté sur un fait énoncé d'avance; et il faut bien remarquer que ce mot, dont le caractère est si différent, se fait encore distinguer par la place qu'il peut occuper indifféremment *avant* ou *après* la proposition sur laquelle il prononce un jugement. Ainsi, nous dirons : *mon frère viendra* ASSURÉMENT *nous voir*, ou ASSURÉMENT *mon frère viendra nous voir*, etc., etc.

Il est encore facile de juger que c'est pour éviter de donner à nos idées secondaires la même étendue qu'à nos idées principales, qu'on a créé ces signes abréviateurs que, par cette raison, je nomme *fragments de proposition*.

DE L'ATTRIBUT D'ATTRIBUT.

Nous avons vu que la préposition est un élémen pur, un mot primitif qui exprime ou qui indique seu lement des rapports entre deux termes donnés, dont l'un qui précède se nomme *antécédent* et l'autre qui suit et qui achève de compléter le sens, s'appelle *complément* ou *conséquent*. Nous allons démontrer que l'attribut d'attribut remplace cette préposition et son complément. Ce n'est donc point un mot primitif; ce n'est donc point un élément pur de la parole, mais bien un mot composé, un mot de luxe qu'on n'a introduit dans les langues que pour y varier les expressions, que pour y voiler, si je puis m'exprimer ainsi, l'emploi de la préposition et de son complément. En effet, quoiqu'on eût pu, rigoureusement parlant, se passer de l'attribut d'attribut, on verra bientôt qu'il contribue autant à la richesse, à l'harmonie et à la précision d'une langue que le verbe composé et le pronom.

Quand je dis que l'attribut d'attribut est un mot qui modifie les attributs de toute espèce, c'est-à-dire qu'il peut non-seulement ajouter à l'attribut quelques traits caractéristiques : *cette femme chante* AGRÉABLEMENT ; *le temps fuit* RAPIDEMENT *pour l'homme qui s'occupe; cet élève a été puni* SÉVÈREMENT ; mais encore qu'il peut renforcer ou adoucir la teinte de ces traits caractéristiques : *cette femme chante* FORT AGRÉABLEMENT ; *le temps fuit* TRÈS-RAPI

DEMENT *pour l'homme qui s'occupe; il fuit* MOINS RAPIDEMENT *pour l'homme désœuvré; cet élève a été puni* TROP SÉVÈREMENT *et même* BEAUCOUP TROP SÉVÈREMENT. Ainsi, non-seulement l'attribut d'attribut modifie les attributs de toute espèce; mais on voit qu'il peut lui-même être modifié par un ou plusieurs attributs d'attributs.

Il est donc facile de substituer l'attribut d'attribut aux éléments purs dont nous venons de parler (la préposition et son complément), toutes les fois que la préposition détermine un rapport entre un attribut et un nom abstrait, comme *tendresse*, ou un nom abstrait modifié, comme: *air tendre*, exemple: *une mère regarde son enfant* AVEC TENDRESSE, ou *d'un* AIR TENDRE, ou *d'une* MANIÈRE TENDRE, d'où l'on a fait. . . . . *d'une* TENDRE MANIÈRE, et ensuite avec ellipse de la préposition et de l'article. . . . . TENDRE MENT; mais cette condition est indispensable, et la substitution ne peut avoir lieu quand le complément de la préposition, loin de modifier l'attribut, sert lui-même, ainsi que la préposition, de complément à l'attribut, comme dans ces exemples:

Il est affable AVEC *ses inférieurs; il sort toujours* EN VOITURE; *il fut long-temps* INACCESSIBLE *à la flatterie.*

Il est évident que rien ne pourrait tenir la place de ces éléments; il est vrai que les mots *en* et *y* nous en font quelquefois éviter la répétition, comme dans les deux exemples suivants; mais il faut remarquer que ce n'est que comme pronoms. Aussi n'ai-je pas balancé à ranger ces deux mots dans la classe des pronoms complétifs, mais dans ce cas seulement. *Parle-t-on de paix? on* EN *parle ; est-il toujours inaccessible à la flatterie? il* Y *est toujours inaccessible.*

C'est donc à l'aide de ce mot *ment*, emprunté de la langue celtique, et qui signifie *manière*, que nous rendons ces expressions *avec pureté*, ou. *d'une manière pure*, par ce seul mot composé. . . . . *purement*; et c'est dans ce sens que nous disons de l'attribut d'attribut qu'il équivaut à une préposition et à une modification abstraite, ou à une préposition et à un nom abstrait modifié.

Or, quand je dis que l'attribut d'attribut équivaut à une préposition et son complément, il faut entendre que c'est son complément avec ou sans modification ; et le mot qui modifie le complément d'une préposition, pouvant lui-même, comme nous l'avons vu tout à l'heure, être modifié, soit par un attribut d'attribut, soit par les éléments dont il se compose; et, dans ce cas, l'attribut d'attribut pouvant suppléer ces éléments purs, on peut dire que les attributs d'attributs peuvent se modifier l'un l'autre. Exemple :

Le vent *soufflait* d'une manière *impétueuse à tel point.*
Le vent *soufflait* d'une manière *impétueuse tellement.*

Il *soufflait*	d'une manière	*tellement impétueuse.*
Il *soufflait*	d'une manière	*si impétueuse.*
Il *soufflait*	d'une	*si impétueuse manière.*
Il *soufflait*		*si impétueusement.*

L'attribut d'attribut, comme je viens de le dire, modifie, c'est-à-dire, caractérise les attributs de toute espèce, dans une même proposition, et n'ajoute qu'à l'attribut qu'il précède ou qu'il suit immédiatement. Enfin, à l'exception des mots *plus*, *moins*, *si*, *aussi*, *tant*, *autant*, *bien*, *beaucoup*, *fort*, et *très*, qui, ayant une signification moins prononcée, sont aussi susceptibles d'une décomposition plus variée, il ne peut se décomposer autrement que par la préposition *avec* suivie d'une qualité considérée par abstraction, ou par la préposition *de* suivie du nom abstrait *manière*, modifié. C'est ainsi que *dignement* remplace *avec dignité* ou *d'une manière digne.* On peut observer la même décomposition dans les propositions suivantes :

Il aime	*constamment*,	avec constance,	d'une manière *constante*.
Cette femme chante	*agréablement*,	avec agrément,	d'une manière *agréable*.
Le vent souffle	*impétueusement*,	avec impétuosité,	d'une manière *impétueuse*.
Mon oncle vit	*frugalement*,	avec frugalité,	d'une manière *frugale*.
Il mange	*avidement*,	avec avidité,	d'une manière *avide*.
Il faut écrire	*purement*,	avec pureté,	d'une manière *pure* ou d'un style *pur*.
Il est connu	*avantageusement*,	avec avantage,	d'une manière *avantageuse*.
Il représente	*dignement*,	avec dignité,	d'une manière *digne*.
Cet arbre pousse	*vigoureusement*,	avec vigueur,	d'une manière *vigoureuse*.
Il s'élève	*majestueusement*,	avec majesté,	d'une manière *majestueuse*
Elle se met	*simplement*,	avec simplicité,	d'une manière *simple*.
Il peint	*admirablement*,		d'une manière *admirable*.
La mer s'enfle	*horriblement*,		d'une manière *horrible*.
Il tonne	*extraordinairement*,		d'une manière *extraordinaire*.

Dans ces trois derniers exemples, il n'y a pas deux manières de décomposer, en ce que l'admiration n'est pas un sentiment du peintre, mais un sentiment qui lui est dû, qui est excité par son talent. De même, la mer n'a pas horreur de son action; elle s'enfle de manière à exciter l'horreur, *d'une manière horrible*. Enfin il n'y a pas de nom abstrait qui ait donné naissance à l'attribut *extraordinaire*.

Le mot *quelque*, suivi immédiatement d'un attribut séparé du nom qu'il modifie par la conjonction *que* et par le verbe être, est un attribut d'attribut indéterminé, dans le sens de : *à un point*, *à un degré quelconque*, etc.; exemple : QUELQUE *puissants*, QUELQUE *élevés que soient les hommes*, QUELQUE *grandes que soient les difficultés*. L'analyse est : je *suppose* (proposition ellipsée) *que les hommes soient puissants*, *qu'ils soient élevés*, *que les difficultés soient grandes* A UN DEGRÉ QUELCONQUE, AU PLUS HAUT POINT, etc.

Tout s'emploie dans le sens de *absolument*, *entièrement;* mais si l'attribut qui le suit est du genre féminin, et s'il commence par une consonne, *tout* varie en raison du genre et du nombre; ainsi l'on dira : *cette femme fut* TOUT ÉTONNÉE, *et elle fut* TOUTE *surprise*. *Ses mains sont encore* TOUT IMPRÉGNÉES, ou elles *sont encore* TOUTES *fumantes de sang*.

Lorsque *tout* signifie *sans exception*, il prend le genre et le nombre du sujet de la proposition : *ils sont* TOUS *sortis; ces vignes sont* TOUTES *en rapport*.

Tout s'emploie encore dans le sens de *quoique*, et est variable suivant que l'attribut qui le suit commence par une consonne ou par une voyelle, exemple : TOUT *Picard que j'étais ;* TOUT *inconstante qu'est la fortune ;* TOUTES *délicates que sont mes filles*, etc.

L'analyse est : QUOIQUE *je fusse Picard* (je l'étais); QUOIQUE *la fortune soit inconstante* (elle l'est); QUOIQUE *mes filles soient délicates* (elles le sont).

DE L'ADJOINT A LA PROPOSITION.

L'adjoint à la proposition ne modifie point l'attribut ; il exprime, comme on vient de le voir, une idée accessoire de temps, de lieu, d'ordre, de durée, etc., etc., laquelle appartient à l'ensemble d'une proposition, et ne se décompose ni de l'une, ni de l'autre manière que je viens d'indiquer.

Il pleut	*constamment*	ou *sans*	interruption
Soyez sage	*désormais*	ou *à*	l'avenir.
Je reviendrai	*bientôt*	ou *dans*	un court délai
Je veux bâtir	*ici*	ou *en*	cet endroit.
Quoi vous partez	*déjà ?*	ou *dès*	ce moment
Cet acteur avait	*déjà* paru	ou *avant*	cet instant
On pénétra	*nuitamment*	ou *pendant*	la nuit.
Accordons-nous	*ensemble*	ou *entre*	nous.
Ce palais est magnifique	*extérieurement*	ou *à*	l'extérieur

Remarquez bien que *constamment* fait ici fonction d'adjoint, tandis qu'il figure au premier exemple, d'autre part, comme attribut d'attribut. C'est que le même mot a souvent, dans notre langue, plusieurs acceptions ; c'est ainsi que *sûrement* dans cette proposition : *on ne peut plus voyager* SUREMENT *dans ce pays*, signifie *avec sûreté*, *avec sécurité;* il est alors attribut d'attribut, au lieu que si je dis : *vous serez* SUREMENT *aux noces de votre cousin*, cela signifie *vous serez invité* SANS DOUTE, *il n'y a* PAS DE DOUTE ; et alors ce mot *sûrement* ne peut être considéré ni comme attribut d'attribut, ni comme adjoint à la proposition, en ce qu'il exprime une idée indépendante de la proposition dans laquelle il figure, comme je l'ai démontré tout à l'heure.

Les adjoints expriment une idée accessoire.

De temps défini, comme *actuellement*, *alors*, *anciennement*, *annuellement*, *antérieurement*, *antécédemment*, *alors*, *aujourd'hui*, *à peine*, *aussitôt*, *autrefois*, *bientôt*, *déjà*, *demain*, *dernièrement*, *depuis*, *dès-lors*, *désormais*, *dorénavant*, *hier*, *jadis*, *incessamment*, *jamais*, *lors*, *maintenant*, *naguère*, *nocturnement*, *précédemment*, *soudain*, *tard*, *tôt*, *tantôt*, *tout à coup*, *ultérieurement*.

De temps indéfini : — *quand*.

De lieu défini : — *ailleurs*, *au loin*, *autre part*, *ça et là*, *céans*, *ci*, *de ça*, *de là*, *ici*, *là*, *par ici*, *par là*.

De lieu indéfini : — *où*, *d'où*, *par où?*

De position : — *à l'entour*, *autour*, *auprès*, *à travers*, *de travers*, *en travers*, *extérieurement*, *devant*, *derrière*, *dessus*, *dessous*, *dedans*, *dehors*, *de loin*, *de près*, *intérieurement*, *pêle-mêle*.

De distance ou d'espace : — *jusque*. (Voir l'analyse que je donne de ce mot en traitant des difficultés de l'analyse.)

De quantité absolue : — *assez*, *beaucoup*, *davantage*, *tant*, *trop*.

De quantité comparative : — *plus*, *moins*, *aussi*, *autant*.

De quantité indéfinie : — *combien?*

De continuité : — *encore*, *toujours*, *continuellement*.

D'ordre : — *premièrement*, *secondement*, *d'abord*, *ensuite*.

De durée : — *éternellement*, *long-temps*, *toujours*, *perpétuellement*.

De restriction : — *seulement*, *uniquement*.

De fréquence : — *souvent*, *fréquemment*, *de rechef*.

D'isolement : — *séparément*.

De négation : — *aucunement*, *ne*, *nullement*, *pas*, *point*.

D'antériorité : — *avant*, *auparavant*.

De postériorité : — *après*.

Il est sans doute beaucoup d'autres adjoints qui sont plus ou moins susceptibles d'être classés. Je n'ai pas prétendu les présenter tous, cela serait fort inutile, et passe les bornes que je me suis imposées.

Je ferai seulement remarquer que nous avons des adjoints duplicatifs tels que *où*, *quand* et *comme*, employés comme ci-après : *j'irai* ou *vous irez*; *je partirai* QUAND *vous partirez; je veux agir* COMME *vous;* car c'est comme s'il y avait : *j'irai* DANS LE LIEU AUQUEL; *je partirai* DANS LE JOUR OU A L'INSTANT AUQUEL; *je veux agir* DE LA MANIÈRE DONT *vous agirez*. Ces adjoints, comme il est aisé de le voir, comprennent leurs correlatifs.

Nous avons d'autres adjoints qui nous servent à la transition, et que j'appelle *conjonctifs*, tels que *cependant*, *néanmoins*, *d'ailleurs*, *toutefois*, *enfin*, *en effet*, *de plus*.

Les autres adjoints conjonctifs sont *dès que*, *puisque*, *afin que*, *quoique*, *parce que*, *pourvu que*, *à moins que*, *lorsque*, *de sorte que*, *d'autant que*, *avant que*, *après que*, *bien que*, *encore que*, *à mesure que*, *si bien que*, *au point que*, *pendant que*, *plutôt que*, *de façon que*, etc.

J'appelle adjoint correlatif le mot *que* employé comme ci après :

PREMIER EXEMPLE.

Aussitôt aimés *qu'*amoureux,
On ne vous force point à répandre des larmes.

IIme. EXEMPLE.

Sous la garde de votre chien,
Vous devez beaucoup moins redouter la colère
Des loups cruels et ravissants,
Que, sous l'autorité d'une telle chimère,
Nous ne devons craindre nos sens.

IIIme. EXEMPLE.

L'Asie est plus grande QUE *l'Europe*.

IVme. EXEMPLE.

L'Europe n'est pas si grande QUE *l'Afrique*.

ANALYSE.

PREMIER EXEMPLE.

Et comme vous êtes (partie ellipsée de la proposition) *aimés* DANS *le même temps* (traduction d'*aussitôt*), *auquel temps* (traduction de *que*) *vous êtes* (partie de proposition ellipsée) *amoureux*, *on ne force point vous à répandre une pluie*, *un torrent de l'espèce* (double antécédent de la proposition, ellipsé d'après le principe, page 285) *des larmes*.

IIme. EXEMPLE.

Vous devez, *sous la garde de votre chien*, *redouter la colère des loups cruels et ravissants* A UN POINT BEAUCOUP INFÉRIEUR (traduction de *beaucoup moins*) AU POINT AUQUEL (traduction de *que*) *nous devons craindre nos sens sous l'autorité d'une telle chimère*.

IIIme. EXEMPLE.

L'Asie est grande A UN DEGRÉ SUPÉRIEUR (traduction du mot *plus*) A CELUI AUQUEL (traduction de *que*) *l'Europe* EST GRANDE (partie de la proposition ellipsée).

IVme. EXEMPLE.

L'Europe n'est pas grande AU MÊME POINT (traduction de *si*) AUQUEL POINT (traduction de *que*) *l'Afrique* EST GRANDE (partie ellipsée de la proposition).

De même cette proposition, *il vaut* MIEUX *être vertueux et pauvre,* QUE *vicieux et opulent,* s'analysera ainsi :

Ceci (traduction de *il*) *être vertueux et pauvre,* VAUT A UN DEGRÉ SUPÉRIEUR (traduction de *mieux*) AU DEGRÉ AUQUEL (traduction de *que*) *être vicieux et opulent* VAUT (attribut ellipsé).

On a vu que je regarde comme pronoms compo-sés les mots *en* et *y*, quand ils rappellent un nom comme complément d'une préposition ; maintenant je les regarde comme adjoints explétifs toutes les fois qu'ils sont le signe d'une idée composée, soit qu'il y ait un antécédent exprimé, comme dans ces exemples : *vous avez gagné votre procès, je vous* EN *félicite; je lui tendais un piége, mais on l'*EN *a averti; votre fils a remporté tous les prix, je lui* EN *ai fait mon compliment; vous m'avez promis de venir me voir, pensez-*Y *; je ne sais comment vous* EN *tirer, j'*Y *réfléchirai; je trouve qu'il a raison, qu'*EN *pensez-vous ?*

Soit qu'il n'y ait aucun antécédent, comme quand on dit :

*Je n'*EN *puis plus; il faut s'*EN *tenir à l'usage; l'amour n'*Y *voit goutte, vous* EN *tenez; c'*EN *est assez, il* Y *va de mon repos, de ma fortune, de mon honneur, de ma vie, etc.*

Ne est un adjoint négatif suivi de la conjonction *ni; il ne boit* NI *ne mange.* Il prend un caractère plus ou moins absolu suivi des adjoints *pas, point, plus.* Il est simplement négatif dans cet exemple :

je NE *vois pas la société*. Il est plus absolu dans celui-ci : *je* NE *vois* POINT *la société; je* NE *vois* PLUS *la société*, signifie : *je* NE *vois* PAS *la société depuis certain temps; je* NE *la verrai* PLUS, signifie : *je* NE *la verrai* PAS *désormais, à l'avenir*. Il est négatif avec restriction suivi de la conjonction *que*, exemple :

Je *ne* demande aux dieux *qu*'un vent qui m'y conduise.

Souvent il n'est suivi ni des adjoints *pas*, *point* et *plus*, ni de la conjonction *que*, et n'a aucun caractère de négation absolue ni restrictive, comme quand nous l'employons avec les verbes *craindre*, *appréhender*, *trembler*, *empêcher*, et ces expressions verbales *avoir peur*, *prendre garde*.

Je crains que le tonnerre NE *tombe*.

J'appréhende que l'incendie NE *se communique*

Je tremble que mon fils NE *périsse*.

On est tout étonné de rencontrer cette demi négation, lorsqu'en effet on craint la chute du tonnerre, lorsqu'on appréhende la communication de l'incendie, lorsqu'enfin on tremble pour les jours d'un fils.

Je pense que l'emploi de cet adjoint n'est ici qu'un effet de la syllepse : c'est un tour figuré qu'enfante la vivacité de l'imagination pour exprimer en même temps la crainte et le desir; et si nous n'employons que la demi négation, c'est pour que l'esprit flotte entre cette crainte et ce desir, et pour qu'il embrasse la pensée sous ces deux rapports; car c'est comme si nous disions :

Je crains que le tonnerre... fasse le ciel qu'il NE *tombe pas.*

J'appréhende que l'incendie... je fais des vœux pour qu'il NE *se communique pas.*

Je tremble que mon fils... Dieu! faites qu'il NE *périsse pas.*

DES FRAGMENTS DE PROPOSITION.

Il faut ranger dans cette classe les mots *apparemment*, *assurément*, *certainement*, *immanquablement*, *incontestablement*, *indubitablement*, *infailliblement*, *nécessairement*, *peut-être*, *probablement*, *vraisemblablement*, et tous ceux qui expriment notre opinion sur un fait énoncé dans une proposition.

J'y range encore les mots *oui*, *non*, *si*, employés pour tirer quelqu'un du doute, comme dans cet exemple : *est-ce que vous ne viendrez pas me voir? Si.* Enfin j'y range encore les mots *voici et voilà* qui ne sont, comme je l'ai dit, que des expressions composées du verbe voir et des adjoints *ci* et *là*.

DES INTERJECTIONS OU EXCLAMATIONS.

Les interjections ne sont point des signes de nos idées, mais seulement des signes de nos sensations. Les interjections n'étaient, avant la formation des langues, que des sons inarticulés, tel que *ah! ha! eh! hé! ô! oh! ho!* qui accompagnaient le langage des signes naturels, c'est-à-dire, le langage d'action; mais les langues ont conservé ces accents naturels, et y ont ajouté des expressions qui, simples ou composées, ne sont autre chose que des propositions elliptiques, telles que *hélas! ciel! juste ciel! dieux!* etc.

Comme il n'est pas toujours facile de déterminer l'emploi de quelques interjections qui ont entre elles la même consonnance, comme *ah!* et *ha! ô! oh!* et *ho! eh!* et *hé!* je vais essayer de leur assigner une place, d'après l'emploi qu'en ont fait les meilleurs auteurs.

Ah! exprime l'attendrissement:

Ah cruel! cet amour dont vous voulez douter,
Ai-je attendu si tard pour le faire éclater!

Ah! que vous auriez vu, sans que je vous le die,
De combien cet amour m'est plus cher que la vie!

RACINE.

Ah! qu'il t'en coûtait peu pour charmer Héloïse!
Tu parlais; à ta voix tu me voyais soumise.

COLARDEAU.

Vous mourir! *ah!* cessez de tenir ce langage.

RACINE.

Le reproche:

Ah! vous ne deviez pas lâcher cette parole.

RACINE.

Un transport d'amour mêlé d'une noble fierté:

Ah! sans doute on s'en peut reposer sur ma foi.

RACINE

Le remords:

Ah! si tu l'avais vu, le poignard dans le sein,
S'attendrir à l'aspect de son lâche assassin!

VOLTAIRE.

La colère :

Ah! que ton impudence excite mon courroux!

RACINE.

Le repos de l'âme :

Ah! je respire, Arsace, et tu me rends la vie :
J'accepte avec plaisir un présage si doux.

RACINE.

L'interjection *ah !* prend toujours après elle le point d'exclamation, si ce n'est quand elle est immédiatement suivie d'un mot qui l'exige lui-même. Alors, il se transporte après l'adjoint à l'interjection : AH *dieux !* AH *traître !* AH *cruel !*

Ha! exprime la surprise :

HA ! *déjà de retour?*

La douleur imprévue :

HA ! *vous me faites mal!*

Le dépit :

HA ! *Monsieur, que faites-vous?*

Eh! exprime une tendre sollicitude :

Eh! mon ami, la mort te peut prendre en chemin :
Jouis dès aujourd'hui.

LA FONTAINE.

Prépare à la pitié :

Eh! seigneur, excusez sa jeunesse imprudente!

VOLTAIRE.

Dispose à la tendresse :

Eh! mon père, oubliez votre rang à ma vue.

RACINE.

On voit que *ha !* et *eh !* prennent toujours après eux le point d'exclamation qui ne se transporte point après l'adjoint à l'interjection.

Quant à l'interjection *hé*, il est difficile d'en saisir le caractère propre : cependant elle me paraît exprimer la surprise, l'impatience, le besoin de sortir de l'incertitude. Je vais citer un grand nombre d'exemples puisés dans Racine, et toujours dans l'édition stéréotype. Je ferai seulement remarquer, 1°. que *hé* ne prend immédiatement le point d'exclamation que lorsque le mot qui le suit ne l'exige pas lui-même; 2°. que dans *hé bien*, il le prend ou ne le prend pas, suivant qu'il y a ou non exclamation.

Hé, Petit-Jean! Petit-Jean!

Les Plaideurs.

Hé, mon Dieu! j'aperçois Monsieur dans son grenier.

Idem

. . . . . . *Hé* quoi! déjà l'audience est finie?

Idem.

Hé, Monsieur! qui vous dit qu'on vous demande rien?

Idem

Hé! par provision, mon père, couchez-vous.

Idem.

Hé, Messieurs! tour à tour exposons notre droit.

Idem.

Hé, quoi! votre valeur qui nous a devancés
N'a-t-elle pas pris soin de nous venger assez?

Iphigénie.

. . . . *Hé* bien! que ferez-vous?

Athalie

Hé bien! que nous fait-elle annoncer de sinistre?

Athalie.

Hé bien, il faut revoir cet enfant de plus près.

Idem.

Hé bien, allons donc voir expirer votre fils :
On n'attend plus que vous.... vous frémissez, Madame?

Andromaque.

O exprime l'admiration :

O Dieu! par quelle route inconnue aux mortels
Ta sagesse conduit tes desseins éternels!

RACINE.

La douleur concentrée :

O douleur, *ô* regrets, *ô* vieillesse pesante,
O vengeance, *ô* tendresse, *ô* nature, *ô* devoir!

VOLTAIRE.

L'ivresse de la joie :

O dieux! s'écria-t-il, n'est-ce point quelque songe?
Puis-je embrasser l'erreur où ce discours me plonge?
Charmante déité, vous dois-je ajouter foi?
Quoi! vous quittez les cieux, et les quittez pour moi!

LA FONTAINE.

L'indignation :

O jour, jour exécrable,
Jour affreux où l'acier dans une main coupable
Osa. . . . . . .

COLARDEAU.

Il sert aussi à l'apostrophe oratoire :

O cendres d'un époux! *ô* Troyens! *ô* mon père!
O mon fils, que tes jours coûtent cher à ta mère!

RACINE

A l'invocation :

. . . *O* Dieu! confonds l'audace et l'imposture!

RACINE.

Oh! exprime une surprise mêlée de trouble et d'effroi :

> *Oh* ciel! plus j'examine et plus je le regarde.....
> C'est lui! d'horreur encor tous mes sens sont saisis.
>
> RACINE.
>
> *Oh* dieux! que je me vois cruellement déçue!
>
> RACINE.

Ho sert à appeler :

Ho, *venez-donc*.

Exprime l'étonnement :

Ho! Ho! *vous le prenez sur ce ton là?*

Hélas! exprime, dans celui qui parle, un sentiment de douleur ou de compassion :

> *Hélas!* plus je lui parle et plus il m'intéresse.
>
> RACINE.
>
> *Hélas!* petits moutons que vous êtes heureux!
>
> Mme. DESHOULIÈRES

On emploie aussi avec le point d'exclamation, *quoi! ciel! juste ciel! ô ciel! oh ciel! dieux! oh dieux! ah dieux! grand Dieu! grands dieux! ouf! aie! paix! bon! ma foi! parbleu! hola!*

> Tu l'aimes? *ciel!* mais non, l'artifice est grossier :
> Tu te feins criminel pour te justifier.
>
> RACINE
>
> *Dieux!* quels affreux regards elle jette sur moi!
>
> *Dieux!* quels ruisseaux de sang coulent autour de moi!
>
> RACINE

DE LA SYNTAXE.

Nous avons classé les différents signes de nos idées simples ou composées, d'une manière analogue à la nature de ces mêmes idées, et dans l'ordre successif de leur création supposée, relativement à nos besoins ou à nos facultés; nous les avons définis; nous en avons fait connaître la valeur spécifique; nous avons donc tous les matériaux propres à construire; mais ce n'est pas assez d'avoir des mots pour chaque idée, il faut encore savoir former de plusieurs idées un tout dont nous saisissions les détails et l'ensemble, et l'on ne peut y parvenir si l'on ne connaît pas bien les rapports que les mots ont entre eux. Tel est l'objet de la syntaxe qui nous indique ces rapports, soit par la place qu'occupent les mots, soit par les différentes formes qu'on leur donne, soit par des prépositions qui les montrent comme second terme d'un rapport, soit par des pronoms conjonctifs qui rapprochent les propositions incidentes du sujet qu'elles modifient ou qu'elles déterminent, soit enfin par des conjonctions qui lient entre elles les principales parties d'une phrase ou d'une période.

Il faut donc reconnaître trois espèces de rapports entre les mots, rapports d'*identité*, rapport de *détermination*, rapport de *succession*.

Les rapports d'*identité* soumettent aux lois de concordance avec le nom, les pronoms, les articles et les attributs de toute espèce qui s'y rapportent, en genre, en nombre, en personnes grammaticales.

Les rapports de *détermination* existent entre un nom ou un attribut et un autre nom qui détermine l'espèce de l'un, et montre l'application de l'autre ils ont pour signes les prépositions.

Les rapports de *succession* sont relatifs à l'ordre dans lequel les mots doivent être successivement énoncés pour exciter un sens dans l'esprit.

DES RAPPORTS D'IDENTITÉ.

On a déjà vu comment l'homme est parvenu, en variant la terminaison des noms, des attributs de toute espèce, des pronoms et des articles, suivant les genres, les nombres, les temps et les personnes grammaticales, à exprimer toutes ces idées accessoires; on a vu, dis-je, comment sont soumis à des lois de concordance avec le nom, tous ces autres mots qui, n'existant que par lui, doivent se revêtir de ses mêmes formes, c'est-à-dire en prendre les inflexions, conformément aux genres et aux nombres, comment enfin les formes des verbes expriment à la fois des idées accessoires de temps, jointes à celles de nombre et de personnes grammaticales. Je ne pourrais que me répéter à cet égard, et je ne rappelle ici ces lois si simples, si naturelles, que pour les faire considérer comme partie essentielle de le syntaxe, comme le perfectionnement de la science et le chef-d'œuvre de l'analyse. Violer ces lois d'accord qui sont établies entre le nom et tout ce qui se rattache à lui, ce serait rompre, dans la division de la pensée, cette harmonie parfaite qui existe dans son ensemble.

DES RAPPORTS DE DÉTERMINATION.

Les rapports de détermination, dans une proposition, ont pour signes les prépositions. Le mot déterminé est appelé *antécédent*, relativement à la préposition qu'il précède; le mot déterminant qui suit la préposition, est appelé *complément*.

Un nom est le complément d'un autre nom, en ce sens qu'il en détermine le genre, l'espèce, la classe. C'est ainsi que nous disons : *table de marbre*, *chaîne de montre*, *grain de sable*, *boule d'acier*, *vin d'Espagne*, *chien de chasse*, *pot au lait*, *pot de crême*, *drap de Sedan*, *fleur d'orange*, *four à chaux*, *Châlons-sur-Marne*, *Bastide-en-Val*, *Saint-Germain-en-Laie*, *Saint-Ouen-sur-Iton*, *etc.* Ce nom déterminé peut être ou sujet, ou objet direct, ou objet indirect d'une proposition; car l'objet indirect peut aussi avoir son complément, comme quand nous disons : *on a donné des ordres au commandant du poste*. Il y a plus : un nom peut être déterminé par un autre nom, dans un adjoint à la proposition, qu'il ne faut pas confondre avec l'objet indirect, comme quand on dit : *mon fils es établi depuis peu de temps, il est allé prendre le eaux pour cause de maladie; son frère est arrivé de l'armée, dans un état de dénuement complet;* car dans cet adjoint à la proposition : *depuis peu de temps*, *peu* est le complément de *depuis*, et *temps* est un autre complément qui détermine *peu*. Il en est de même de *maladie*, qui détermine *cause*, et de *dénuement*, qui détermine *état*.

Un nom est le complément d'un attribut simple ou passif, en ce sens qu'il en montre l'application *propre aux arts, enclin au vice, plein de courage, ardent à la curée, perdu de débauche, pris de vin, saisi de frayeur, transi de froid.*

Quand un nom est le complément d'un attribut composé, je le considère, dans tous les cas, comme objet indirect : *vous dépendez de moi, convenez de vos torts; manquez-vous d'argent? disposez de ma bourse.*

On va à Paris, au bal, on revient de l'armée, on sort du collége, on vole aux combats, on envoie une lettre à la poste, on donne des conseils à son fils, on dirige un vaisseau vers la côte, on accorde un instrument à sa voix, on préfère une chose à une autre, on fait des vœux pour sa patrie, on meurt pour elle.

En prose, le complément d'un nom ne s'énonce jamais qu'après le nom qu'il détermine, au lieu qu'en poésie, il y a le plus souvent inversion du complément, ainsi qu'on va le voir par des exemples pris dans *la Henriade*, dans l'*Art poétique*, dans Colardeau et dans Racine.

Valois régnait encore, et ses mains incertaines
De l'état ébranlé laissaient flotter les rênes.

Depuis peu la fortune, en ces tristes climats,
D'une illustre mortelle avait conduit les pas.

Des tyrans de la ligue une fière cohorte
Du temple de Thémis environne la porte.

VOLTAIRE.

C'est en vain qu'au Parnasse un téméraire auteur
Pense *de l'art* des vers atteindre la hauteur.

BOILEAU.

Du temple tout à coup les voûtes retentirent.

COLARDEAU.

Des victimes vous-même interrogez le flanc;
Du silence des vents demandez-leur la cause.

RACINE.

DES RAPPORTS DE SUCCESSION.

Nous recevons simultanément les impressions que font sur nous les objets. Je suppose que nous soyons exposés à la grande ardeur du soleil, nous sentons qu'il est brûlant; cette pensée s'offre à nous sans division; mais dès qu'il s'agit de la communiquer à nos semblables, nous avons besoin d'en faire l'analyse et de l'énoncer successivement; or, voici comment nous avons raisonné : cette chaleur nous vient de ce globe de feu; c'est lui qui darde sur nous ses rayons; il est donc le moteur, le principe de l'action; nous devons donc l'énoncer le premier : *soleil*. Vient ensuite le signe de la qualité qui lui est propre : *brûlant*. *Soleil brûlant* sont sans doute les deux premiers mots que nous aurons prononcés pour exprimer notre sensation. Mais comme nous avons remarqué que cette propriété est inhérente au soleil, que nous avons senti le besoin d'un mot qui exprimât cette inhérence, cette identité, et en même temps le jugement que nous en portions, nous avons créé le verbe *être*, et nous avons pensé que sa place devait être naturellement entre *soleil* et *brûlant*, pour marquer le rapport d'union que nous avions découvert et que nous voulions affirmer exister entre l'un et l'autre; en sorte que nous avons dit : *soleil être brûlant*. Puis enfin, après la découverte de l'article et le prodige opéré par le système des conjugaisons : *le soleil est brûlant*. Il en est de même dans une proposition dont l'attribut est actif transitif : si je dis que *l'eau éteint le feu*, on voit bien que je ne puis intervertir l'ordre dans lequel *eau* et *feu* sont énoncés, sans qu'il en résulte un contre-sens.

Telle est la première loi de la syntaxe, relativement aux rapports de succession que doivent conserver entre eux le sujet, l'attribut composé, et l'objet direct d'action. Cette loi est invariable; notre langue ne permet jamais, à cet égard, la moindre infraction dans une proposition principale, affirmative ou négative, dont l'attribut est actif transitif, puisque, s'il en était autrement, nous ne saurions pas distinguer le sujet de l'objet d'action. Nous disons : *l'homme fuit la douleur;* nous ne pourrions faire ici aucune transposition, parce que c'est la place que ces deux mots occupent, qui font reconnaître l'un comme sujet, *l'homme;* l'autre comme objet d'action, *la douleur.* Il n'en est pas de même dans les langues transpositives. Les Latins, qui donnent à ces mots des inflexions différentes, suivant qu'ils font ou reçoivent l'action, auraient dit indifféremment pour exprimer la même pensée : *homo fugit dolorem*, ou *dolorem fugit homo*, parce que les mots homme et douleur se rendent par *homo* et *dolor*, comme sujets d'action, et par *hominem* et *dolorem*, comme objets d'action.

Je dis que notre langue ne permet pas d'inversion du sujet, ni de l'objet direct dans une proposition principale. Je vais expliquer pourquoi j'ai restreint mon idée.

Je suppose qu'ayant blessé une perdrix, un épervier ait emporté cette perdrix, et que mon frère ait ensuite tué cet épervier. Voilà, dans le principe, trois actions bien distinctes; et sans doute, à la naissance des langues, on dut aussi énoncer ces trois actions divisément : *moi avoir blessé une perdrix; épervier avoir emporté elle; mon frère avoir ensuite tué lui;* ou enfin : *j'avais blessé une perdrix; un épervier a emporté elle; mon frère a tué lui.* Mais aujourd'hui que nous lions nos idées suivant les rapports qu'elles peuvent avoir entre elles, nous dirions : *une perdrix* QUE *j'avais blessée a été emportée par un épervier* QUE *mon frère a tué*, ou QU'*a tué mon frère*; ou *mon frère a tué l'épervier qui avait emporté une perdrix* QUE *j'avais blessée*.

Or, dans la première version, la proposition incidente, *que j'avais blessée*, offre l'objet direct *que* avant le sujet *je*; mais il faut remarquer que ces inversions sont autorisées dans une proposition incidente comme celle-ci, pour la liaison des idées; car ce qui lie doit être entre deux termes pour que les rapports en soient plus facilement aperçus. Or, *que*, rappelant *perdrix*, en aurait été trop éloigné, si on ne l'eût placé qu'après le verbe. Au surplus, il ne peut en résulter aucune équivoque, puisque nous avons voulu que le pronom prît une forme différente comme sujet et comme objet d'action. En effet, le pronom conjonctif est *qui* comme sujet d'action, et *que* comme objet direct.

Enfin, je dis: QUE *mon frère a tué*, ou QU'*a tué mon frère*, parce que, dans ce cas, l'usage autorise non-seulement l'inversion de l'objet direct avant le verbe, mais celle du sujet après le verbe, suivant que l'oreille est plus ou moins agréablement affectée de cette transposition, d'où il ne peut résulter aucune ambiguité, puisque le mot *que* n'étant jamais sujet d'action, l'idée de sujet ne peut plus tomber que sur *mon frère*.

Quant aux objets indirects, rappelés par des pronoms, ils précèdent encore l'attribut actif: ainsi, après avoir parlé de Paris, je dirai: *j'*Y *ai envoyé* *mon neveu;* et après avoir parlé de mon neveu, je dirai : *je* LUI *ai procuré un établissement.*

Je reviens à l'objet direct, pour faire remarquer que, quand il est énoncé par un pronom, il précède toujours l'attribut actif : *je* T'*aime*, *tu* M'*aimes*, *on* L'*aime*, *on* NOUS *protège*, *on* VOUS *protège*, *on* LES *protège*; *il faut* M'*aimer*, *il faut* TE *conduire sagement; on doit* LES *vacciner*, etc.; mais avec les formes du mode dispositif, il faudra placer après le verbe les pronoms de la première et de la seconde personne : *aime*-MOI, *venge*-TOI. Ceux de la troisième se placeront également après; mais ils changent de forme; ainsi, au lieu de dire : *aimez*-LUI, *conduisez*-ELLE, *amenez*-EUX, il faut dire : *aimez*-LE, *conduisez*-LA, *amenez*-LES. C'est encore l'oreille qui a déterminé le choix des expressions : elle aurait été désagréablement affectée, dans ces différentes locutions, si les monosyllabes *me*, *te*, avaient terminé dans un cas, et *lui*, *elle*, dans un autre.

Mais quand la proposition est négative, tous ces pronoms, soit directs, soit indirects, doivent être placés avant le verbe : *ne* LE *croyez pas*, *ne* LA *conduisez pas*, *ne* M'*en parlez pas*, *ne* LUI *dites pas*, *n'*Y *allez pas*, *ne* LEUR *donnez pas.*

Dans la proposition interrogative, le sujet, quand c'est un pronom, se met après le verbe : *irai-je? qu'attend-elle? que demandent-ils? que prétendez-vous faire?*

DE LA CONSTRUCTION USUELLE.

J'ai dit qu'il y a, dans toutes les langues, une construction simple et primitive qui est le fondement de toute énonciation, parce qu'elle suit les rapports de succession que les mots ont entre eux dans l'ordre de la génération des idées ; mais les langues ne pouvaient pas rester rigoureusement assujetties à ce joug, à cette monotonie d'élocution; et l'usage a introduit une autre construction que, par cette raison, on appelle construction usuelle ou figurée, qui diffère de la première, soit par la transposition nécessaire de quelques mots, pour la liaison et la subordination des idées, soit par le retranchement de quelques autres que l'esprit peut aisément suppléer, soit par des inversions que le bon goût autorise, en faveur du rythme, du nombre, de l'harmonie. Cependant les phrases de cette construction usuelle ne doivent pas tellement s'écarter des lois générales du discours considéré comme moyen d'analyse des pensées et des différentes vues de l'esprit, qu'il ne puisse être ramené à l'ordre de la construction primitive; car la construction usuelle ou figurée n'est entendue qu'autant que l'esprit en rectifie ce qu'il y a d'irrégulier, ou supplée ce qui y manque, en sorte qu'il conçoit l'ensemble d'une idée composée comme si elle était énoncée dans l'ordre de la construction simple. Aussi, les maîtres habiles ont-ils soin d'habituer leurs élèves à cette décomposition qui a pour but de replacer tous les éléments primitifs du langage, suivant la construction simple, c'est-à-dire, dans l'ordre de la succession des idées.

Je vais essayer l'analyse sur un fragment d'une description des Pyrénées, afin de montrer l'ordre de la construction usuelle et figurée ramené à l'ordre de la construction simple et primitive.

Malheureusement les avalanches et les éboulements de neige ne sont pas les seuls dangers auxquels les habitants des Pyrénées soient exposés.

Cette phrase contient quatre propositions : le premier mot, *malheureusement*, est un fragment de proposition entière; c'est une réflexion philantropique de l'historien sur le sort des habitants de ces contrées; c'est comme s'il disait : *cela tient à un destin malheureux*.

Les parties de la proposition qui suit immédiatement, sont énoncées dans l'ordre direct; car, suivant les règles de la syntaxe, nous devons énoncer d'abord la chose dont nous jugeons, c'est-à-dire le sujet de la proposition; or ici le sujet est multiple puisqu'il est énoncé par deux noms; aussi sont-ils liés par la conjonction *et: les avalanches et les éboulements*. Mais ce second sujet avait besoin d'être déterminé; et il l'est par le mot *neige*, complément de la préposition *de* qui est le signe du rapport reconnu exister entre *éboulements* et *neige*.

Alors l'esprit embrasse en son entier ce sujet qui devient à la fois multiple et complexe, c'est-à-dire compliqué. Maintenant que jugeons-nous de ces avalanches et de ces éboulements de neige? qu'ils *ne sont pas les seuls dangers*. Le verbe *être* est ici entre le premier et le dernier terme de la proposition, parce que ce qui lie doit être entre deux termes. Il faut de plus remarquer que le verbe être reçoit ici les inflexions de la troisième personne du pluriel par rapport d'identité avec *avalanches* et *éboulements* qui sont du nombre pluriel, et qui commandent la troisième personne, parce que ce sont les choses dont on parle. *Ne* et *pas* rendent ici la proposition négative. Voilà donc une proposition tout entière énoncée dans l'ordre de la construction simple et primitive, ou dans l'ordre successif des idées.

Vient maintenant la troisième proposition : *auxquels les habitants des Pyrénées soient exposés.* Ici j'aperçois ellipse et inversion. Il y a ellipse d'une proposition entière, puisque le verbe être est employé au mode subjonctif dont les formes ne peuvent exprimer qu'une idée subordonée à une autre idée; car il est reconnu en principe que nous ne pouvons pas exprimer directement notre pensée avec les formes de ce mode : il y a donc nécessairement ellipse d'une proposition. Je dis qu'il y a en outre inversion, et cela est évident; car ces mots *auxquels* ne sont que le complément de l'attribut *exposés* · *on est exposé à*..... Mais la construction usuelle autorise ces inversions pour la liaison des idées; car *auxquels* se rapportant à *dangers* qui termine une proposition, il faut bien que ces mots se trouvent placés ainsi, pour montrer les rapports qui lient la dernière proposition à *dangers*; d'ailleurs c'est qu'il n'en peut résulter aucune méprise, puisque l'esprit saisit de suite l'enchaînement des idées, et rétablit par la pensée, les mots dans l'ordre successif de la génération des idées. Ainsi l'habitude de l'analyse nous fait voir ici une inversion et une proposition entière ellipsée. En effet, quand nous disons : AUXQUELS *les habitants des Pyrénées* SOIENT *exposés*, c'est comme si nous disions : AUXQUELS *il est trop commun que les habitants des Pyrénées* SOIENT *exposés*; et en ramenant la proposition à la construction simple et primitive : *il est trop commun que les habitants des Pyrénées soient exposés* AUXQUELS. Cette phrase, qui semble ne présenter que deux propositions, en contient donc réellement quatre; car on se rappelle sans doute ce que j'ai dit relativement à ces mots : *certainement*, *incontestablement*, *malheureusement*, etc., que les grammairiens ont mal à propos classés parmi ceux qu'ils appellent adverbes.

Il est trop commun, voilà une proposition dont les trois termes se trouvent énoncés dans l'ordre direct. *Il* est ici un nom abstrait dans le sens de *cela*. La conjonction *que* lie cette proposition à la proposition indirecte ou subordonnée dont le sujet est *les habitants des Pyrénées :* c'est encore un sujet complexe ; la préposition *des* exprime un rapport de détermination dont *Pyrénées* est le complément ; *exposés* est l'attribut ; *auxquels* est le complément de l'attribut ; le verbe pur est là, comme partout, le lien de l'attribut au sujet.

De temps à autre, de grandes montagnes s'affaissent, s'écroulent, bouleversent tout ce qui se trouve autour d'elles, et portent au loin le ravage et la désolation.

Voilà une phrase plus compliquée, qui se compose de cinq propositions grammaticales. La syntaxe nous y fait remarquer encore une légère inversion, et ellipse, non pas d'une proposition, mais du sujet auquel se rapportent quatre de ces cinq propositions. Je dis qu'il y a inversion; car l'ordre de la construction simple exigerait qu'on s'énonçât ainsi : BEAUCOUP *de grandes montagnes*, ou *une chaîne, une suite*, etc., puisque *de grandes montagnes* n'est que le complément d'un sujet qui, étant ellipsé, parce qu'il n'a pas besoin d'être énoncé, ne s'en montre pas moins à l'œil pénétrant de l'analyse.

Nous avons à remarquer ici que les attributs ne sont pas en concordance pour le nombre et les personnes, avec le sujet *beaucoup*, mais bien avec le complément *de grandes montagnes*, parce que cette construction figurée est autorisée par la syllepse, qui permet de construire les mots selon le sens et la pensée, plutôt que selon les lois de la syntaxe. En effet, le mot *beaucoup* n'offrirait qu'une idée vague, d'ailleurs il n'est pas énoncé. Toute la pensée se porte donc sur *grandes montagnes*, et nous disons : *de grandes montagnes s'affaissent*, quoique nous sous-entendions le mot ellipsé, comme nous disons : *la plupart s'imaginent*, parce que nous avons dans l'esprit le complément ellipsé : *des hommes*.

Je dis que nous avons ici cinq propositions, parce qu'autant il y a de verbes simples ou composés dans le discours, autant il y a de propositions grammaticales. Nous remarquerons ici que les attributs *s'affaissent*, *s'écroulent*, *bouleversent et portent*, se rattachent tous au même sujet : *beaucoup de grandes montagnes*, lequel sujet est censé précéder chacun d'eux, pour en former autant de propositions. Nous voyons ici que les pronoms *se*, précèdent les attributs *affaissent* et *écroulent*, parce que les pronoms *me*, *te*, *se*, *que*, *nous*, *vous*, *le*, *la*, *les*, employés comme objets directs, subissent toujours cette transposition, et que l'action exprimée par les verbes *s'affaissent*, *s'écroulent*, quoique intransitive, se porte directement sur le sujet qui fait l'action : ce sont des verbes qui ne se construisent que de cette manière : c'est ce que les grammairiens appellent *verbes réfléchis*.

Tout ce est l'objet direct de *bouleversent*; c'est un nom abstrait, mais qui se trouve déterminé par la proposition : *qui se trouve autour d'elles*. Ici, *autour*, est l'objet indirect de l'attribut : c'est comme s'il y avait : *à l'entour, à le pourtour; d'elles* est le complément de cet objet indirect.

Une grêle de pierres descendues du pic de Héas, se jeta, en 1650, *sur le vallon de Héas; et rebondit du fond du vallon, jusque sur la pente opposée.*

Voici encore une phrase qui se compose de trois propositions logiques. *Une grêle de pierres*, voilà le sujet déterminé auquel se rapporte *se jeta*. Je dis déterminé, car *de pierres* est le complément qui détermine la nature de la grêle.

Descendues du pic de Héas est une proposition incidente qui donne de l'extension au sujet; elle est implicite, c'est-à-dire qu'il faut y suppléer, le sujet et le lien d'attribut au sujet étant ellipsés. C'est donc comme s'il y avait : QUI ÉTAIENT *descendues du pic de Héas*. *Se jeta en* 1650, est une idée accessoire de temps; c'est un adjoint à la proposition : *sur le vallon* est l'objet indirect de l'attribut *se jeta; de Héas*, est le complément de l'objet indirect; et parce qu'ici l'on attribue deux actions à cette grêle de pierres, celle de se jeter sur le vallon de Héas, et celle de rebondir du fond du vallon, ces deux propositions sont jointes par la conjonction *et;* car le propre des conjonctions est de lier; elles n'appartiennent pas plus à une proposition qu'à une autre.

Elle rebondit du fond du vallon, voilà le point de départ, *jusque sur la pente opposée*, voilà le point d'arrivée. (Je parlerai tout à l'heure de la difficulté que présente le mot *jusque* en traitant des difficultés de l'analyse.)

Un grand lac naquit de l'épanchement du torrent qu'arrêtait la barre qui venait de se former.

Quatre propositions. *Un grand lac naquit de l'épanchement du torrent—la barre (qui venait de — elle se former) arrêtait lequel.*

Ici il n'y a réellement d'inversion que relativement au pronom conjonctif *que* qui rappelle *torrent*, et qui est objet direct de *arrêtait.*

Ce lac n'a pas subsisté long-temps, et, en 1788, une autre convulsion l'a fait disparaître.

Trois propositions. Dans la première, tout est conforme à l'ordre direct de la construction simple. Dans la seconde, il y a une idée accessoire de temps, *en* 1788, qui, dans l'ordre successif de la génération des idées, ne devait être énoncée qu'après le mot *disparaître;* mais la construction usuelle place indifféremment ces mots avant ou après l'attribut. Il y a aussi inversion par rapport au mot *le;* la construction directe est : *une autre convulsion a fait* (c'est-à-dire, *a produit cet effet*) LUI *disparaître en* 1788.

Les ravages de la dernière catastrophe ont été terribles, et ont laissé des traces considérables dans cette contrée.

Il y a ici deux propositions liées par la conjonction *et;* elles sont énoncées dans l'ordre successif de nos idées.

En tournant la montagne de Héas, on n'aperçoit plus que ravins, que terres éboulées, que blocs entassés, parmi lesquels on distingue des tronçons de sapins, misérables restes d'une forêt qu'entraîna l'effroyable débordement des torrents.

Voici l'ordre de la construction simple.

On n'aperçoit plus rien — en — *homme tournant la montagne de Héas,* — si — *ce n'est ravins,* — si — *ce n'est terres éboulées,* — si — *ce n'est blocs entassés.*—*On distingue parmi lesquels quelques-uns des tronçons de sapins* — *qui sont les misérables restes d'une forêt* — *l'effroyable débordement des torrents entraîna laquelle.*

Huit propositions. Inversion de la seconde; inversion du sujet et de l'objet direct dans la dernière.

Du côté de Gèdre, des murs de rochers ont cédé à leur fureur.

Des murs n'est que le complément d'un sujet ellipsé qu'il faut reproduire; il y a transposition de l'idée accessoire de lieu, *du côté de Gèdre;* voici l'analyse:

Quelques parties des murs de rochers, ou une grande partie des murs de rochers ont cédé à leur fureur du côté de Gèdre; car nous avons déjà vu que la syllepse autorise dans ce cas l'accord du verbe avec le complément, plutôt qu'avec le sujet qui est indéterminé.

Un jardin et un pont occupent aujourd'hui la place d'une masse énorme de granit que le courant a enlevée.

Il n'y a ici d'inversion que relativement au pronom conjonctif *que*; mais nous savons que ces inversions sont commandées par la liaison des idées, et que la forme de ce mot indique d'ailleurs par elle-même un objet direct d'action.

Qu'on se figure, s'il est possible, les tourbillons, les mugissements des vagues, les retentissements des roches entrechoquées, quand le torrent, forçant sa prison, se fraya de nouvelles issues pour vomir sur la plaine de Gèdre tout le lac de Héas.

Cette énonciation: *qu'on se figure*, n'est pas directe; il y a nécessairement ellipse d'une proposition principale: *il est bon qu'on se figure*. *S'il est possible* est une proposition incidente qui sépare l'attribut figuré de l'objet direct: *les tourbillons*, *les mugissements*, etc., l'objet direct est ici multiple et complexe. *Quand* est un adjoint exprimant une circonstance de temps, mais un adjoint conjonctif et corrélatif. Il est conjonctif, puisqu'il lie deux propositions; il est encore corrélatif, car il se décompose en deux parties, dont la première appartient à la proposition qui précède, et l'autre à la proposition qui suit. C'est comme s'il y avait : *au moment où le torrent*, etc. *Forçant sa prison* est encore une proposition incidente avec ellipse du sujet et du verbe être; elle sépare le sujet *torrent* d'avec l'attribut *fraya*, etc. Voici comment il faut ramener cette construction usuelle à la construction primitive :

IL EST BON QU'*on se figure* (SI CELA EST POSSIBLE) *les tourbillons, les mugissements des vagues, les retentissements des roches entrechoquées au moment. — Le torrent* (LEQUEL FUT FORÇANT SA PRISON) *— fraya à lui auquel moment, une foule d'issues nouvelles* POUR *lui vomir tout le lac de Héas sur la plaine de Gèdre.*

En 1678, *il y eut en Gascogne une grande inondation, causée uniquement par l'affaissement de quelques parties de montagnes dans les Pyrénées, qui firent sortir les eaux contenues dans les cavernes souterraines.*

En 1678 est une idée accessoire de temps; c'est un adjoint à la proposition, lequel est transposé. *Il y eut* est un idiotisme; c'est comme si l'on disait : UNE *grande inondation* EUT LIEU EN GASCOGNE, *en l'année* 1678; *cette inondation fut causée uniquement par l'affaissement*, etc. On voit donc que ces idiotismes, sans nuire à l'intelligence de la pensée, font éviter des répétitions qui seraient bien fastidieuses, car la construction usuelle ayant rapproché *inondation* de *causée*, nous sommes dispensés de rappeler le mot inondation, soit par lui-même, soit par un pronom conjonctif. La construction usuelle donne donc au discours plus de grâce et de précision. C'est encore elle qui admet cette expression : FIRENT SORTIR *les eaux contenues*, etc.; car la construction primitive a dû être : FIRENT (c'est-à-dire *produisirent cet effet*) *les eaux*, QUI ÉTAIENT CONTENUES, etc., *sortir*.

CONSTRUCTION USUELLE.

Malheureusement les avalanches et les éboulements de neige ne sont pas les seuls dangers auxquels les habitants des Pyrénées soient exposés.

De temps à autre, de grandes montagnes s'affaissent, s'écroulent, bouleversent tout ce qui se trouve autour d'elles, et portent au loin le ravage et la désolation.

Une grêle de pierres descendues du pic de Héas, se jeta, en 1650, sur le vallon de Héas, et rebondit du fond du vallon jusque sur la pente opposée.

Un grand lac naquit de l'épanchement du torrent qu'arrêtait la barre qui venait de se former.

Ce lac n'a pas subsisté long-temps, et en 1788, une autre convulsion l'a fait disparaître.

Les ravages de la dernière catastrophe ont été

CONSTRUCTION SIMPLE ET ÉNONCIATIVE.

Malheureusement les avalanches et les éboulements de neige ne sont pas les seuls dangers, *il est trop commun que* les habitants des Pyrénées soient exposés auxquels.

Beaucoup de grandes montagnes s'affaissent, s'écroulent de temps à autre, bouleversent tout ce qui se trouve autour d'elles, et portent le ravage et la désolation au loin.

Une grêle de pierres, *qui étaient* descendues du pic de Héas, se jeta, en 1650, sur le vallon de Héas, et rebondit du fond du vallon jusque sur la pente opposée.

Un grand lac naquit de l'épanchement du torrent, la barre, qui venait de se former, arrêtait *lequel*.

Ce lac n'a pas subsisté long-temps, et une autre convulsion a fait *lui* disparaître en 1788 (car c'est comme s'il y avait : une autre convulsion *a produit cet effet.*)

Les ravages de la dernière catastrophe ont été

terribles et ont *laissé* des traces considérables dans cette contrée.

En tournant la montagne de Héas, on n'aperçoit plus que ravins, que terres éboulées, que blocs entassés, parmi lesquels on distingue des tronçons de sapins, misérables restes d'une forêt qu'entraîna l'effroyable débordement des torrents.

Qu'on se figure, s'il est possible, les tourbillons, les mugissements des vagues, les retentissements des roches entrechoquées, quand le torrent, forçant sa prison, se fraya de nouvelles issues pour vomir sur la plaine de Gèdre tout le lac de Héas.

En 1678, il y eut en Gascogne une grande inondation, causée uniquement par l'affaissement de quelques parties de montagnes dans les Pyrénées, qui firent sortir les eaux contenues dans les cavernes souterraines.

terribles, et ont laissé quelques traces de *la nature* des traces considérables dans cette contrée.

On n'aperçoit plus rien, en tournant la montagne de Héas, si ce n'est *que* ou *cela* : ravins, si ce n'est cela : terres éboulées, si ce n'est cela : blocs entassés, on distingue parmi lesquels *quelques-uns* des tronçons de sapins *qui* sont les misérables restes d'une forêt, l'effroyable débordement des torrents entraîna laquelle.

Il est bon qu'on se figure, s'il est possible, les tourbillons, les mugissements des vagues, les retentissements des roches entrechoquées au moment, le torrent, *lequel fut* forçant sa prison, fraya *une* foule de nouvelles issues *à lui*, *auquel* moment, pour vomir tout le lac de Héas sur la plaine de Gèdre.

Une grande inondation *eut lieu* en Gascogne, en 1678, *laquelle* fut causée uniquement par l'affaissement de quelques parties de montagnes dans les Pyrénées, qui firent : les eaux, qui étaient contenues dans les cavernes souterraines, *sortir*.

DE LA PROPOSITION

ET DES DIFFÉRENTES SORTES DE PROPOSITIONS.

La proposition peut être considérée comme un assemblage de mots qui, par le concours des différents rapports qu'ils ont entre eux, appliquent telle ou telle modification à un objet quelconque, soit avec affirmation : *la terre tourne*, *le soleil est immobile*; soit d'une manière subordonnée à notre desir ou à notre volonté, comme dans l'invocation, la prière, l'exhortation, le commandement : *dieux! protégez l'innocence! mes enfants, soyez sages! soldats, jurez d'obéir à vos chefs*; ou comme dans la proposition indirecte : *je desire que mon fils soit instruit*; *Dieu veut qu'on l'aime*.

On peut envisager la proposition grammaticalement ou logiquement.

La proposition grammaticale se borne à exprimer un rapport entre un sujet et un attribut, sans qu'il en résulte toujours un sens complet; car lorsque cet attribut n'exprime qu'une faculté naturelle de l'âme, la proposition ne détaille souvent qu'une partie de la pensée. Par exemple : *je suis voulant*, que nous rendons par une expression composée : *je veux*, est une proposition purement grammaticale.

La proposition logique, au contraire, ne laisse jamais l'esprit en suspens, et exprime toujours une action qui est ou concentrée dans le sujet : *je dors*, *je veille*, *je pense*, etc.; ou dirigée hors de lui : *je prends un livre, je veux lire*, etc. Il faut remarquer que cette dernière proposition logique comprend deux propositions grammaticales; car autant il y a de verbes dans le discours, c'est-à-dire autant de fois un individu est présenté sous une modification quelconque, jointe au verbe pur, ou le renfermant, autant il y a de propositions grammaticales. Il y en aura donc également deux dans : *je crois que le soleil est éclipsé*, quoiqu'il n'y ait encore qu'une proposition logique; car dans : *je veux lire*, *je*, a pour attribut un signe qui est identifié avec le verbe être, savoir le mot *veux*, c'est-à-dire *suis voulant;* et ensuite *lire*, qui, se décomposant également de cette manière : *être lisant*, forme avec le mot *moi* qui est censé rappeler le sujet déjà énoncé, une seconde proposition considérée comme objet d'action de la première; en sorte que cette proposition logique, *je veux lire*, se décompose en deux propositions grammaticales : *je suis voulant — moi être lisant ;* de même cette proposition, *je crois que le soleil est éclipsé*, se décompose ainsi : *je suis croyant que le soleil est éclipsé.*

Je dis que chacune de ces idées composées ne forme qu'une proposition logique, et cela est évident; car si je dis seulement : *je veux*, *je crois*, l'esprit ne sera pas satisfait; on me demandera ce que je veux, ce que je crois, et il faudra bien que dans ce cas, j'emploie une seconde proposition grammaticale pour exprimer mon idée toute entière, à moins que l'objet sur lequel se porte mon action de *vouloir* et de *croire* ne soit énoncé par un nom, auquel cas, le sens logique ne comprendra qu'une proposition : *je veux une rose*, *je crois cela.*

Dans le cas contraire, ce besoin de former plusieurs propositions pour exprimer une seule pensée, paraîtra tout naturel, si l'on fait bien attention que nos facultés morales n'ont pas toujours pour objet un être physique ou considéré à la manière des êtres physiques. Les actions d'autrui, les nôtres propres sont souvent l'objet de notre sollicitude, et exercent nos facultés morales dont elles deviennent directement l'objet. Que je dise, par exemple, *je veux*, voilà un sens incomplet; que j'ajoute, *savoir*, le sens devient compliqué sans être complet; que j'ajoute : *si vous desirez*, voilà une proposition de plus, et le sens n'est point encore fini; mais si j'ajoute : *servir le Roi,* voilà qui complète la proposition logique : *je veux savoir si vous desirez servir le Roi.* Quatre propositions grammaticales.

Une proposition se compose nécessairement d'un sujet et d'un attribut lié au sujet par le verbe pur : *je suis aimant*, ou identifié avec lui : *j'aime*, ensuite j'indique l'objet d'action, si la proposition est active transitive; ainsi dans cette proposition : *j'aime l'étude*, *je* est le sujet, *aime* est l'attribut composé de *suis* et de *aimant*, *l'étude* est l'objet direct; c'est-à-dire le signe de l'objet sur lequel se porte directement l'action, ce que quelques grammairiens appellent complément; mais je ne veux appliquer cette dénomination dans ce sens, qu'à une proposition qui devient l'objet direct, d'une autre, dans une proposition logique. Hors de là, j'appelle complément un mot précédé d'une préposition qui a pour antécédent le sujet ou l'objet direct ou indirect d'une proposition, comme dans ces exemples : *une étincelle* DE FEU *a brûlé le pan* DE MON HABIT; *obéissez aux ordres de* DE VOS CHEFS.

Conséquemment, dans une proposition logique, composée de plusieurs propositions grammaticales, nous pouvons dire que les propositions sont entre elles ce que sont les mots par rapport à la proposition. Ainsi, dans : *je veux lire*, je ne vois qu'un sujet et un attribut logiques. Dans : *je veux savoir si vous êtes brave; je veux* est le sujet, *savoir* en est le complément, *si vous êtes brave* voilà l'attribut. Enfin, dans : *je veux savoir si vous voulez servir le Roi*, je ne vois également qu'un sujet et un attribut, mais qui tous les deux sont déterminés, l'un par *savoir*, l'autre par *servir le Roi*. Une proposition grammaticale n'est même quelquefois, dans une proposition logique, que le complément de l'objet d'action, énoncé dans une première proposition : *j'ai le desir de m'instruire.*

Je dis donc qu'autant il y a de verbes dans le discours, autant il y a de propositions grammaticales. Il n'est question que de rassembler tous les mots exprimés ou sous-entendus qui doivent se rallier autour du verbe pur ou composé, tels que le sujet, l'attribut, l'objet direct ou indirect, le complément du sujet, de l'attribut, ou de l'objet direct ou indirect, ou enfin les modifications de ces mêmes parties constituantes de la proposition, ou les mots qui, pouvant ajouter quelque circonstance de temps, de lieu, d'ordre, de durée, expriment quelques idées accessoires, et que j'appelle adjoints à la proposition, comme dans l'exemple suivant :

Hier, un vent impétueux DU MIDI *renversa, avec un fracas horrible, dans mon parc, quelques arbres de la grande avenue.*

De quoi s'agit-il ? voici le fait principal :

LE VENT RENVERSA QUELQUES ARBRES.

Voilà l'essence de la proposition :

Sujet, attribut, objet direct.

Maintenant je veux modifier le sujet, et je dis *un vent impétueux ;* je veux ensuite déterminer c sujet modifié, et j'ajoute *du midi ;* voilà donc tou le sujet, *un vent impétueux du midi ;* c'est ce qu'o appelle un sujet complexe, c'est-à-dire compliqu ici l'attribut composé est actif transitif, *renversa* cet attribut est modifié par l'idée accessoire, *ave un fracas horrible ;* voilà donc tout l'attribut, *ren versa avec un fracas horrible ;* nous avons pour ob jet direct, *quelques arbres ;* mais je veux détermi ner quels arbres il renversa, et j'ajoute, *de la grand avenue.* Maintenant nous passons aux circonstance de temps, de lieu. *Quand l'action eut-elle lieu*

HIER ; *où eut-elle lieu ?* DANS MON PARC. Voilà donc autant d'adjoints que nous plaçons à volonté dans la proposition.

La proposition qui est en même temps grammaticale et logique, se compose donc nécessairement d'un sujet, d'un attribut simple ou passif et du verbe pur, si elle n'exprime qu'un état : *il est docile, il est instruit;* d'un sujet, d'un attribut composé et d'un objet direct, si la proposition est active transitive, comme : *mon fils aime l'étude.*

Il faut remarquer que le sujet et l'objet direct peuvent être :

SIMPLES :

Mon fils ÉTUDIE *la géographie.*

COMPLEXES :

Le fils DE MON FRÈRE ÉTUDIE *la Géographie* DE MENTEL.

MULTIPLES :

Mon fils et mon neveu ÉTUDIENT *la géographie et l'histoire.*

Enfin la proposition se composera uniquement d'un sujet et d'un attribut composé, si elle est active intransitive : *il dort.*

DIVISION DES PROPOSITIONS,

RELATIVEMENT AUX DIFFÉRENTS RAPPORTS QU'ELLES PEUVENT AVOIR ENTRE ELLES.

Propositions principales.	*Complétive absolue.*
Je sais que	vos espérances sont fondées.
	Complétives subordonnées.
Je doute que	vos espérances soient fondées.
Je crains.	d'être trompé dans mes espérances.
Je serais bien malheureux	si j'étais trompé dans mes espérances.
	Incidente extensive du sujet.
. . . . L'espérance,	qui n'est souvent qu'un bien chimérique,
est pourtant le bien le plus précieux pour l'homme.	
	Incidente restrictive du sujet.
. . . . Les espérances	que j'avais conçues
sont détruites.	
	Extensive de l'objet direct.
La nature a placé dans le cœur de l'homme, l'espérance,	qui le berce de douces illusions pendant sa vie.
	Restrictive de l'objet direct.
Renoncez aux folles espérances.	dont vous vous êtes flatté.
	Accessoire.
Nos espérances seront bientôt réalisées, ...	n'en déplaise à nos ennemis.

La proposition principale, considérée grammaticalement, est l'expression du jugement prédominant dans l'esprit de celui qui écrit ou qui parle, quoiqu'elle ne soit le plus souvent que le sujet logique d'une proposition subséquente qui en est le complément, et avec laquelle seule elle forme un sens fini, indépendamment des circonstances étrangères qui s'y rattachent. J'appelle donc *principale*, la proposition grammaticale ou logique qui forme le premier membre d'une proposition composée.

J'appelle *complétive*, celle qui, formant le second membre, complète le sens logique, et je divise cette proposition complétive en *absolue* et *subordonnée*.

La proposition *complétive absolue* est celle qui exprime un état ou une action qui sont indépendants, comme, par exemple : *il est reconnu que* LA TERRE TOURNE; car le mouvement de rotation étant un fait reconnu, je puis également dire : LA TERRE TOURNE, *cela est reconnu*.

La proposition *complétive subordonnée* est celle qui n'exprime l'état ou l'action que d'une manière incertaine, hypothétique, ou comme pouvant ou devant avoir lieu en conséquence d'un sentiment exprimé; exemples : *il est possible que* LA MALADIE SOIT GRAVE; *je crains que* LE MÉDECIN N'ARRIVE TROP TARD.

J'appelle *incidente* une proposition qui en incise une autre, en ce qu'elle sépare le sujet de l'attribut et de son complément. Cette proposition incidente a deux caractères différents : ou elle contient quelque réflexion ou quelque idée accessoire relative au sujet, mais sans en altérer la signification ou l'étendue ; ou elle le fait considérer dans un sens restreint et déterminé, ce qui apporte une différence qu'il est essentiel de reconnaître, comme on le verra tout à l'heure, à l'article qui traite de la ponctuation. Je la divise en *incidente extensive* et en *incidente restrictive* du sujet. Voici un exemple de l'une et de l'autre, dans le même ordre : LE LION, *qu'on regarde comme le roi des animaux*, etc. ; LE LION *qu'on voit à la ménagerie*, etc.

Il en sera de même de celles qui viennent à la suite de l'objet direct d'action, et que, par cette raison, j'appelle *extensives* et *restrictives de l'objet direct*

Quant à la proposition *accessoire*, elle exprime des circonstances de temps, de lieu, d'ordre, de durée, d'antériorité ou de postériorité; elle indique les motifs, les moyens d'une action. Son caractère distinctif est d'exprimer une idée qui se rattache à l'idée principale. Elle ajoute à l'action toutes les circonstances qui peuvent y répandre quelque jour, quelque intérêt.

Je crois devoir me borner à cette classification des propositions. Il suffira d'en bien saisir les rapports, pour avoir des principes sûrs de construction et de ponctuation ; car ce serait une entreprise absurde que de vouloir distinguer toutes les propositions par le sens qu'elles présentent. Il est impossible de prévoir toutes les modifications que peu subir la pensée, et cela serait sans avantage pour la science. Dans les exemples qui suivent, les propositions principales seront en romain, les autres en italique.

PRINCIPALES. COMPLÉTIVES ABSOLUES.

Je voulais *sur le champ congédier l'armée.*

Qui vous dit qu'*on la doit amener?*

Ne pourrai-je *sans vous disposer de ma fille?*

Je ne veux point *me peindre avec trop d'avantage.*

Je commence à *rougir de mon oisiveté.*

Iphigénie en vain s'offre à *me protéger.*

Une secrète voix m'ordonne de *partir.*

Cesse de *me contraindre.*

COMPLÉTIVES SUBORDONNÉES.

Seigneur, qu'a donc ce bruit *qui vous doive étonner?*

Je ne demande aux dieux qu'un vent *qui m'y conduise!*

Qu'importe qu'*au hasard un sang vil soit versé?*

Croit-on que *dans ses flancs un monstre m'ait porté?*

J'ai même défendu par une expresse loi
Qu'on osât prononcer votre nom devant moi.

En vain vous espérez qu'*un dieu vous le renvoie.*

Craignez, seigneur, craignez que *le ciel rigoureux*
Ne vous haïsse assez pour, etc.

Il veut que *ce soit moi qui vous mène au supplice.*

INCIDENTES EXTENSIVES DU SUJET.

Achille, *à qui le ciel promet tant de miracles*,
Recherche votre fille.

PRINCIPALES. INCIDENTES EXTENSIVES DU SUJET.

La reine, *qui dans Sparte avait connu ta foi*,
T'a placé dans le rang, etc.

Calchas, *par tous les Grecs consulté chaque jour*,
Leur a promis, etc.

Vous seul, *nous arrachant à de nouvelles flammes*,
Nous avez fait, etc.

Quand la Grèce, *déjà vous donnant son suffrage*,
Vous reconnaît l'auteur, etc.

Que des rois, *qui pouvaient vous disputer ce rang*,
Sont prêts, pour vous servir, etc.

Le seul Agamemnon, *refusant la victoire*,
N'ose d'un peu de sang acheter, etc.

Et les dieux, *contre moi dès long-temps indignés*,
A mon oreille encor, etc.

L'homme, *qui se vante d'être un animal raisonnable*, se ravale souvent au-dessous de la bête.

INCIDENTES RESTRICTIVES DU SUJET.

L'homme *qui est vraiment sage* fuit les grandeurs.

Celui *qui met un frein à la fureur des flots*,
Sait aussi des méchants, etc.

L'erreur *où vous êtes* est bien excusable.

La fortune *dont elle jouit* la met dans le cas de faire du bien.

Le Dieu *que nous servons* nous servira d'appui.

Le médecin *auquel on m'a adressé* est fort habile.

EXTENSIVES DE L'OBJET DIRECT.

Épargnez-moi un récit *qui m'arracherait de nouvelles larmes*.

Je ne connais pas cette passion funeste, *dont tant d'autres ont été victimes.*

Le sage méprise la fortune, *que tout le monde encense.*

O quand pourrai-je habiter la campagne, *où règnent la paix et l'innocence!*

RESTRICTIVES DE L'OBJET DIRECT.

Viens, reconnais la voix *qui frappe ton oreille.*

Ah! je sais trop le sort *que vous lui réservez.*

Va chercher des amis *dont l'estime funeste*
Honore l'adultère, etc.

Vous mourûtes aux bords *où vous fûtes laissée.*

J'offrais tout à ce Dieu *que je n'osais nommer.*

Pour bannir l'ennemi *dont j'étais idolâtre.*

Délivre l'univers d'un monstre *qui t'irrite.*

Voilà comme, infestant cette simple jeunesse,
Vous employez tous deux le calme *où je vous laisse.*

ACCESSOIRES.

Les dieux, toutes les nuits,
Dès qu'un léger sommeil suspendait mes ennuis,
Vengeant de leurs autels le sanglant privilège,
Me venaient reprocher ma pitié sacrilège.
Et, *présentant la foudre à mon esprit confus*,
Le bras déjà levé, manaçaient mes refus.

Notre ennemi trompé,
Tandis que je vous parle, est ailleurs occupé.

J'écrivis en Argos, *pour hâter ce voyage*, etc.

Ulysse, *en apparence approuvant mes discours*,
De ce premier torrent laissa passer le cours.

Déjà, *pour satisfaire à votre juste crainte*,
J'ai couru les deux mers que sépare Corynthe.

Quelle importune main, *en formant tous ces nœuds*,
A pris soin sur mon front d'assembler mes cheveux?

Plusieurs propositions logiques, liées entre elles, peuvent constituer une *phrase* ou une *période*.

La *phrase* se compose de propositions qui, étant dépendantes les unes des autres, et se trouvant liées entre elles par des conjonctions, des pronoms conjonctifs, ou même des prépositions, forment un sens complet, mais qu'il est facile de saisir, parce qu'il se rattache à une idée principale exprimée, et à laquelle les autres sont subordonnées.

La *période* a plus d'étendue. Les différents sens partiels dont elle se compose, et qu'on appelle membres de la période, pouvant présenter un égal degré d'intérêt, le sens total qui résulte pour nous de la période, dépend uniquement de l'effet que produit sur notre esprit la combinaison ou le rapprochement des différents sens partiels. Les phrases sont à la période, ce que sont à un tableau d'histoire les personnages qui l'animent. Chacun d'eux porte son expression qu'il est facile de saisir; mais c'est de la combinaison et de l'ensemble des rapports que naîtra en nous le sentiment que le peintre aura voulu produire. En un mot, l'effet total du tableau dépend de notre pénétration et de la justesse de notre esprit à en saisir l'ensemble.

Voici une *phrase* ou une *proposition logique composée*.

> *Un loup* qui commençait d'avoir petite part
> Aux brebis de son voisinage,
> *Crut* qu'il fallait s'aider de la peau du renard,
> Et faire un nouveau personnage.

Cette proposition logique contient six propositions grammaticales; mais comme l'analyse logique n'embrasse que les idées; que les propositions grammaticales sont à la proposition logique ce que sont les mots à la proposition grammaticale, je dis que :

> Un loup qui commençait d'avoir petite part
> Aux brebis de son voisinage,

est le sujet logique, et que tout le reste est l'attribut. En effet, *qui commençait* ne fait que modifier le sujet de la proposition, c'est ce que j'appelle une proposition accessoire : *d'avoir petite part aux brebis de son voisinage*, est la proposition complétive.

Qu'il fallait est également une proposition complétive, c'est le complément de *crut*. *S'aider de la peau du renard et faire un nouveau personnage* sont deux propositions complétives secondaires. Or, le sujet et l'attribut logiques, dégagés de tout ce qui est accessoire ou complétif, c'est : *un loup crut*. Le sens de cette proposition logique s'explique donc de lui-même. Voyons maintenant une période :

Période tirée de l'Andromaque de Racine.

Songe, songe, Céphise, à cette nuit cruelle,
Qui fut pour tout un peuple une nuit éternelle;
Figure-toi Pyrrhus, les yeux étincelants,
Entrant à la lueur de nos palais brûlants,
Sur tous mes frères morts se faisant un passage,
Et, de sang tout couvert, échauffant le carnage;
Songe aux cris des vainqueurs, songe aux cris des mourants
Dans la flamme étouffés, sous le fer expirants;
Peins-toi dans ces horreurs Andromaque éperdue:
Voilà comme Pyrrhus vint s'offrir à ma vue;
Voilà par quels exploits il sut se couronner;
Enfin voilà l'époux que tu me veux donner.

Chaque trait de ce tableau produit l'impression qu'il doit produire; mais c'est par leur réunion que le poète a voulu faire naître dans l'esprit des auditeurs toute l'horreur que Pyrrhus doit inspirer à Andromaque, et justifier l'éloignement qu'elle a pour lui.

DE L'ANALYSE.

Analyser, en termes de grammaire, c'est ramener chacun des éléments du discours à la classe qui lui est propre; c'est décomposer certains mots qui en sont susceptibles, pour en reconnaître les divers éléments; c'est observer les accidents qui peuvent changer quelque chose dans la prononciation, ou qui peuvent varier la terminaison des noms, des pronoms et des attributs de toute espèce. En un mot, l'analyse grammaticale n'embrasse que les mots.

Analyser, en termes de logique, c'est reconnaître dans une période, ou dans une proposition logique, ce qui est sujet et ce qui est attribut; c'est ramener aux lois de la construction simple et naturelle ce qui est construit dans un ordre renversé; c'est rétablir la relation interrompue entre nos idées et les signes de nos idées, par la suppression de quelque partie d'une proposition, ou même d'une proposition entière; c'est distinguer ce qui est principal d'avec ce qui n'est qu'accessoire; en un mot, l'analyse logique n'embrasse que les idées.

Je vais essayer l'une et l'autre sur un passage de la *description du lac de Genève*, en commençant, pour chaque proposition logique ou pour chaque période, par l'analyse logique.

LE LAC DE GENÈVE.

1 2 3 d c a b e
Le superbe tableau, QUE PRÉSENTE CE LAC AVEC
f g 4 5 6 7 8 9 10
SES ENVIRONS, *donne au voyageur une idée des scènes*
11 a c b d e f g h
imposantes qui l'attendent dans le pays sauvage et
i k l m 1 3 2 4
pittoresque de la Suisse; il le prépare doucement
5 6 7 f a b d c e g h
à ces émotions dont le cœur se sent pénétré à la
i k l m
vue des belles contrées.

Pour éviter de transcrire une seconde fois le

texte dans l'ordre de la construction simple énonciative, je marque alternativement par des chiffres et par des lettres, l'ordre direct dans lequel les mots de chaque proposition doivent être énoncés, en sorte qu'une proposition commence et finit avec les chiffres ou avec les lettres. Les propositions incidentes étant en petites capitales, il sera facile de reconnaître à la suite l'attribut de la proposition principale avec tout ce qui en dépend. Ici la première proposition, qui est la principale, se compose des mots numérotés de 1 à 11; la proposition incidente des mots marqués *d*, *c*, *a*, *b*, *e*, *f*, *g*, la troisième proposition de *a* à *m*, et ainsi de suite. Cette explication s'appliquera également à la suite de la description que je transcrirai.

Le superbe tableau que présente ce lac avec ses environs, voilà le principe d'où découle un effet produit; voilà donc le sujet logique. *Donne au voyageur une idée des scènes imposantes qui l'attendent dans le pays sauvage et pittoresque de la Suisse*, voilà l'effet produit; tout cela est l'attribut logique. En effet, la proposition incidente : *que présente ce lac avec ses environs*, ne fait que déterminer le sujet grammatical *le superbe tableau*, de même que *des scènes imposantes* n'est que le complément du mot *idée*; de même enfin que cette proposition : *qui l'attendent dans le pays sauvage et pittoresque de la Suisse*, ne fait que développer l'idée de *scènes imposantes*.

Il y a dans cette proposition logique peu d'inversions ; elles sont indiquées par les lettres *d*, *c*, *a*, *b*, dans la proposition incidente, et par les lettres *a*, *c*, *b*, dans la proposition qui développe l'idée de *scènes imposantes*. J'ai expliqué la raison de ces inversions en traitant de la syntaxe.

Le superbe tableau, voilà le sujet grammatical. L'article *le* et l'attribut simple *superbe* sont tous les deux au singulier masculin, par rapport d'identité avec *tableau* qui est du genre masculin et du nombre singulier; car les attributs, qui ne sont que des modifications du nom, doivent se montrer sous les mêmes formes que le nom. Dans l'ordre de la construction simple et naturelle, on devrait dire : *le tableau superbe*, mais ici on fait précéder l'attribut simple, pour que le nom soit immédiatement lié à la proposition incidente qui le détermine ; cela donne plus de grâce à l'expression, et contribue à la clarté des idées. *Donne* est un attribut actif composé de *est donnant* ; il est à la troisième personne du singulier, parce que *tableau* est du nombre singulier, et que les choses ou les personnes dont on parle, ne sont mises qu'au troisième rang, relativement aux personnes qui se parlent. *Donne* a ici pour objet direct *une idée des scènes imposantes*. Or, cet objet direct devrait, dans l'ordre de la construction simple et énonciative, précéder l'objet indirect, *au voyageur*; mais parce que cet objet direct se trouve lié à une idée qui le développe, on fait, dans la construction usuelle, précéder l'objet indirect, *au voyageur*, pour que celui qui lit ou qui entend, saisisse plus facilement les rapports qui existent entre *scènes imposantes* et la proposition qui développe ces mots déterminants, par le rapprochement des uns et des autres. *Au* est une préposition composée de la préposition simple *à* et de l'article *le*. *Voyageur* est un nom commun du nombre singulier et du genre masculin. *Une idée* est l'objet direct sur lequel se porte l'action de donner; mais ces mots *une idée* ne présenteraient qu'un sens vague, si on ne les déterminait. *Des scènes imposantes* sont donc le déterminant d'*une idée*; voilà pourquoi la préposition qui est jointe ici à l'article (car *des* est pour *de les*) est dite exprimer un rapport de détermination. En effet, elle met en rapport le mot déterminant avec le mot déterminé. Le mot *qui* est un pronom conjonctif de tout genre mais qui, rappelant *scènes imposantes*, est censé du même nombre, du même genre, et de la même personne grammaticale que le nom qu'il représente; aussi l'attribut composé *attendent* est-il à la troisième personne du pluriel, par rapport d'identité. *Dans le pays sauvage et pittoresque de la Suisse* est un adjoint à la proposition; c'est une idée accessoire de lieu. La préposition *dans* exprime le rapport qui existe entre l'action et le lieu où doit se passer l'action. Ici, *dans* exprime par lui-même ce rapport de détermination; mais les prépositions ne l'expriment pas toujours, et c'est à l'esprit à le saisir. *Le pays sauvage et pittoresque* est le complément de la préposition *dans*. Tous ces mots sont a singulier masculin, par rapport d'identité; *de la Suisse* est le déterminant de *pays sauvage et pittoresque;* ici on lie par la conjonction *et* ces deux attributs *sauvage* et *pittoresque*, comme convenant tous les deux à *la Suisse.*

Le sujet logique de la seconde proposition est *il;* tout le reste : *le prépare doucement à ces émotions dont le cœur se sent pénétré à la vue des belles contrées*, est l'attribut.

Ici, les seuls pronoms *le* et *dont* sont également transposés : *le* par raison d'euphonie, et *dont* parce qu'il lie l'objet indirect d'une proposition à une proposition entière qui détermine l'étendue qu'on doit donner à cet objet indirect, *émotions*, et que ce qui lie doit être entre deux termes, pour que les rapports en soient plus facilement aperçus.

Il est un pronom de la troisième personne du singulier masculin, parce qu'il rappelle *tableau*, qui est du singulier masculin, et qui n'occupe que le troisième rang parmi les personnes grammaticales. *Doucement* est un mot que j'appelle attribut d'attribut, puisqu'il modifie l'attribut composé *prépare.*

A ces émotions, est l'objet indirect de l'action; *à* est une préposition; *ces* est un article démonstratif de tout genre, mais qui est censé du genre féminin et qui est au pluriel, parce qu'il s'accorde avec *émotions* qui est du genre féminin et du nombre pluriel. *Dont* est là pour *desquelles;* c'est un pronom composé conjonctif, qui lie une proposition entière à l'objet indirect qu'elle sert à développer, à déterminer ; c'est pour cela que *dont* est rapproché d'*émotions*, pour que l'esprit saisisse plus promptement les rapports de détermination qui lient ce dernier mot à la proposition. *Le cœur*, voilà le sujet de cette proposition déterminante ; *sent* est l'attribut composé qui est à la troisième personne du singulier par rapport d'identité avec le sujet. L'objet direct est *se* ou *soi*, qui est un pronom de la troisième personne. *Pénétré*, est un attribut passif du même genre et du même nombre que *se*, et qui le modifie. *A la vue des belles contrées* est le déterminant de *pénétré*. *La vue* est le complément de la préposition *à*; *des belles contrées* est le complément de *vue*, qui ne présenterait sans lui qu'une idée vague et indéfinie.

1 2 3 4 5 6 7 8 9 11
Le lac de Genève occupe le milieu d'une grande

10 a b c d e f
vallée qui sépare le Jura des Alpes.

Voici encore une proposition logique, dont le sujet est : *le lac de Genève*. Tout le reste est l'attribut.

D'une grande vallée détermine le mot *milieu*; ainsi l'on voit que la préposition *de* exprime encore un rapport de détermination ; aussi se trouve-t-elle entre le mot à déterminer et les mots qui déterminent. *D'une grande vallée*, ces mots sont à leur tour déterminés par la proposition : *qui sépare le Jura des Alpes*. Il ne faut pas regarder ici *des Al-*

pes comme le complément de *Jura*. C'est un adjoint nécessaire à la proposition ; c'est le complément logique ou l'objet indirect de *sépare* ; car on sépare une chose d'une autre ; on sépare un furieux de ses semblables, on sépare le bon grain du mauvais; or, ici, *des Alpes* détermine, par rapport au *Jura*, l'une des extrémités de la ligne de démarcation. Je me dispense de toute autre analyse, rien n'étant plus simple que de faire ce qu'on appelle les parties du discours. Je ne m'attacherai plus, dans l'analyse de cette description, qu'à distinguer la période de la proposition logique, qu'à faire reconnaître les ellipses et à marquer l'ordre de la construction simple, comme j'ai commencé.

a b c 1 2 4 3 5 6 7 8 9
Qu'on se représente une vaste plaine d'eau
a b c d e f g h i k l m
qui a tout le brillant du cristal et le poli de la
n 1 2 4 3 5 a b c d
glace... ... assez étendue pour ... offrir un aspect
e f 1 2 3 4 6 5 7 a
majestueux, mais.... non.... pas assez.... pour....
b c d e
être exposée aux tempêtes.

Voici encore une proposition logique qui se compose de sept propositions grammaticales, dont une ellipsée et deux implicites. *Qu'on se représente* n'est pas une énonciation directe; c'est une idée subordonnée à une autre. Cette proposition en suppose donc une dont elle dépend; or, cette proposition ellipsée répond à : *il est intéressant*, *il est convenable*, *il est besoin*, ou à quelque chose d'équivalent ; aussi ai-je marqué des lettres *a*, *b*, *c*, les parties de cette proposition ellipsée.

Qui a tout le brillant du cristal et le poli de la glace est la proposition qui développe l'objet direct de la proposition qui précède. *Assez étendue* suppose *qui est*, car la proposition énoncée avant, commençant par *qui a*, on voit qu'*assez étendue* ne peut être une suite de ce tour d'expression *qui a* ; c'est pourquoi je dis que *assez étendue* est une proposition implicite, et j'ai marqué des chiffres 1 et 2 ces mots ellipsés *qui est*. Il en est de même de *mais nonpas assez*, car c'est comme s'il y avait : *mais qui n'est pas assez étendue*, *non* étant ici employé en remplacement de la négation et du verbe être avec ellipse du pronom conjonctif *qui* et de l'attribut *étendue*.

4 5 6 7 8 1 2 3 9
Du côté de la Suisse, ses bords s'élèvent en

10 a b c d e f g h
terrasses .... tapissées d'une quantité de villes,

i k l m n o p q
de villages, de hameaux, de maisons de plaisance,

r s t u v 3 1 2 3
de châteaux et de prairies dont les images se

4 6 7 8 9 10 a c b
marient à l'azur des eaux qui les réfléchissent.

Voici une autre proposition logique composée de quatre propositions grammaticales ; il y a ellipse de *qui sont*, marqués par *a b*, au commencement de la seconde proposition.

1 2 3 4 5 6 7 8
Un vent frais amène .... des courants
9 10 a b c d e f g 1 2
d'air .... parfumés de tous les baumes ....
3 4 5 6 7 8 9 10
végétant au sommet du Jura et des Alpes.

Encore trois propositions simples dans une proposition logique. Les lettres *a* et *b* indiquent qu'il y a ellipse de *qui sont* au commencement de la seconde proposition : les chiffres 5 et 6, 1 et 2 indiquent ellipse de *quelques-uns* dans la première, et de *qui sont* au commencement de la troisième.

1 2 3 4 5 6 7 8
Les clochers de Genève, de Clarens et de
9 11 10 12 13 14 a f b
Meillerie s'élèvent dans les airs; mais que leurs
c d e g h i k l m
pointes sont basses en comparaison des cimes de ces
n 1 2 3 4 5 a c b
montagnes qui ferment l'horizon et... ... se perdent
d e f
dans les nues!

Voici une période à deux membres, dont la première finit au n°. 14 inclus; tout le reste est le second membre de la période. Je dis que c'est ici une période, parce que je découvre deux idées principales qui sont indépendantes l'une de l'autre.

Je n'ai rien de particulier à faire remarquer ici, si ce n'est l'inversion du mot *que* qui se trouve marqué de f et qui signifie *à quel point*.

1 2 3 4 5 6 8 7 9
Ce spectacle si beau, si ravissant, le devient bien
10 11 12 13 14 15 a b c d
davantage au lever de l'astre qui anime toute la
e
nature.

Il n'y a ici qu'une proposition logique composée de deux propositions simples. Je n'ai pas autre chose à faire remarquer, si ce n'est que *le*, qui rappelle les attributs *beau* et *ravissant*, est un nom abstrait qui équivaut à *cela*.

1 2 3 4 5 6 7 8
Transportons-nous sur les bords du lac.

Cette proposition suit l'ordre de la construction simple. On remarquera seulement que dans la construction usuelle, on retranche le sujet identique avec l'objet direct d'action *nous*, je l'ai indiqué par le chiffre 1.

a c d e b f g 1 2 3
Il n'est pas jour encore ....; mais les ténèbres
4 5 a b c d e f g h
ont cessé; leur teinte uniforme et sombre n'est plus
i k l 1 2 3 4 6
la teinte universelle; la masse des ombres se
5 a b c d e g f 1
décompose; le chaos de la nuit se débrouille; les

2 3 4 a b 1 2 3
formes commencent à .... saillir, les nuances ....

4 a c b d 1 2 3 4 5 a
à .... se démêler; et l'œil impatient brûle de ....

b c d e 1 2 3 4 a b
connaître les objets qu'il ne peut encore ... distinguer;

1 2 4 3 5 a c b d e f
l'atmosphère s'argente et .... s'éclaire au reflet du

g
crépuscule.

Voici une longue période : *il n'est pas jour encore* c'est un idiotisme que j'ai cru pouvoir ramener aux lois de l'analyse en considérant *il jour* comme *le jour* et en supposant un attribut ellipsé, en sorte que j'établis ainsi la proposition : *le jour n'est pas encore déclaré.* J'ai indiqué quelques ellipses qui, dans la décomposition de la période, doivent être remplies par des pronoms rappelant le sujet au commencement de chaque proposition grammaticale. Il y a aussi ellipse de l'attribut composé *commencent* qui doit se répéter après *les nuances*, lignes 1re., chiffre 3.

Maintenant je vais réunir en un seul cadre toutes les parties constituantes de la proposition et donner à chacune de ces parties un chiffre indicateur. Je ferai ensuite l'essai de l'analyse par cette méthode sur la fable de *la Mort et le Bûcheron.* En ne lisant que les caractères romains, on aura d'abord le texte tel qu'il est, sauf quelques légères inversions. Tous les mots italiques sont les mots ellipsés qu'il a fallu reproduire pour faire la construction pleine, ou des mots en remplacement de ceux qu'il a fallu décomposer.

Chaque partie d'une proposition portera le chiffre indicateur qui lui est assigné par le tableau que je vais tracer; je renfermerai entre deux parenthèses les propositions incidentes qui séparent le sujet d'une proposition principale d'avec son attribut; enfin chaque proposition se trouvera séparée par un trait.

SIGNES ANALYTIQUES.

---

1 J'appelle *sujet* d'une proposition, le signe d'un individu ou d'un objet dont on affirme un état ou une action; exemple : *un* CHIEN *est docile*, *il est dressé*, *il est trouvé* CHASSANT.

1/1 — 3ᵉ. *terme identique*, avec le sujet, un nom de genre, d'espèce ou de classe dans l'un desquels se trouve compris le sujet : *la* TERRE *est un globe; cet* ANIMAL *est un* LOUP; RACINE *est un* POÈTE.

2 — *attribut simple*, un mot qui exprime une qualité propre aux objets : L'OR *est* PUR.

2^{a} — *attribut passif*, un mot qui exprime un état résultant d'une action reçue : *le* SOLEIL *est* ÉCLIPSÉ.

2^{b} — *attribut actif simple*, l'un de ces mots primitivement actifs en *ant : Robinson* ALLANT *à la chasse.*

2^{c} — *attribut actif composé*, tout mot composé du verbe *être* et de l'un de ces mots primitivement actifs en *ant* : *le soleil* DORE *les moissons;* car *dore* se compose ainsi de *dorant est.*

2^{d} — *attribut d'attribut*, un mot composé ou une forme composée modifiant un attribut : *le tigre s'élance* IMPÉTUEUSEMENT OU AVEC IMPÉTUOSITÉ *sur sa proie.*

3 — *lien d'attribut au sujet*, le verbe pur *être* : *la terre* EST *ronde*, *les vents* SONT *déchaînés.*

4 — *objet direct*, celui sur lequel se porte directement l'action : *j'envoie* UNE *perdrix.*

5 — *objet indirect*, celui sur lequel se porte indirectement l'action : *je l'envoie* A UN AMI.

6 — *complément*, un nom qui, précédé d'une préposition, sert à déterminer un autre nom, à en compléter le sens : *le fils* DE MON FRÈRE, ou même un attribut quelconque : *on est jaloux* DE LA CHASSE, *on manque* DE PRUDENCE.

7 — *adjoints à la proposition*, les mots qui, composés ou non, expriment quelque idée accessoire de temps, de lieu, d'ordre, de durée, etc.; le moyen, les motifs, et enfin toutes les circonstances de l'action.

LA MORT ET LE BUCHERON.

Un pauvre bûcheron, tout couvert de ramée,
Sous le faix du fagot aussi bien que des ans,
Gémissant et courbé, marchait à pas pesants,
Et tâchait de gagner sa chaumine enfumée.
Enfin, n'en pouvant plus d'efforts et de douleur,
Il met bas son fagot, il songe à son malheur.
Quel plaisir a-t-il eu depuis qu'il est au monde?
En est-il un plus pauvre en la machine ronde?
Point de pain quelquefois, et jamais de repos:
Sa femme, ses enfans, les soldats, les impôts,
  Le créancier et la corvée
Lui font d'un malheureux la peinture achevée:
Il appelle la mort. Elle vient sans tarder,
  Lui demande ce qu'il faut faire.
  C'est, dit-il, afin de m'aider
A recharger ce bois; tu ne tarderas guère.

Analyse de cette fable.

Un pauvre bûcheron[1] [*lequel*[1] *était*[5] tout[2d] couvert[2a] de ramée[6], — *lequel*[1] *était*[5] gémissant[2b] et courbé[2a] sous le[7] faix du fagot[6] *au même point*[2d] (*traduction d'aussi bien*) — *il*[1] *était*[5] *courbé*[2a] *sous le*[7] *faix* des ans[6], *auquel point*[2d] (*traduction de* que)] marchait[2c] à pas pesants[2d], et — *il*[1] tâchait[2c] de — *lui*[1] gagner[2c] sa chaumine[4] enfumée; — il[1] met[2c] enfin son fagot[4]

7 1 2^{b} 2^{d} 6
bas — *lui* n'en pouvant plus d'efforts et de douleur,
1 2^{c} 5 1 2^{c} 4
— il songe à son malheur. — Il a quel plaisir
2^{a} 7 1 3 2^{a}
eu depuis *le temps* — il est *venu* (*mot ellipsé*)
6 7
au monde *auquel temps* (*traduction de* que). —
3 7 1
Est-il en la machine ronde un *individu* (*sujet*
6 2^{d}
ellipsé) *de l'espèce humaine* (*traduction de* en) plus
2 1 2^{c} 4 6 7
pauvre? — *Il n'a* point de pain quelquefois et
1 2^{c} 7 4
— *il n'a* jamais *aucune espèce* (*antécédent ellipsé*)
6 1
de repos : — sa femme, ses enfants, les soldats,
1 5 2^{c}
les impôts, le créancier et la corvée, lui font la
4 6 1 2^{c}
peinture achevée d'un malheureux : — il appelle
4 1 2^{c} 1 2^{c} 1
la mort. — Elle vient sans — *elle* tarder, — *elle*
5 2^{c} 4 1 3
lui demande *la chose* (*traduction de* ce) *il est*
2 1 2^{c} 4
nécessaire (*traduction de* il faut) *elle* faire *laquelle*
1 2^{c} 1 3 2^{b}
(*traduction de* que). — Il dit : — c'est *tendant*
6 1 4 2^{c} 1 2^{c} 4
à fin de — *toi* m'aider à — *moi* recharger ce bois;
1 2^{c} 2^{d}
— tu ne tarderas guère.

DES DIFFICULTÉS

QUI SE RENCONTRENT DANS L'ANALYSE.

Il n'est sans doute pas facile de ramener aux lois de l'analyse toutes les locutions que l'usage a introduites dans notre langue; je vais cependant l'essayer, pour lever, autant que possible, les difficultés qui se rencontrent, et qui naissent principalement de trois causes : des ellipses qui sont si fréquentes dans notre langue, de la décomposition de certains mots, appartenant en commun à deux propositions qu'ils lient entre elles, et enfin des diverses acceptions dans lesquelles le même nom peut s'employer. Je serai quelquefois obligé, je l'avoue, de me borner à indiquer le sens de quelques gallicismes; mais ces cas seront rares; et les développements dans lesquels je vais entrer laisseront peu de vides à remplir, et prouveront qu'avec une attention soutenue, il n'est guère de difficultés qu'on ne puisse surmonter; et, comme celles qui m'auront échappé ne peuvent manquer d'avoir une certaine analogie avec celles que j'aurai classées, je crois qu'il suffira d'avoir la clé de celles-ci, avec un modèle d'analyse toute faite, pour faire de grands progrès dans l'analyse, toutes les fois qu'on connaîtra bien le mécanisme de la proposition.

Aller s'emploie dans le sens de : ÊTRE EN MOUVEMENT:
j'allais vous voir; j'allais à ce dessein — moi voir

vous. — S'AVISER DE : *n'allez pas le heurter; ne vous avisez pas* DE *vous heurter lui.* — SE DISPOSER A : *il allait entrer quand, etc.; il se disposait* A *lui entrer.* — ÊTRE RENDU AU POINT DE : *j'allais périr; j'étais rendu au point* DE *moi périr.* — TENDRE A : *cette saignée va l'affaiblir; cette saignée tend* A *elle affaiblir lui.*

Ainsi. — Est attribut d'attribut ou adjoint suivant l'acception : il signifie *de cette manière* ou *conséquemment*; exemple : *je n'ai agi* AINSI *que dans vos intérêts*; analyse : *j'ai agi* DE CETTE MANIÈRE *uniquement* (traduction de *ne que*) *dans vos intérêts*; car il y a ellipse, et le sens est : *je n'ai agi dans aucune* VUE *si ce n'est* CELA : *j'ai agi dans vos intérêts*. Dans l'autre acception, on dira : *je vais donner le signal*, AINSI *soyez prêt*, c'est-à-dire, CONSÉQUEMMENT *soyez prêt.*

Autrement. — On emploie souvent ce mot avec ellipse d'une proposition entière dont il modifie l'attribut; exemple : *n'y manquez pas*, AUTREMENT *vous me fâcheriez beaucoup*, car le sens est : *vous me fâcheriez beaucoup* SI VOUS AGISSIEZ *autrement.*

Aussi. — Ce mot a encore plusieurs acceptions : il s'emploie dans le sens de *également*, *au même degré*, *par cette raison.*

1re. APPLICATION.

Mon fils est à la campagne et ma fille AUSSI.

2me. APPLICATION.

Le front du vieillard était plein de rides dont la plus jeune était presque AUSSI *ancienne* QUE *le déluge*, car l'analyse est : *la plus jeune desquelles était presque ancienne* AU MÊME DEGRÉ, AUQUEL (traduction de *que*) *le déluge est ancien.*

3me. APPLICATION.

AUSSI *Psyché le prit pour Deucalion.*

Beau dire, *beau faire*. — La forme primitive de ces verbes est employée comme nom dans ces façons de parler : *vous avez* BEAU DIRE, BEAU FAIRE, de même qu'on dit : *il est sur son* BEAU DIRE, *sur son* BEAU FAIRE.

C'est à vous, *à eux de*, etc. — Exemple : *C'est* A *vous de veiller sur vos enfants*; analyse : LE SOIN DE *veiller sur vos enfants est* RÉSERVÉ *à vous*. *C'était*... A *vous de suivre*, *au vieillard de monter*; analyse : L'ACTION DE SUIVRE *était* CONVENABLE *à vous*, IL *était* RÉSERVÉ *au vieillard de monter*, ou *le droit de monter était* APPARTENANT *au vieillard*.

C'est vous à qui. — *C'*....... *est vous à* QUI JE VEUX PARLER.

C............... A QUI JE VEUX PARLER, *est vous*.

Cette personne A QUI JE VEUX PARLER, *est vous*.

Au surplus, cette analyse prouve le vice de cette

expression : *c'est à vous à qui*, employée par Boileau; car l'analyse ne pourrait plus avoir lieu.

C'est-à-dire. — Comme dans cette phrase : *nous allons nous jeter à l'eau*, c'est-à-dire *nous baigner;* analyse : *nous allons nous jeter à l'eau; cela est bon*, *cela est utile à dire*, *à expliquer;* car il a y ellipse de l'attribut simple. Il en est de même de *cela est à faire*, pour : *cela est laissé à faire;* mais après avoir rempli l'ellipse, l'esprit n'est pas encore satisfait; car dans cette proposition : *cela est utile à dire*, il est impossible de trouver le véritable sens qui est : *cela a besoin d'être dit*. En effet qu'est-ce qui est utile? *c'est de dire*, *c'est d'expliquer cela*. Or, ce n'est pas *cela qui est utile à*, mais bien *qu'il est utile de dire;* ainsi quelques efforts que nous fassions, nous sommes obligés de reconnaître une locution vicieuse. Il en est de même de ces façons de parler : *c'est facile à dire*, ou *à faire*. Leur brièveté seule les a fait passer en usage, et l'on est convenu d'y attacher tel ou tel sens quoiqu'en opposition aux lois de la saine logique.

Comme. —Ce mot se décompose de cinq manières. Il renferme presque toujours le correlatif; et dans ce cas, c'est un attribut d'attribut complexe.

1°. Il signifie *de quelle manière;* exemple : *voici* COMME *l'affaire se passa;*

2°. Il signifie *de la même manière dont*, et s'emploie souvent avec ellipse de la proposition à laquelle appartient la seconde partie du mot ainsi décomposé; exemple : *le commerce est* COMME *certaines sources, si vous détournez leur cours, vous les faites tarir;* voici l'analyse : *le commerce est* ENNEMI DE LA CONTRAINTE, *de la même manière dont certaines sources en sont ennemies; vous faites — elles tarir* SI *vous détournez leur cours ;*

3°. Il signifie *au moment où;* exemple : *je partais* COMME *vous arriviez;*

4°. Il signifie *par la raison* ou *par cette raison que;* exemple : COMME *on est toujours amoureux des choses nouvelles, chacun courait à cette nouvelle Vénus;* analyse : *chacun courait à cette nouvelle Vénus, parce que* ou *par cette raison* QU'*on est toujours amoureux des choses nouvelles;* car ici *que* est conjonction ;

5°. Il signifie encore *en cette manière, en ces termes;* exemple : *après même qu'un seigneur anglais* COMME ELLE S'EN PLAIGNIT) *eut voulu attenter à sa pudeur dans sa prison.* (Jeanne d'Arc.)

De, du, des. — Ces prépositions composées sont fréquemment employées avec ellipse de leur antécédent; et c'est peut-être ce qui arrête le plus souvent dans l'analyse de la proposition : aussi je conseille bien de ne pas tenir trop opiniâtrement à la recherche du mot ellipsé, s'il ne se présente pas d'abord à l'idée. Dans tous les exemples qui vont suivre je mettrai entre deux parenthèses le mot ou les mots ellipsés.

Il tire de son cœur (une foule) *de profonds gémissements; il n'a jamais vu* (aucune société) *de gens de bien; les Phéniciens ont fait* (beaucoup) *de longues navigations;* (assez) *d'autres viendront; je ne vois* (aucune espèce) *d'autre moyen;* (quelques provisions de la nature) *du pain et du vin suffisent; cet amas d'or lui était aussi inutile que* (un monceau de la nature) *du sable; Calypso écoutait avec étonnement* (la douce harmonie) *de ces paroles si sages.* Car si je rends ici par *de ces*, la préposition composée *des*, qui se trouve dans le texte, c'est qu'il est évident qu'on a la faculté de décomposer *des* en *de les* ou *de ces*, puisque ces mots sont de même espèce, qu'il s'agit ici des paroles que vient de prononcer Télémaque, et qu'on ne pourrait pas dire *de les*, d'autant que ce nom est déterminé par les attributs *si sages*.

Qu'on dise, en parlant du vin ou de la bière : *donnez-m'en* DE *meilleur* ou DU *meilleur*, ou DE *meilleure* ou DE LA *meilleure*, c'est comme si l'on disait : DE *meilleur goût* ou DE LE *meilleur*, DE *meilleure espèce* ou *qualité*, ou DE LA *meilleure*.

A de, à du, à des. — Toutes les fois que deux prépositions se suivent immédiatement, il y a nécessairement ellipse d'un nom qui est *consé-*

quent de la première et *antécédent* de la seconde; c'est un principe qu'il faut regarder comme constant et invariable; exemple :

A de plus grands honneurs un roi peut-il prétendre?

analyse : *un roi peut-il prétendre* A UNE SUITE *d'honneurs plus grands? je donne la préférence à du vin de Bourgogne*, c'est-à-dire, *je donne la préférence* A LE GOÛT, A LA QUALITÉ *du vin de Bourgogne*.

Être. — Ce verbe pur est souvent suivi immédiatement d'une préposition et son complément ou conséquent; et nous sommes tellement habitués à saisir le sens de ces expressions, que nous ne faisons pas attention qu'il y a toujours ellipse d'un attribut qui est l'antécédent; car, je le répète, le verbe être n'a aucune qualité attributive; il se borne à exprimer les rapports que nous reconnaissons entre les objets, ou entre les objets et leurs propriétés; ainsi, quand on dit : ÊTRE *de bonne famille*; ÊTRE *à Paris*; ÊTRE *en garni*; ÊTRE *en nankin*; c'est *être* ISSU *de bonne famille*; RENDU OU RÉSIDANT *à Paris*; LOGÉ *en* APPARTEMENT *garni*; HABILLÉ *en nankin*; de même que quand on dit : *Dieu est* PARTOUT, ou simplement *Dieu* EST, *il a toujours* ÉTÉ, *il* SERA *toujours*; c'est comme si l'on disait : *Dieu est* PRÉSENT PARTOUT, *il est* EXISTANT, *il a toujours* ÉTÉ EXISTANT, *il sera toujours* EXISTANT, car il n'y a pas de proposition sans ces trois termes :

sujet, *attribut*, et *lien d'attribut au sujet*, toutes les fois que l'attribut est simple ou passif.

Devenir, *paraître*, *sembler*. — *Devenir* est toujours suivi d'un attribut simple ou passif, qui se rapporte au même sujet que le verbe : conséquemment, quand on dit : *cet homme* DEVIENT *fou*, *sage*, *vieux*, *instruit*, il y a deux propositions, puisqu'il y a deux attributs ; l'analyse est : *vient d'un état sage*, *fou*, *jeune*, *ignorant*, *à celui-ci*, *lui être* FOU, SAGE, VIEUX, INSTRUIT.

Les verbes *paraître* et *sembler* sont dans le même cas, quand ils ont pour sujet un nom déterminé, et qu'ils sont suivis de semblables attributs ; exemples : *cet homme me* SEMBLE, *me* PARAÎT *innocent*; analyse : *cet homme* SEMBLE *ou* PARAÎT *à moi* LUI ÊTRE INNOCENT.

En. — Ce mot, quand il n'est pas pronom composé, s'emploie d'une manière abstraite, comme dans ces gallicismes : *je n'*EN *puis plus*, ou *je n'*EN *puis plus de fatigue*, *de besoin*.

On dit aussi : *il s'*EN *faut qu'il soit riche*, *peu s'*EN *faut qu'il ne se fâche*, *il s'*EN *faut* ou *tant s'*EN *faut qu'il soit heureux*; mais ici le mot *faut* vient du verbe *faillir* et non du verbe *falloir*; et l'analyse est toute faite, le mot *en* n'étant que le précurseur de chaque proposition subordonnée. On dit aussi : *j'*EN *veux faire à ma tête*, pour : *je veux* SUR CELA OU SUR TOUT ÉVÉNEMENT *faire à ma tête*.

Faire, *entendre*, *laisser*, *voir*. — Quoiqu'on reconnaisse en principe qu'une proposition grammaticale ne puisse renfermer qu'un seul attribut actif, ou qu'un ou plusieurs attributs simples ou passifs joints au verbe *être*, il faut néanmoins admettre quelques exceptions où les verbes *faire*, *laisser*, *voir* et *entendre*, ne forment avec le verbe qui les suit qu'une idée composée, comme dans ces exemples : *j'ai* FAIT TRAITER *mon cheval par ce vétérinaire; cette femme s'est* LAISSÉ CONDUIRE *par ses enfants; voilà un dessin que j'ai* FAIT FAIRE ou *que j'ai* VU FAIRE *par un de vos élèves; voici un morceau que j'ai* ENTENDU CHANTER *par un italien; c'est une nouvelle que j'ai* ENTENDU RÉPÉTER *par tout le monde.*

Falloir. — J'ai déjà fait remarquer que nous avons des verbes qui, ne s'appliquant jamais aux personnes, et n'ayant le plus souvent pour sujet qu'un nom abstrait, n'expriment, par conséquent, jamais l'action, et sont uniquement destinés à porter un jugement sur une proposition qui est annoncée par ce même nom abstrait *il*, qui lui sert de sujet. De ce nombre est le verbe *falloir*, qui se décompose toujours ainsi : *être nécessaire*, *convenable*, *indispensable*, *inévitable*, etc., en sorte que quand on dit : IL *faut mourir*, c'est comme si l'on disait : IL ou CELA (*mourir*) *est inévitable* ; IL ou CELA *est inévitable* (L'HOMME MOURIR.)

Souvent ce même mot *il* n'est que l'indicateur du sujet de la proposition qui est énoncé après le verbe *falloir :* IL *lui* FAUT *de l'argent, du vin, des vivres;* analyse : CELA (*un peu de le métal argent*) *est nécessaire à lui; une provision de l'espèce* DU VIN, DES VIVRES, *est nécessaire à lui.*

Il. — Ce mot *il* s'emploie comme nom abstrait, toutes les fois qu'il précède les verbes ou formes verbales ci-après, comme sujet; exemples :

IL *nous importe de livrer bataille;* analyse : IL ou *cela importe à nous*, ou *est important pour nous de*, *etc.*

IL *me tarde de;* analyse : IL ou *le temps tarde à moi de*, *etc.*, car *il* est ici l'article emprunté de l'italien.

IL *ne tient qu'à vous de rester;* analyse . *cette action de rester ne tient qu'à vous.*

IL *est un temps pour l'étude;* analyse : IL (un temps) *est destiné pour l'étude.*

IL *est un temps où l'homme perd ses facultés;* analyse : IL (un temps) *est arrivant où l'homme perd*, etc.

IL *y a*, *y a-t-*IL, *qu'y a-t-*IL? IL *n'y a*, IL *n'y a que*, sont des gallicismes dont il est facile de saisir le sens; mais il faut s'en tenir là. On peut cependant essayer l'analyse sur quelques propositions; par exemple, IL *n'y a que vous qui soyez capable de celà;* IL *y a beaucoup de mérite à savoir se taire;* analyse : AUCUN ÊTRE *n'existe si ce n'est vous qui* *soyez capable de cela;* IL (beaucoup de mérite) *gît souvent y* (en ce point), ou *consiste souvent à l'homme savou — lui se taire.*

IL *fait beau temps*, analyse : IL *temps beau* ou LE *temps beau*, ou enfin *le beau temps a lieu.*

IL *se fait*, se dit dans le sens de IL *arrive* : *comment se fait-*IL *que*, ou *comment arrive-t-*IL *que*, etc.

J'ai fait voir comment ce même mot *il* tient lieu d'article dans ces formes verbales : IL *pleut*, IL *vente*, IL *gèle*, IL *neige*, IL *grêle*, IL *tonne*, qu'on emploie pour *la pluie tombe*, *le vent souffle*, etc.

Ne pas laisser de. — S'emploie dans le sens de *n'être pas exempt;* exemple : *il ne laisse pas d'avoir de la peine*, c'est-à-dire, *il* N'EST PAS EXEMPT *d'avoir de la peine.*

Loin de. — *Nous sommes* LOIN DE, signifie *nous sommes* PLACÉS OU PARVENUS *à un point* ÉLOIGNÉ DE, ou *nous sommes* AGISSANT DANS DES VUES OU DANS DES DISPOSITIONS ÉLOIGNÉES DE, etc.; *nous sommes* LOIN DE *la ville*, analyse : *nous sommes* DEMEURANT, *nous sommes* PLACÉS OU RENDUS *à une distance éloignée de la ville; nous sommes* LOIN DE *vouloir lui nuire*, analyse : *nous sommes* AGISSANT DANS DES DISPOSITIONS ÉLOIGNÉES DE *vouloir lui nuire; nous sommes* LOIN DE *pouvoir faire des sacrifices*, analyse : *nous sommes* PLACÉS DANS UNE POSITION ÉLOIGNÉE DE *pouvoir faire des sacrifices.*

Le, la, les.—Ces articles spécifiques précèdent quelquefois immédiatement le nom propre modifié ou non modifié, ce qui pourrait paraître en opposition aux principes établis; mais il faut bien se persuader que cela n'arrive qu'autant qu'il y a un nom commun ellipsé. On dira bien : LE *sage Ulysse*, LE *vaillant Diomède*, L'*impétueux Achille*, LE *savant Bâcon*; parce qu'on a dans l'idée le nom commun *roi*, *héros*, *mathématicien*; en sorte que c'est comme si l'on disait : LE *sage* ROI, LE *vaillant* ROI, L'*impétueux* HÉROS, LE *savant* MATHÉMATICIEN, comme quand nous disons : LE *Vésuve*, L'*Ethna*, pour LE MONT *Vésuve*, LE MONT *Ethna*; LE *Rhône*, LE *Nil*, pour LE FLEUVE *Rhône*, LE FLEUVE *Nil*; LE *Louvre*, LE *Luxembourg*, pour LE PALAIS *du Louvre*, LE PALAIS *du Luxembourg*, etc.; il faut donc toujours, dans l'analyse, reproduire le nom commun ellipsé.

Jusque. — J'ai déjà dit et je ne saurais trop le répéter, qu'une préposition ne peut jamais, à moins d'ellipse, être suivie immédiatement d'une autre préposition. Or, le mot *jusque* ne s'emploie jamais que suivi de quelques prépositions comme *à*, *en*, *dans*, *sur*, *sous*, etc.; ou des adjoints *où*, *ici*, *là*, parce qu'ils se prêtent à cette décomposition : *en quel lieu*, *en ce lieu-ci*, *en ce lieu-là*; en sorte que c'est comme si l'on disait : JUSQU'*en quel lieu*, JUSQU'*en ce lieu-ci*, *en ce lieu-là*; mais on a préféré l'expression plus rapide : JUSQU'*où*, JUSQU'*ici*, JUSQUE *là*, de même qu'on dit, JUSQU'*à quand* pour JUSQU'*à quel temps*. Comment se fait-il donc qu'aucun auteur ne se soit appliqué à chercher l'équivalent de ce mot *jusque*, et que tous les dictionnaires, même celui de l'Académie, le classent parmi les prépositions? J'ai toujours été frappé de l'inexactitude de cette classification. Sicard me paraît seul avoir connu la nature de ce mot; mais il ne nous en donne point la décomposition. Il est bien constant que c'est un adjoint qui exprime une idée de mesure prise dans l'étendue, dans la durée, ou dans une valeur quelconque: *j'irai* JUSQU'*à Paris*, *depuis le lever* JUSQU'*au coucher du soleil; ce joueur a perdu* JUSQU'*à son dernier écu*.

Ne trouverait-on pas l'équivalent de ce mot dans cette expression anglaise *as far as*, qui signifie *aussi loin que*, en sorte que *j'irai* JUSQU'*à Paris*, signifierait: *j'irai* AUSSI LOIN QU'A PARIS; il est vrai que cette décomposition nous montrerait un corrélatif et par conséquent ellipse d'une seconde proposition: *j'irai* LOIN AUSSI QUE, *j'irai* LOIN *au même point auquel on se trouverait loin à Paris; j'irai* LOIN *au même point auquel on se trouverait* LOIN *étant rendu à Paris*. Ne pourrait-on pas encore admettre que ce mot *jusque* est composé de ces deux mots latins; *juxta que* qui signifient *près et*, en sorte que *j'irai* JUSQU'*à Paris* signifierait: *j'irai* PRÈS *et à* PARIS, ce qui me paraîtrait rendre avec assez de justesse l'idée de *jusque*.

Au surplus je ne hasarde ces deux décompositions que comme des aperçus; je ne garantis que la valeur du mot *jusque*, sans prétendre en indiquer précisément l'origine ni les équivalents.

Quand. — Cet adjoint est simple ou complexe : simple, il signifie : *dans quel temps, à quelle époque*, exemple : *quand partirez-vous?* Complexe, il signifie, *au moment où, dans le cas où;* exemple : *je quitterai la campagne* QUAND *les arbres se dépouilleront de verdure et que les hirondelles partiront.*

Quand vous me hairez, je ne m'en plaindrais pas.

Que. — Le mot *que* est employé si diversement dans notre langue, qu'il offre des difficultés sans cesse renaissantes, même pour les grammairiens les plus exercés à l'analyse. Cela est si vrai, qu'on ne me paraît pas encore avoir saisi le caractère de ce mot dans une foule d'exemples; et c'est par cette raison que je mettrai plus de soin à en découvrir les nuances qui sont si délicates.

Que est employé comme *nom indéterminé*, comme *nom corrélatif*, comme *pronom conjonctif simple*, comme *pronom conjonctif composé*, comme *attribut simple corrélatif*, comme *adjoint absolu*, comme *adjoint corrélatif*, comme *conjonction*, comme *forme transitive*.

On l'emploie comme NOM INDÉTERMINÉ dans : QUE *voulez-vous?* QU'*y faire?* QUE *dit-on?* QUE *d'épis un seul grain a produits!*

Il est NOM CORRÉLATIF dans : *les français sont les meilleurs soldats* QU'*on ait jamais vus* ; car l'analyse n'est pas : JE DOUTE QU'*on ait jamais* LESQUELS VUS, mais *qu'on ait jamais* QUELS *ou* PAREILS SOLDATS *vus*.

Il est PRONOM CONJONCTIF SIMPLE dans les exemples qui suivent : *les fleurs* QUE *vous cultivez; ce* QUE *vous demandez est juste; c'est un trésor* QU'*un ami;* car il y a ellipse du verbe être ; c'est comme si l'on disait : *c'est un trésor* QU'*un ami* EST ; analyse : CETTE CHOSE (un ami est *laquelle*), *est un trésor;* il y a également ellipse du verbe être dans cette autre phrase : *ce fleuve* QU'*on disait débordé;* car on ne dit pas *un fleuve* comme on dit *la messe*, on dit qu'UN FLEUVE *est débordé*, c'est qu'ici le pronom conjonctif *que* devient le sujet d'une proposition : l'analyse est : *ce fleuve* (*on disait* LEQUEL *être débordé*) etc., il est encore pronom conjonctif dans QUOI QUE *vous fassiez*, QUOI QU'*on en dise;* l'analyse est : *je suppose* TOUTE CHOSE, *il est possible que vous* FASSIEZ LAQUELLE, ou *tout le mal je suppose qu'on en dise* LEQUEL; car si l'on fait ellipse du *que* conjonction, c'est pour éviter la rencontre de deux *que* qui se suivraient immédiatement ; mais il n'en existe pas moins dans la pensée, puisqu'on voit une proposition subordonnée qui en suppose une autre dont elle dépend, et qu'il faut nécessairement que ces deux propositions soient liées par une conjonction.

Que est PRONOM CONJONCTIF COMPOSÉ dans les exemples qui suivent : je dis qu'il est pronom parce qu'il rappelle un nom; qu'il est composé, parce qu'il ne rappelle ce nom que comme complément d'une préposition. *Je me rappelle l'année* QUE *la comète parut; le jour* QUE *cela arriva était un dimanche; où est le temps* QUE, etc.

C'est-à-dire environ le temps
Que tout aime et *que* tout pullule dans le monde.

Or, un jour *qu'*au haut et au loin
Le galant alla chercher femme.

Elle porta chez lui ses pénates un jour
*Qu'*il était allé faire à l'Aurore sa cour
Parmi le thym et la rosée.

Que est *attribut simple corrélatif* dans les exemples suivants :

Tout picard *que* j'étais, j'étais un bon apôtre.

Tout autre *que* mon père l'éprouverait sur l'heure.

C'est un autre homme QUE *vous ne croyez; Aristodême est tel* QUE *vous le dites;* analyse : *quoique je fusse absolument picard* (*j'étais* QUEL); *tout autre*, (QUEL *n'est pas mon père*); *c'est un autre homme, vous ne croyez pas lui être* QUEL ; *Aristodême est tel, vous dites* LUI ÊTRE QUEL. Je crois que c'est le *talis qualis* des latins.

Que est *adjoint* dans le sens de *pourquoi*, *à quoi*, *combien*, *à quel point*, exemples :

Que tardez-vous, Madame, à le faire avertir ?

Que sert de se flatter ?

Hélas! petits moutons, *que* vous êtes heureux !

Que est *adjoint correlatif* dans les exemples suivants : *je suis arrivé aussitôt* QUE *vous; vous pensez ainsi* QUE *moi; il est aussi instruit* QUE *son cousin; il parle autrement* QU'*il ne pense; un vin plus doux* QUE *le nectar*, etc., l'analyse est : *je suis arrivé au même instant* AUQUEL *vous êtes arrivé; vous pensez de* LA MÊME MANIÈRE DONT *je pense; il est instruit* AU MÊME POINT AUQUEL *son cousin est instruit; il parle d'une manière* AUTRE, *il ne pense pas* DE LAQELLE; *un vin doux à un degré supérieur* AUQUEL *le nectar n'est doux*, etc. Ce *que* adjoint correlatif diffère du pronom conjonctif composé, en ce que ce dernier rappelle un nom, et que celui-ci rappelle un adjoint.

Je ferai remarquer qu'*autant que* s'emploie dans le même sens qu'*aussi que*, avec cette différence qu'il se sépare de l'attribut ; vous direz bien : *il est* AUSSI *adroit que son frère, mais pas* AUTANT *que son cousin;* et vous ne diriez pas : *il est* AUTANT *adroit que son frère, mais pas* AUSSI *que son cousin;* car le premier veut toujours être séparé de l'attribut, et le dernier veut toujours y être joint immédiatement.

Comme conjonction, le mot *que* n'est autre chose qu'un nom abstrait, indicateur de la proposition qui le suit ; il équivaut à *cela;* et dans certaine partie du Poitou, le peuple l'emploie, dans ce sens, comme sujet d'une proposition : QUE *est beau*, qu'ils prononcent QUIEU *est bio;* exemples : *je savais* QUE *vous étiez malade; je craignais* QUE *vous ne fussiez malade.*

Souvent le *que* conjonction s'emploie avec ellipse d'une proposition qu'il lie à la conséquente; exemples : *à peine il fut sorti* QUE *la maison s'écroula*; *il mourut* QUE *sa fille avait à peine trois ans*; QU'*ainsi ne soit, etc.*; analyse : *à peine il fut sorti, il paraît* QUE *la maison s'écroula*; *il mourut, remarquez* QUE *sa fille avait à peine trois ans*; *je suppose* QUE *la chose ne soit pas arrivée ainsi.*

Souvent le *que* conjonction s'emploie avec ellipse d'une simple préposition; exemple : *il ne fait rien* QU'*il ne m'ait consulté*, c'est-à-dire : *sans* CELA, SANS QU'*il ne m'ait consulté.*

Le mot *que* s'emploie comme forme transitive dans ces exemples : *vous parlez si bien* QU'*on ne se lasse pas de vous entendre*; *j'étais si transporté* QUE *je ne voyais pas ce qui se passait autour de moi*; *je l'aime tant* QUE *je m'aveugle sur ses défauts*. Il faut bien remarquer que ce mot *que* n'est point ici le corrélatif des attributs d'attributs *si* et *tant*; ces mots donnent à l'attribut un degré d'extension dont la proposition qui suit est la mesure; et le *que* qui sépare les deux propositions est employé comme moyen de transition, c'est comme si l'on disait : *je l'aime à* TEL POINT — *voici* QUE *ou* LEQUEL POINT : — *je m'aveugle sur ses défauts.*

D'après ce que je viens de dire, il ne faut pas s'étonner qu'on ait appelé *particules* tous les mots dont il était difficile de déterminer le caractère; et c'est ainsi qu'on a cru définir une foule de mots appartenant à des classes différentes, comme s'il pouvait y avoir dans les langues des mots qui fussent en dehors des cadres correspondant à la nature de nos idées.

Je crois qu'il est plus que temps de bannir cette expression de nos grammaires et de nos dictionnaires, comme désignant une des parties du discours; car enfin qu'est-ce donc qu'une *particule* et qu'entend l'Académie par ce mot? Si quelques mots peuvent être considérés comme *particules*, relativement à leur briéveté, ce qui d'ailleurs me paraît peu important, il me semble que rien ne doit s'opposer à ce qu'on les définisse, comme les autres, par le nom de la classe à laquelle ils appartiennent; car, assurément, il n'en est pas une qui ne comprenne un grand nombre de mots d'une seule syllabe.

J'ouvre le Dictionnaire de l'Académie au mot *particule*, et je vois cette définition : *petite partie du discours qui est ordinairement d'une syllabe, comme sont les conjonctions et les interjections*. Elle ajoute que *si*, *quand* et *que*, sont des *particules*, et que ce qu'il y a de plus difficile en chaque langue, est la connaissance des *particules*.

Voilà une belle définition! Que nous importe, en effet, de reconnaître des *particules*, si elles n'offrent d'autre intérêt que celui d'être formées d'une seule syllabe? car il faut bien que l'Académie ne les distingue pas autrement, puisqu'elle-même, comme on vient de le voir, appelle *parti-*

cules les *conjonctions* et les *interjections*, et qu'au mot *quand*, elle le définit *adverbe de temps*.

Mais ce qui présente une singulière contradiction, c'est qu'à l'ouverture de son dictionnaire, au mot *que*, elle traite d'abord de ce mot comme *pronom relatif*; ensuite comme *attribut correlatif*, ensuite comme *non indéterminé*, et qu'enfin elle en fait une division sous le nom de *particule*.

Sans doute tous les *que* du monde seront des *particules*, si l'on veut ne les considérer que relativement à la composition matérielle des mots; mais puisqu'on a commencé par reconnaître que ces particules sont susceptibles d'être classées, il fallait en continuer la classification. Tout cela prouve qu'on n'a appelé *particules* tous ces petits mots qui sont d'un usage si fréquent dans les langues, et dont la signification est si variée, que par la difficulté qu'il y a d'en saisir le véritable caractère. Je le répète, tous les mots d'une langue doivent se rattacher à une classe commune qui les caractérise, et en recevoir leur dénomination. Il appartenait à un corps aussi célèbre que celui de l'Académie Française d'applanir la difficulté, en classant les différentes espèces de mots, relativement à leur signification et à leur nature; enfin en rapportant des exemples parfaitement applicables à chaque espèce et justifiés par une scrupuleuse analyse, ce qu'elle n'a pas fait.

DE LA PONCTUATION.

La ponctuation est le résultat de l'analyse; elle est le signe des rapports plus ou moins éloignés que les différentes propositions ont entre elles. En même temps qu'elle ménage au lecteur des repos pour la respiration, elle prévient les équivoques et les contre-sens multipliés qui auraient infailliblement lieu dans la lecture, si aucun signe grammatical ne séparait les phrases les unes des autres, suivant la subordination des idées qu'elles représentent; c'est elle qui indique au lecteur la tenue des pauses et les inflexions de voix, et l'identifie, pour ainsi dire, avec l'auteur lui-même, qu'il défigurerait en lisant, s'il n'était guidé par les signes de la ponctuation.

Ces signes sont la *virgule*, le *point et virgule*, les *deux points* et le *point*, qui est *absolu*, *interrogatif* ou *exclamatif*. Il faut y ajouter les *points suspensifs*, le *trait de séparation*, la *parenthèse*, et les *guillemets*.

DE LA VIRGULE.

La *virgule* indique la moindre de toutes les pauses. Elle sépare les parties similaires d'une proposition, lorsqu'il y en a plus de deux, et même lorsqu'il n'y en a que deux, si elles ne sont liées par aucune conjonction. Exemples de plusieurs sujets simples ou complexes se rattachant à un même attribut :

Les rangs, la fortune, les honneurs, ne sont rien sans la santé.

Ici chaque sujet est séparé par la virgule, parce que l'affirmation ne tombe pas plus sur le dernier que sur les deux autres.

Mon arc, mes javelots, mon char, tout m'importune.

La fraîcheur du soir, le silence des bois, la fatigue du jour, TOUT *m'invitait au repos.*

Dans ces deux exemples au contraire, *tout* ne prend pas la virgule, parce que c'est un nom collectif qui, réunissant tous les sujets partiels énoncés avant, ne peut être séparé de l'attribut, et lui impose seul le nombre et la personne grammaticale.

Enfin on écrira, sans la conjonction :

Les honneurs, les emplois, pleuvaient sur sa tête.

tandis qu'avec la conjonction on écrit :

Les honneurs et les emplois pleuvaient sur sa tête.

Exemples de plusieurs attributs modifiant un même sujet :

Le chien est FIDÈLE, INTELLIGENT, DOCILE, VIGILANT, etc.

Va, mon fils, pars, cours, VOLE *où l'honneur t'appelle.*

Ici, *vole* se lie encore, sans l'intervention de la virgule, à ce complément : *où l'honneur t'appelle*, parce qu'il y a gradation, et que *vole* fait oublier les expressions plus faibles.

Exemples de plusieurs attributs d'attributs, c'est-à-dire de plusieurs attributs modifiant d'autres attributs, ce que les grammairiens appellent *adverbes*.

Cet homme se conduit SAGEMENT, PRUDEMMENT, POLITIQUEMENT, HABILEMENT, ou *avec* SAGESSE, *avec* PRUDENCE, *avec* POLITIQUE, *avec* HABILETÉ.

Exemples de plusieurs objets directs du même attribut :

Je dirai comment l'art, dans de frais paysages,
Dirige *l'eau*, *les fleurs*, *les gazons*, *les ombrages*.

DELILLE.

Il vole, il franchit tout, et les bois, et les plaines,
Et les rocs menaçants, et les gouffres profonds,
Et les torrents enflés par les débris des monts.

DELILLE.

Exemples de plusieurs objets indirects se rattachant au même attribut :

Je renonce *à la Grèce*, *à Sparte*, *à son empire*,
A toute ma famille; et c'est assez pour moi,
Traître, qu'elle ait produit un monstre tel que toi.

RACINE

Exemples de plusieurs adjoints exprimant quelque circonstance accessoire :

Il arriva ici, HIER, *à* PIED, NUITAMMENT, SANS ESCORTE, SANS ARMES

La virgule sépare du sujet et de l'attribut d'une proposition principale, une proposition incidente, *extensive* du sujet de cette même proposition principale.

La mort, QUI FAIT *tant d'impression sur l'esprit* DES FAIBLES MORTELS, *ne surprend point le sage*.

Mais elle ne sépare point la proposition incidente *restrictive* du sujet.

Le froid QUE NOUS AVONS ÉPROUVÉ *a été très-rigoureux.*

Si pourtant cette proposition incidente *restrictive* a une certaine étendue qui exige de ménager un repos pour la respiration du lecteur, on mettra une virgule à la fin seulement de cette proposition.

Le froid QUE NOUS N'AVONS CESSÉ D'ÉPROUVER PENDANT TOUT LE MOIS DE JANVIER, *a été très-rigoureux.*

La virgule sépare plusieurs propositions dont le sens concourt au même but, et qui sont comme réunies dans une dernière proposition qui termine une période; exemple :

> Non, non : d'un ennemi respecter la misère,
> Sauver des malheureux, rendre un fils à sa mère,
> De cent peuples pour lui combattre la rigueur,
> Sans me faire payer son salut de mon cœur,
> Malgré moi, s'il le faut, lui donner un asyle ;
> Seigneur, voilà des soins dignes du fils d'Achille.
>
> RACINE.

Elle sépare deux propositions, quoique liées par une conjonction, si elles ont une certaine étendue qui exige un repos pour la voix.

> Dois-je oublier Hector privé de funérailles,
> Et traîné sans honneur autour de nos murailles ?
>
> RACINE.

Si, dans une proposition composée, il y a inversion d'une proposition partielle, ces deux propositions seront séparées par la virgule.

Tout ce que je vous ai dit, je le tiens de bonne part.

Autrement, on écrira sans virgule : *je tiens de bonne part tout ce que je vous ai dit.*

Si une proposition composée est sans inversion, et que l'étendue n'en excède pas la portée commune de la respiration, elle doit s'écrire sans virgule :

Il est plus honteux de commettre une injustice que de la réparer.

Mais si l'étendue d'une proposition excède la portée ordinaire de la respiration, il faut y indiquer des repos par des virgules, placées de manière qu'elles servent à distinguer quelques-unes des parties constitutives, comme le sujet complexe, ou les différents compléments d'une proposition.

Les circonstances d'un événement aussi extraordinaire, causèrent le plus profond étonnement dans toute l'assemblée.

Celui qui fait le bien, en est récompensé dans ce monde, par la paix intérieure de l'âme, par l'estime publique, et par l'amour des indigents qu'il a soulagés.

DU POINT ET VIRGULE.

La clarté de l'énonciation orale ou écrite exige que la subordination respective des sons partiels y soit rendue sensible par la différence marquée des repos qu'indique la ponctuation.

Il faut donc examiner si un sens total présente plusieurs divisions principales qui soient elles-mêmes susceptibles de divisions subalternes; car les sous-divisions devront être marquées par la ponctuation la plus faible (la virgule), et chaque division principale devra l'être par le point et virgule. En un mot, la virgule sépare les sens partiels qui ont entre eux une étroite liaison, un rapport intime, qui ont besoin l'un de l'autre pour former un sens complet, au lieu que *le point et virgule* sépare différents membres d'une phrase ou d'une période exprimant chacun un sens complet, mais n'ayant de rapports entre eux qu'indirectement et relativement au sens total que présente la phrase ou la période, et auquel ils concourent également.

Songe, songe, Céphise, à cette nuit cruelle,
Qui fut pour tout un peuple une nuit éternelle;
Figure-toi Pyrrhus, les yeux étincelants,
Entrant à la lueur de nos palais brûlants,
Sur tous mes frères morts se *faisant* un passage,
Et, et de sang tout couvert, *échauffant* le carnage;
Songe aux cris des vainqueurs, songe aux cris des mourants
Dans la flamme étouffés, sous le fer expirants;
Peins-toi dans ces horreurs Andromaque éperdue:
Voilà comme Pyrrhus vint s'offrir à ma vue;
Voilà par quels exploits il sut se couronner;
Enfin voilà l'époux que tu me veux donner.

Les principaux membres de cette période sont

distingués par le point et virgule. Le premier membre finit au second vers qui est séparé du premier par une simple virgule, parce que la seconde proposition : *qui fut pour tout un peuple*, etc., est une proposition extensive de l'objet indirect de la première, *à cette nuit cruelle*.

Le second membre de la période comprend quatre divisions, dont trois sont séparées par la simple virgule, parce que c'est toujours à *Pyrrhus* que se rapportent les différents attributs : *les yeux étincelants ;* c'est-à-dire ayant les yeux étincelants. *Entrant*, etc., *se faisant un passage*, etc., *et, échauffant le carnage*. Enfin, le point et virgule termine le second membre, parce que l'auteur abandonne l'idée de *figure-toi*, pour revenir à celle de *songe*, etc. On remarquera aussi que la virgule sépare *et* de *échauffant le carnage*, parce que *de sang tout couvert*, qui se trouve entre la conjonction et l'attribut, est une inversion.

Le troisième membre comprend trois divisions. Le premier sens partiel : *songe aux cris des vainqueurs*, n'est séparé que par la simple virgule du second sens, *songe aux cris des mourants ;* car *aux cris des vainqueurs* et *aux cris des mourants* sont deux objets indirects du même attribut *songe*, qui, sans la répétition de cet attribut, seraient également séparés par la virgule, puisqu'ils ne sont liés par aucune conjonction ; il en est de même des idées accessoires : *étouffés dans la flamme*, *expirants sous le fer*, qui se rapportent à *mourants*, enfin ce troisième membre se termine, comme les deux autres, par un point et virgule, parce qu'ils viennent tous trois se fondre dans cette idée générale qui les embrasse tous : *voilà comme Pyrrhus vint s'offrir à ma vue.*

DES DEUX POINTS.

La même proportion qui règle l'emploi respectif de la virgule et du point et virgule, lorsqu'il y a division et sous-division de sens partiels, doit encore nous guider dans l'usage des deux points, pour les cas où il y a trois divisions subordonnées l'une à l'autre, comme dans l'exemple qui va suivre :

PÉRIODE A DEUX MEMBRES.

PREMIER MEMBRE DE LA PÉRIODE.

Première incise.

A votre inimitié j'ai pris soin de m'offrir ;

Deuxième incise.

Aux bords que j'habitais je n'ai pu vous souffrir;

Troisième incise.

En public, en secret, contre vous déclarée,
J'ai voulu par des mers en être séparée;

Quatrième incise.

J'ai même défendu, par une expresse loi,
Qu'on osât prononcer votre nom devant moi :

DEUXIÈME MEMBRE.

Première incise.

Si pourtant à l'offense on mesure la peine,

Deuxième incise.

Si la haine peut seule attirer votre haine,

Troisième incise.

Jamais femme ne fut plus digne de pitié,
Et moins digne, seigneur, de votre inimitié.

Le premier membre de cette période renferme quatre incises dont la troisième comprend deux propositions qui admettent entre elles la simple virgule, l'une étant motivée par l'autre. C'est donc une conséquence naturelle que chaque incise soit séparée par le point et virgule, et chaque membre de la période par les deux points ; à ce moyen, la gradation de la ponctuation est en raison de la gradation des idées.

Le second membre comprend trois incises, dont la troisième embrasse deux idées partielles séparées par la virgule. Les deux autres incises sembleraient donc pouvoir prendre une ponctuation plus forte ; mais remarquez qu'il y a un rapport de dépendance qui lie si étroitement les deux premières à la troisième, qu'une ponctuation plus forte que la virgule serait déplacée, parce qu'elle détruirait cette étroite liaison, en indiquant des rapports plus éloignés.

Les deux points doivent terminer une proposition qui, ayant par elle-même un sens complet, est suivie d'une autre qui sert à l'étendre ou à la développer.

Madame, c'en est fait, et vous êtes servie :
Pyrrhus rend à l'autel son infidèle vie.

RACINE.

L'infidèle s'est vu par tout envelopper,
Et je n'ai pu trouver de place pour frapper :
Chacun se disputait la gloire de l'abattre.

RACINE.

Ils précèdent un discours, une énumération qu'on annonce.

Au prélat sommeillant elle adresse ces mots :
Tu dors, prélat, tu dors, etc.

BOILEAU.

Trois fléaux terribles affligent l'humanité : *la peste, la fièvre jaune et la goutte.*

DU POINT.

Il y a trois sortes de points : *le point simple*, *le point interrogatif*, *le point exclamatif.*

Le point simple ou *absolu* doit terminer toute proposition simple ou composée, ou toute période dont le sens est absolument fini, et indépendant de ce qui suit, ou du moins qui n'a de liaison avec la suite que par la convenance de la matière et l'analogie générale des pensées dirigées vers une même fin.

Le point interrogatif se met à la suite de toute proposition implicite ou explicite qui interroge, soit que l'orateur emploie l'interrogation directement :

Mais parle; de son sort qui t'a rendu l'arbitre?
Pourquoi l'assassiner? qu'a-t-il fait? à quel titre?
Qui te l'a dit?

RACINE.

Soit qu'il rapporte une phrase interrogative telle qu'elle a été prononcée directement par un autre

Comment avez-vous pu, dit Narbal à Télémaque, *vous accoutumer au secret dans une si grande jeunesse?*

On ne l'emploiera pas si, même directement, on annonce le desir de savoir une chose sous une forme qui ne soit pas la forme interrogative :

Il me tarde de savoir comment vous sortîtes d'Egypte, et où vous avez retrouvé le sage Mentor.

ou si l'on altère la forme d'une phrase primitivement interrogative, et qu'on la réduise à devenir dans la narration le complément d'une autre proposition.

Je demandai ensuite à Narbal comment les Tyriens s'étaient rendus si puissants sur la mer.

Le point d'exclamation se place après toutes les phrases où, entraîné par un mouvement spontané de l'âme, on fait éclater la surprise, la terreur, la pitié, la tendresse, la joie, la fureur, l'indignation, enfin tous les grands mouvements de l'âme. On l'emploie dans l'invocation, l'imprécation, l'apostrophe oratoire; exemples :

O Dieu! confonds l'audace et l'imposture!

RACINE.

O cendres d'un époux! ô Troyens! ô mon père!
O mon fils, que tes jours coûtent cher à ta mère!

RACINE.

Non, vous n'espérez plus de nous revoir encor,
Sacrés murs que n'a pu conserver mon Hector!

RACINE.

Un enfant malheureux qui ne sait pas encor
Que Pyrrhus est son maître et qu'il est fils d'Hector!

RACINE.

Quoi! j'étouffe en mon cœur la raison qui m'éclaire;
J'assassine à regret un roi que je révère;
. . . .
Et, quand je l'ai servie,
Elle me redemande et son sang et sa vie!
Elle l'aime! et je suis un monstre furieux!
Je la vois pour jamais s'éloigner de mes yeux!
Et l'ingrate, en fuyant, me laisse pour salaire
Tous les noms odieux que j'ai pris pour lui plaire!

RACINE.

DE LA TRAÎNÉE DE POINTS.

1°. Elle exprime le trouble où nous jette un événement imprévu; 2°. Elle désigne l'endroit où est interrompu un récit ou un dialogue, soit par celui qui parle, lorsqu'entraîné par la jalousie ou le dépit, il est combattu par quelqu'autre passion contraire, telle que la crainte, l'espoir, etc., ou lorsqu'entraîné par un mouvement involontaire, il s'abandonne à son trouble ou à sa fureur; soit, enfin, par le changement d'interlocuteur; autrement elle annonce la suppression de partie d'un discours, laquelle est étrangère à la citation, comme on le voit ci-dessus; 3°. Enfin, elle marque une espèce de réticence au moment où l'on allait donner un libre cours à sa passion.

Un bruit s'entend..... l'air siffle..... l'autel tremble.....

MALFILATRE.

Vos invincibles mains
Ont de monstres sans nombre affranchi les humains;
Mais tout n'est pas détruit; et vous en laissez vivre
Un...... votre fils, seigneur, me défend de poursuivre.

RACINE.

Pour la dernière fois je vous parle peut être;
Différez-le d'un jour; demain vous serez maître......
Vous ne répondez point....... Perfide! je le voi,
Tu comptes les moments que tu perds avec moi.

RACINE.

Achille...... vous brûlez que je ne sois partie.

RACINE.

Ta mère cependant, de ce fléau frappée,
A peine au péril échappée,
Ta mère..... (ah! que ce nom est doux à prononcer!)
La mienne, hélas! ne peut m'entendre;
Réduit à pleurer sur sa cendre,
Non, je ne pourrai plus la voir ni l'embrasser.

THOMAS.

DE L'ALINÉA.

Ecrire à l'*alinéa*, ou à la ligne, c'est abandonner la ligne où l'on vient de terminer une phrase, quoique cette ligne ne soit pas remplie, pour recommencer une autre ligne qui, pour devenir plus sensible, doit rentrer un peu en dedans, comme on va le voir à l'alinéa suivant.

On emploie ce signe de distinction pour séparer les diverses preuves qu'on accumule sur un même fait, les diverses considérations que l'on peut faire sur un même sujet, les différentes affaires dont on parle dans une lettre ou dans un mémoire; en un mot, toutes les fois que l'on passe d'un point de vue dont l'exposition a une certaine étendue, à un autre point de vue qui permet de prendre entre deux un repos plus considérable que celui marqué par le point.

DU TRAIT DE SÉPARATION.

———

Le trait de séparation est plus fortement figuré que le trait d'union. Il annonce le changement d'interlocuteur dans un dialogue, où, pour la rapidité du style, on supprime ces répétitions qui fatiguent le lecteur et entravent la narration, telles que : *celui-ci dit*, *celui-là répond*, *un autre réplique*, etc., comme dans ces vers de Boileau, qui sont un dialogue entre *l'Homme et l'Avarice :*

Debout, dit l'Avarice, il est temps de marcher.
—Hé! laissez-moi.—Debout.—Un moment.—Tu répliques?
— A peine le soleil fait ouvrir les boutiques.
— N'importe, lève-toi. — Pourquoi faire après tout?
— Pour courir l'Océan de l'un à l'autre bout.

DE LA PARENTHÈSE.

———

On nomme ainsi deux crochets dont on renferme

quelques mots qui, coupant le sens d'une phrase, y répandent plus de clarté, ou contiennent quelque réflexion ou note relative au sujet qu'on traite, comme dans ces exemples :

Une passion funeste (je veux dire le jeu) domine la plupart des gens oisifs.

A ces mots, l'animal pervers
(C'est le serpent que je veux dire
Et non l'homme; on pourrait aisément s'y tromper).

LA FONTAINE

DES GUILLEMETS.

Les guillemets marquent le commencement de chaque ligne, et la fin d'un discours qui coupe un récit, comme dans ce morceau de *Phèdre*, de Racine.

J'arrive, je l'appelle; et, me tendant la main,
Il ouvre un œil mourant qu'il referme soudain:
« Le ciel, dit-il, m'arrache une innocente vie.
» Prends soin, après ma mort, de la triste Aricie.
» Cher ami, si mon père, un jour désabusé,
» Plaint le malheur d'un fils faussement accusé,
» Pour appaiser mon sang et mon ombre plaintive,
» Dis-lui qu'avec douceur il traite sa captive;
» Qu'il lui rende...... » à ce mot, etc.

RACINE.

FIN.

Tableau du Système des Conjugaisons.

Modes

Indicatif				Absolu (a)				Hypothétique	Dépositif (b)	Subjonctif	
1er Temps				Temps présent	2e Temps passé	3e Temps passé	4e Temps futur	Temps présent	Temps futur	1er Temps présent	2e Temps présent
[illegible]				[illegible]	[illegible]	[illegible]	[illegible]	[illegible]	[illegible]	[illegible]	[illegible]
[illegible]				[illegible]	[illegible]	6	7	8	[illegible]	[illegible]	[illegible]

Observations générales pour l'intelligence du Tableau

PREMIÈRE OBSERVATION. [illegible]

DEUXIÈME OBSERVATION. — [illegible]

TROISIÈME OBSERVATION. — [illegible]

QUATRIÈME OBSERVATION. — [illegible]

CINQUIÈME OBSERVATION. — [illegible]

SIXIÈME OBSERVATION. — [illegible]

SEPTIÈME OBSERVATION. — [illegible]

HUITIÈME OBSERVATION. — [illegible]

NEUVIÈME OBSERVATION. — [illegible]

DIXIÈME OBSERVATION. — [illegible]

ONZIÈME OBSERVATION. — [illegible]

DOUZIÈME OBSERVATION. — [illegible]

TREIZIÈME OBSERVATION. — [illegible]

QUATORZIÈME OBSERVATION. — [illegible]

QUINZIÈME OBSERVATION. — [illegible]

[illegible]

ARTICULIERES.

ou plusieurs consonnes, et qui sont au nombre de plus
ulière *sans aucune exception*. On en compte 33 en *ber*, 87
pher, 400 en *ler*, 180 en *ller*, 140 en *mer*, 500 en *ner*, 80
n *ter*, 72 en *ver*, 6 en *zer*

---

ier, *ouer*, *uer*, prend l'accent circonflexe avant les finales
finale *er*, qui s'ajoute, pour les autres verbes, aux finales
50 en *ier*. 30 en *ouer*, 60 en *uer*

---

et de la 8e forme, et y prend l'accent circonflexe, mais il
du pluriel de la 4me forme, en sorte qu'on dit *j'essaie*,
j'essaie, *tu essaies*, *il essaie*, *ils essaient*, *j'emploie*, *tu em-*
, *ils essuient*. *Y* se change également en *i* avant les 1res et
compte 30 verbes en *ayer*, 40 en *oyer*, 4 en *uyer*

---

u avant la 1re. et la 2me. personne du pluriel de la 5me

---

s, *e*. aux trois 1res personnes de la 4me forme
flexe qui doit se placer sur l'*u* à la 7me. forme

1re personne du singulier de la 4me forme, se conjuguent
uir et change *fleur* en *flor* aux 2me et 5me formes quand
les arts et des empires.

[illegible]	[illegible]	[illegible]	[illegible]	[illegible]	[illegible]	[illegible]	OBSERVATIONS PARTICULIÈRES
	[illegible]				[illegible]	[illegible]	
[illegible]		[illegible]		[illegible]	[illegible]	[illegible]	[illegible]
[illegible]		[illegible]	[illegible]	[illegible]	[illegible]	[illegible]	[illegible]
[illegible]	[illegible]	[illegible]			[illegible]	[illegible]	
[illegible]	[illegible]	[illegible]			[illegible]	[illegible]	[illegible]
[illegible]	[illegible]				[illegible]	[illegible]	
[illegible]			[illegible]		[illegible]		
[illegible]	[illegible]	[illegible]	[illegible]	[illegible]	[illegible]	[illegible]	
		—					[illegible]
[illegible]	[illegible]	[illegible]					[illegible]
		[illegible]				[illegible]	
[illegible]		[illegible]				[illegible]	[illegible]
		—					
[illegible]		[illegible]					[illegible]
[illegible]							
[illegible]		—		[illegible]			[illegible]
[illegible]		[illegible]					[illegible]
		[illegible]				[illegible]	[illegible]
[illegible]			—	[illegible]			[illegible]
[illegible]		[illegible]	—	[illegible]		[illegible]	[illegible]
[illegible]	[illegible]	[illegible]				[illegible]	[illegible]
[illegible]							
[illegible]		[illegible]	—				[illegible]
[illegible]		[illegible]	—	[illegible]			[illegible]
[illegible]	[illegible]	[illegible]	[illegible]	[illegible]			[illegible]
[illegible]	[illegible]	[illegible]		[illegible]		[illegible]	

TABLE DES MATIÈRES.

GRAMMAIRE.

PREMIÈRE PARTIE.

DEUXIÈME PARTIE.

TROISIÈME PARTIE.

ERRATA.

Page 32, 1er. tableau, 1re. ligne de droite, *espècé*, lisez : *espèce*.

Page 112, ligne 24, (*eau*) *bénite*, lisez : *bénite* (*eau*).

Page 206, ligne 15 (titre), *des Noms*, lisez : *des Modes*.

Page 351, ligne 5, *figuré*, lisez : *figure*.

www.ingramcontent.com/pod-product-compliance
Lightning Source LLC
Chambersburg PA
CBHW072108220426
43664CB00013B/2036
* 9 7 8 2 0 1 3 4 6 7 4 2 1 *